미디어 혁신과 네이버·카카오
뉴스 제휴 및 제재 심사 해부

디지털 퍼스트
저널리즘 시대
바르게
돌파하기

강주안 지음

한울
아카데미

이 책은 한국언론진흥재단의 정부광고 수수료를 지원받아 제작되었습니다.

들어가며

　최근 몇 년간 필자에게 만나자고 연락하는 언론사 간부가 많았다. 네이버, 카카오와 뉴스 제휴를 추진하거나 제재를 받아 퇴출 위기에 몰린 경우가 대부분이었다.

　한국신문협회의 추천을 받아 3년간(2017~2020년) 포털 뉴스제휴평가위원으로 활동하다 보니 네이버, 카카오 제휴와 관련해 궁금한 내용을 묻는 언론인의 연락이 이어졌다.

　이들과 만나 얘기해보면 제휴평가위 체제에서 포털과 언론사의 관계가 어떤지, 제휴 및 제재 과정이 어떻게 진행되는지를 거의 모르고 있었다. 우리나라에서 언론사가 많은 디지털 독자를 만나려면 네이버, 카카오와 제휴하지 않으면 안 된다. 반대로 제휴평가위 제재를 받아 네이버, 카카오에서 쫓겨나면 디지털 영향력은 치명타를 입는다. 언론사 운명을 좌우하는 사안임에도 포털과 제휴하려면 어떤 준비를 해야 하는지, 제휴평가위원회에서 벌점을 받아 네이버, 카카오에서 퇴출당하지 않으려면 어떻게 해야 하는지 막막함을 호소했다.

　필자 역시 2014년에 중앙일보 디지털에디터로 발령받은 이후 상당 기간 디지털 뉴스를 다뤘지만, 포털과 언론사의 제휴를 관장하는 제휴평가위 활동에 대해선 무지했다. 2기 제평위에 참여하면서 제휴와 퇴출의 과정을 조금씩 이해하게 됐다. 필자는 신문협회가 추천한 첫 현직 기자다. 디지털 뉴스를 직접 다뤄 본 기자로서 신문사들의 고충을 제평위원들에게 잘 설명해달라는 취지였을 것이다. 제평위원으로 활동하면서 신문사들이 유념해야 할 사안이나 네이버, 카카오 제휴에 도움이 되는 정보를 언론사들에 공유해달라는 기대도 했으리라.

제평위 회의에서 언론사가 겪는 어려움을 각계에서 추천받은 위원들에게 설명하기 위해 노력했다. 그러나 제평위에서 느낀 점들을 언론사들에 전하기는 쉽지 않았다. 가끔 언론사 간부들을 대상으로 강연을 했지만 한정된 시간 동안 충분히 설명하기엔 너무 복잡한 사안이 많았다. 강연에 참석한 언론인 수도 제한될 수밖에 없다. 3년 임기를 채우고 제평위를 떠나면서 신문사들에게 빚을 갚지 못한 채무자의 심경이 느껴지기도 했다. 한국언론진흥재단에서 저술 지원 공고가 나왔을 때 빚을 조금이나마 갚는 기회가 될지 모르겠다는 생각을 했다.

네이버, 카카오의 제휴와 제재를 이해하기는 쉽지 않다. 디지털 뉴스를 담당해본 언론사 간부라 해도 낯선 얘기가 많을 것이다. 우연이지만, 필자는 디지털 뉴스와 관련한 경험을 다양하게 축적할 수 있었다. 중앙일보 기자로 주로 사회부·정치부에서 일하면서 특종 경쟁을 많이 했다. JTBC에 4년간 파견돼 영상을 다루는 기회도 얻었다. 기자의 기본기는 익힌 셈이다. 중앙일보 디지털에디터를 맡아 본격적으로 디지털 뉴스를 담당했다. 2015년 중앙일보 혁신보고서를 대표 집필하게 됐고 포털 제휴평가위원으로 활동할 때는 입점소위원장을 맡아 시민단체·법조계 위원들과 함께 제휴 관련 규정을 대폭 개정하는 작업을 조율했다. 2019년 중앙일보 뉴스룸 국장에 임명돼 디지털 퍼스트 혁신 작업을 진행했다. 디지털 혁신을 담당하다 보니 기자가 되기 전 삼성전자 소프트웨어 기획 · 개발부에서 일했던 경험도 도움이 됐다. 1990년대 초반 기획자로서 개발자 · 디자이너들과 함께 삼성전자의 첫 윈도우용 애플리케이션인 '알라딘 홈백과' 프로젝트를 진행했고 첫 CD롬 타이틀인 '소문난 맛을 찾아서'의 협업을 성사시켰다. 당시엔 멀티미디어 소프트웨어를 다들 낯설게 생각했는데 기술이 진보하니 텍스트와 오디오, 그래픽, 동영상을 두루 활용하는 콘텐츠가 대세가 됐다. 살면서 쌓아온 경험들이 포털과 언론사의 디지털 접점을 분석하는 데 큰 도움이 됐다. 취재와 디지털 실무를 오래 수행하고 디지털 혁신을 이끌며 체득한 지식을 바탕으로 포털 제휴와 제재를 상세히 들여다봤기 때문에 언론사 기자나 간부들에게 꼭 필요한 내용을 추려낼 수 있으리라고 생각한다.

제휴평가위 활동 중 특히 제재와 관련한 항목은 납득하기 어려운 내용이 많다. 오늘날 언론사들의 부끄러운 자화상이 조항 하나하나에 반영돼 있다. 규정의 내용에도 문제가 많지만 제평위 운영 방식도 동의하기 어려운 부분이 적지 않다. 이 책에서 소개한 2021년 11월 기준의 제재 조항들은 앞으로 계속 바뀌리라 생각한다. 그렇다면 이 책의 효용은 점점 떨어지게 된다. 그럼에도 이런 작업을 하는 이유는, 언론사들이 시대의 흐름을 제대로 읽지 못해 포털 등에 끌려다니면 얼마나 비참하고 초라해지는지를 보여주는 '반면교사의 언론사(言論史)'를 기록해둘 필요가 있기 때문이다. 이런 비극적 상황이 빨리 해소되기를 희망하면서 언론사들이 앞으로 다시는 이런 실패를 반복하지 않기를 바라는 마음을 담아 서술했다.

언론계가 관심을 갖는 중앙일보 디지털 혁신의 구체적인 내용은 담지 않았다. 혁신이 현재진행형인 상황을 고려했다. 대신 필자가 해외 언론사의 혁신을 관찰하고 개혁을 주도한 외국 언론인과 만나서 들은 이야기 등을 바탕으로 디지털 혁신에 대한 일반적인 지식을 소개한다. 포털 저널리즘의 메커니즘을 이해하려면 먼저 디지털 혁신의 큰 틀을 그려보는 작업이 필요하다고 생각했다. 그래야 포털을 혁신의 협력자로 활용할 수 있다. 초년병 기자부터 편집국을 이끄는 간부까지 각자의 위치에서 생각해봤으면 하는 내용도 간단히 포함했다.

이 책이 포털 저널리즘과 디지털 혁신의 복잡한 함수를 받아든 언론인들의 고민을 줄일 수 있으면 좋겠다. 새로운 시대를 헤쳐 가는 언론사들이 함께 도우며 정당한 권리를 되찾는 과정에 조금이나마 도움이 되기를 바란다.

2021년 11월
강주안

차례

1장 디지털 퍼스트 혁신의 길잡이

1. 혁신의 소용돌이

2. 디지털 퍼스트 전환의 핵심 포인트

2장 포털 저널리즘 활용법

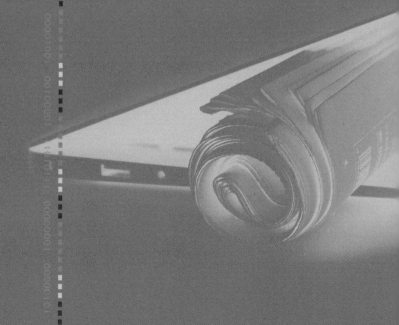

1장
디지털 퍼스트 혁신의 길잡이

1. 혁신의 소용돌이

대표님만 모르는 비밀

레거시 미디어가 디지털 혁신에 나서면 뉴스기사의 트래픽을 비롯한 여러 가지 지표에서 긍정적인 변화가 일어난다. 각 부문에서 올라오는 보고는 희망적인 데이터 일색이다. 그러나 한켠에서 언제 닥칠지 모르는 참변의 싹이 자라고 있다는 사실을 경고하는 목소리는 들리지 않는다.

디지털 뉴스를 강화해 온라인 기사 출고량이 늘기 시작하면 언론사의 대표는 언제 어떻게 사과문을 내야 할지 모른다는 마음가짐으로 사죄의 문구를 준비하는 게 마음 편하다. 참극은 소리 없이, 사전 경고 없이 한 순간에 무너져 내리는 건물 붕괴 사고처럼 어느 날 갑자기 덮친다.

비극은 네이버, 카카오에 뉴스를 보내는 데서 비롯된다. 언론사 기자들이 땀 흘려 작성한 디지털 기사들의 최대 수혜자인 네이버, 카카오는 언론사 입장에서 봐도 자사 기사가 가장 많이 소비되는 공간이다. 양대 포털을 통해 더 많은 독자를 만나기 위해 각 언론사는 안간힘을 쓴다. 그런데 포털과 언론사의 접점에 무서운 처벌이 도사린다. 포털 뉴스제휴평가위원회의 제재 조치다. 여기에 걸리면 방송통신심의위원회나 언론중재위원회보다 훨씬 끔찍한 엄벌이 언론사를 위협한다. 네이버와 카카오가 언론단체, 시민단체, 학계 등 30명에게 보수를 지급하면서 운영하는 뉴스제휴평가위원회는 언론사에게 저승사자다. 단 한 번의 제재로 특정 언론사의 기사가 네이버와 카카오에서 사라지게 할 수 있다. 반론 기회에도 인색하다. 국내 최대 통신사인 연합뉴스가 한 달 넘게 네이버, 카카오에서 사라졌다. 그걸로 끝나지 않는다. 재평가를 받아야 한다. 재평가에서 제휴평가위원 30명에게 평균 80점 이상을 받지 못하면 더 끔찍한 운명을 맞게 된다. 연합뉴스 사장이 대국민 사과를 발표하는 모습은 언론 역사에 아프게 남을 장면이다.

언론계 내부 사람들도 잘 모르지만 대표가 사과문을 쓴 언론사는 한두 군데가 아니다. 공개되지 않았을 뿐이다. 아마도 언론사 대표는 다음과 같이 보고 받았을 것이다.

"대표님, 송구하지만 저희가 포털 뉴스제휴평가위원회에서 재평가 대상이 됐습니다."

대수롭게 느껴지지 않는다. 재평가라면 점수를 잘 받으면 될 터이다. 정부에서 방송사 재평가를 정기적으로 진행하지만 극히 예외적인 상황이 아니면 탈락하는 경우가 없다는 것을 봐왔으니 마찬가지라는 생각이 들 것이다. 그러나 포털 뉴스 재평가는 생존율이 극히 낮다. 대부분 떨어진다.

'탈락할 가능성이 꽤 크다'는 보고, '탈락하게 되면 네이버와 카카오를 통해 뉴스를 유통시키는 데 있어 치명타를 입게 된다'는 보고가 추가된다. '네이버와 카카오에 도움을 요청하고, 제평위원들에게 읍소해야 한다'는 건의가 올라온다. 고심하던 대표는 펜을 들어 반성문 집필에 들어갈 수밖에 없다.

반성문을 쓰는 과정 역시 당혹스럽다. 무슨 잘못을 했다는 것인지 이해하기조차 쉽지 않다. 마치 영화 〈쥬만지〉 속으로 끌려 들어온 느낌이다. 처음 네이버, 카카오에 뉴스를 공급할 때만 해도 주사위 게임처럼 즐거울 줄만 알았다. 스르르 움직이는 말처럼 우르르 몰려드는 트래픽에 근사하다는 생각이 들기도 했다.

그런데 갑자기 날아온 재평가 통지에 담긴 사유는 "천둥소리가 아니니 속지 마라. 가만히 있다가는 큰 코 다친다"라는 글이 나타난 뒤 동물 떼가 습격하는 〈쥬만지〉 영화보다 더 난해하다.

"제휴매체인 A가 포털사와 제휴하거나 제휴하지 않은 B 또는 A의 자매회사 등의 미제휴 매체 기사를 A의 기사인 것처럼 우회 송고하여 포털사 뉴스에 노출하는 것이 이에 해당한다. 단, 지면 기고나 방송 보도로 인하여 불가피하게 제휴매체의 자매회사 등의 기사를 제휴매체에만 게재한 경우는 제휴매체 기사 이외 기사 전송에 해당하지 않는다."

"제휴매체가 포털사 최초 제휴 시 협의된 카테고리 외의 기사를 전송하는 것을 말한다. 예) 보도자료, 자동생성기자(로봇기사 등)를 지정된 카테고리 외로 전송하는 경우 등. 단, 자동생성기사(로봇기사 등)임에도 사람의 관여도가 상당한 경우 하루 10건 이하를 전송할 수 있다."

이런 사유로 네이버와 카카오에서 퇴출될 위기에 몰렸고 재평가에서 높은 점수를 받아야 살아남는다는 보고를 받은 대표는 반성문에 어떤 참회를 담아야 할까. 무슨 말인지 알아야 반성문이든, 사과문이든 쓸 텐데 자신이 무슨 죽을죄를 지었는지 알아내기 위한 공부부터 해야 한다.

여러 측면에서 〈쥬만지〉보다 상황은 훨씬 안 좋다. 영화에서는 주인공들이 서로 힘을 합쳐 죽음의 고비를 넘긴다. 반면 언론계는 한 언론사가 불행을 당하면 거기서 생기는 작은 반사이익을 내심 반기는 현상조차 목격된다. 한 언론사가 퇴출되면 그곳으로 가던 트래픽이 살아남은 언론사들에게 분배된다. 어떤 측면에서는 퇴출되는 경쟁자가 늘수록 나눠 갖는 돈이 많아지는 〈오징어 게임〉을 닮았다.

여러 사업 분야에서 치열하게 경쟁하는 네이버와 카카오지만 언론사를 징벌하는 뉴스제휴평가위원회 활동에서만큼은 한 몸처럼 대응한다. 두 포털의 뉴스 트래픽과 언론사에 지급하는 전재료 규모에 큰 차이가 나는데도 제휴평가위에 들어가는 비용은 서로 따지지 않고 공평하게 부담하는 것으로 안다.

반면 언론사들은 '남의 불행이 나의 행복'이라는 식의 경쟁으로 공멸의 길로 가고 있는지도 모른다. 재평가를 통해 설사 한 번 퇴출돼도 다시 입점 심사를 거쳐 뉴스콘텐츠제휴사까지 올라가면 되지 않느냐고 편하게 생각할 수 있다.

〈쥬만지〉의 주인공 앨런 패리쉬(로빈 윌리엄스)는 정글로 사라진 뒤 다른 사람이 주사위 5나 8을 던지면 집으로 돌아오게 되어 있었다. 그런데 귀가까지 무려 26년이 걸렸다. 재평가에서 퇴출된 언론사가 다시 뉴스콘텐츠제휴사로 돌아오는 데는 그보다 더 오래 걸릴지 모른다. 언론사들이 머리를 맞대고 합리적 대안을 모색하려는 노력 없이 〈쥬만지〉나 〈오징어 게임〉에서 헤어나지 못한다면 이런 일은 충분히 일어날 수 있다.

언론사 입장에서는 "차라리 마음 편하게 디지털 전용 기사를 하나도 쓰지 말고 신문에 나온 기사만 디지털에 싣자"고 결심할 수 있다. 불행히도 신문에 나온 기사만 써도 얼마든지 벌점을 받고 퇴출될 수 있다. 신문에 실렸던 기사가 제평위 규정을 적용 받아 벌점을 받는 일은 수시로 발생한다.

언론사 징벌에 대한 부분을 제외하면 네이버와 카카오는 위기에 봉착한 신문사들이 디지털 혁신을 통해 새로운 경쟁력을 확보하는 데 있어 훌륭한 우군이 될 수 있다. 뉴스의 독점, 인색한 전재료 등 포털을 둘러싼 많은 논란이 있지만 신문사가 디지털을 강화하는 과정에서 네이버와 카카오는 훌륭한 조력자로 기능한다. 그러나 포털이 채찍을 휘둘러 내쫓는 순간 언론사는 절망의 나락으로 떨어지게 된다. 그러니 평소에 간곡한 반성문을 잘 다듬고 있어야 심판의 날이 닥쳤을 때 당황하지 않고 냉정하게 대처할 수 있다. 늘 우리 언론사의 위험 요인에 어떤 것이 있는지 살피고 대비해야 한다. 네이버와 카카오가 똘똘 뭉쳐 언론사에 대응하듯이 언론사들도 부당한 부분은 부당하다고 한목소리를 내야 한다. 언제까지 암호 같은 주문에 일희일비할 수는 없다. 그러나 언론계 선례에 비춰볼 때 참가 언론사의 절반 이상이 비극을 당하기 전까지는 한목소리로 과도한 징벌의 수정 등 합리적 요구를 포털에 하기가 쉽지 않아 보인다.

당분간 한편으로는 네이버, 카카오와의 협력을 통해 디지털 혁신을 추진하면서 다른 한편으로는 채찍을 피하거나 맞더라도 치명상을 면하는 훈련을 하면서 버티는 것이 차선이다.

궁극적으로는 포털에 의지하지 않고도 독자들과 충분히 소통할 수 있는 디지털 미디어의 강자가 돼야 빠져나오는 게임이다. 포털 대응과 무관하게 자체적인 디지털 역량을 성장시키는 노력만이 언론사를 자유롭게 만들 수 있다.

주지의 사실이지만 헌법재판소는 2012년 방송통신심의위원회의 '시청자에 대한 사과' 명령에 대해 위헌으로 결정했다. 헌재의 위헌 결정에 따라 사라진 사과이지만 포털 뉴스제평위에서는 '자발적 사과문' 형태로 존재하는 셈이다. 이와 관련한 헌재 결정문과 대법원 판례의 일부를 소개한다.

구 방송법 100조 1항 1호가 위헌으로 결정된 사례 발췌

(헌법재판소 2012. 8. 23. 선고 2009헌가27 결정)

법인도 법인의 목적과 사회적 기능에 비추어 볼 때 그 성질에 반하지 않는 범위 내에서 인격권의 한 내용인 사회적 신용이나 명예 등의 주체가 될 수 있고 법인이 이러한 사회적 신용이나 명예 유지 내지 법인격의 자유로운 발현을 위하여 의사결정이나 행동을 어떻게 할 것인지를 자율적으로 결정하는 것도 법인의 인격권의 한 내용을 이룬다고 할 것이다. 그렇다면 이 사건 심판대상조항은 방송사업자의 의사에 반한 사과행위를 강제함으로써 방송사업자의 인격권을 제한한다.

심의규정을 위반한 방송사업자에게 '주의 또는 경고'만으로도 반성을 촉구하고 언론사로서의 공적 책무에 대한 인식을 제고시킬 수 있고, 위 조치만으로도 심의규정에 위반하여 '주의 또는 경고'의 제재조치를 받은 사실을 공표하게 되어 이를 다른 방송사업자나 일반 국민에게 알리게 됨으로써 여론의 왜곡 형성 등을 방지하는 한편, 해당 방송사업자에게는 해당 프로그램의 신뢰도 하락에 따른 시청률 하락 등의 불이익을 줄 수 있다. 또한, '시청자에 대한 사과'에 대하여는 '명령'이 아닌 '권고'의 형태를 취할 수도 있다. 이와 같이 기본권을 보다 덜 제한하는 다른 수단에 의하더라도 이 사건 심판대상조항이 추구하는 목적을 달성할 수 있으므로 이 사건 심판대상조항은 침해의 최소성 원칙에 위배된다.

또한 이 사건 심판대상조항은 시청자 등 국민들로 하여금 방송사업자가 객관성이나 공정성 등 저버린 방송을 했다는 점을 스스로 인정한 것으로 생각하게 만듦으로써 방송에 대한 신뢰가 무엇보다 중요한 방송사업자에 대하여 그 사회적 신용이나 명예를 저하시키고 법인격의 자유로운 발현을 저해하

는 것인바, 방송사업자의 인격권에 대한 제한의 정도가 이 사건 심판대상조항이 추구하는 공익에 비해 결코 작다고 할 수 없으므로 이 사건 심판대상조항은 법익의 균형성원칙에도 위배된다.

우리 헌법은 법인 내지 단체의 기본권 향유능력에 대하여 명문의 규정을 두고 있지는 않지만 본래 자연인에게 적용되는 기본권이라도 그 성질상 법인이 누릴 수 있는 기본권은 법인에게도 적용된다. (헌재 1991. 6. 3. 선고 90헌마56 결정)

이 사건 심판대상조항에 의한 '시청자에 대한 사과'는 사과여부 및 사과의 구체적인 내용이 방송통신위원회라는 행정기관에 의해 결정됨에도 불구하고 마치 방송사업자 스스로의 결정에 의한 사과인 것처럼 그 이름으로 대외적으로 표명되고, 이는 시청자 등 국민들로 하여금 방송사업자가 객관성이나 공정성 등을 저버린 방송을 했다는 점을 스스로 인정한 것으로 생각하게 만듦으로써 방송에 대한 신뢰가 무엇보다 중요한 방송사업자의 사회적 신용이나 명예를 저하시키고 법인격의 자유로운 발현을 저해한다.

법인도 법인의 목적과 사회적 기능에 비추어볼 때 그 성질에 반하지 않는 범위 내에서 인격권의 한 내용인 사회적 신용이나 명예 등의 주체가 될 수 있고 법인이 이러한 사회적 신용이나 명예 유지 내지 법인격의 자유로운 발현을 위하여 의사결정이나 행동을 어떻게 할 것인지를 자율적으로 결정하는 것도 법인의 인격권의 한 내용을 이룬다고 할 것이다.

그렇다면 이 사건 심판대상조항은 방송사업자의 의사에 반한 사과행위를 강제함으로써 방송사업자의 인격권을 제한하는바, 이러한 제한이 그 목적과 방법 등에 있어서 헌법 제37조 제2항에 의한 헌법적 한계 내의 것인지 살펴본다.

방송사업자가 방송법 제33조의 심의규정을 위반한 경우의 제재조치로는 시청자에 대한 사과, 해당 방송프로그램 또는 해당 방송광고의 정정·수정 또는 중지, 방송편성책임자·해당 방송프로그램 또는 해당 방송광고의 관계자에 대한 징계, 주의 또는 경고, 5천만 원 이하의 과징금 부과가 있다(방송법 제100조 제1항). 그런데 '시청자에 대한 사과'의 제재조치가 '주의 또는 경고' 조치에 비하여 시청자의 권익보호나 민주적 여론 형성 등에 더 기여하거나 위반행위가 재발하는 것을 방지하는 데 더 효과적이라고 할 수는 없다. 심의규정을 위반한 방송사업자에게 '주의 또는 경고'만으로도 반성을 촉구하고 언론사로서의 공적 책무에 대한 인식을 제고시킬 수 있을 뿐만 아니라, '주의 또는 경고' 조치를 받은 방송사업자는 지체 없이 방송통신위원회의 제재조치에 관한 결정사항전문을 방송할 의무를 부담하므로(방송법 제100조 제4항, 제108조 제1항 제27호), 위 조치만으로도 심의규정에 위반하여 '주의 또는 경고'의 제재조치를 받은 사실을 공표하게 되어 이를 다른 방송사업자나 일반 국민에게 알리게 됨으로써 여론의 왜곡 형성 등을 방지하는 한편, 해당 방송사업자에게는해당 프로그램의 신뢰도 하락에 따른 시청률 하락 등의 불이익을 줄 수 있다.

또한, 심의규정을 위반한 방송사업자에 대한 제재수단으로, 방송사업자로 하여금 방송통신위원회로부터 심의규정을 위반하였다는 판정을 받았다는 사실을 구체적으로 공표하도록 하는 방법을 상정해 볼 수 있고, 이러한 심의규정을 위반하였다는 판정을 받은 사실의 공표에 더하여 '시청자에 대한 사과'

에 대하여는 '명령'이 아닌 '권고'의 형태를 취할 수도 있다.

이와 같이 기본권을 보다 덜 제한하는 다른 수단에 의하더라도 이 사건 심판대상조항이 추구하는 목적을 달성할 수 있다. 반면, 사과명령은 방송사업자 자신은 언론의 사회적 책임으로서의 객관성이나 공정성을 위반할 정도로 편파적이거나 불공정한 방송을 함으로써 심의규정을 위반하였다고 판단하지 않음에도 불구하고, 방송통신위원회가 해당 방송이 언론의 책무를 방기하고 심의규정에 위반하였다고 평가하여 방송사업자로 하여금 그 잘못을 인정하고 용서를 구하기 위해 방송사업자가 스스로 인정하거나 형성하지 아니한 윤리적·도의적 판단의 표시를 하도록 강제로 명하는 것이다. 그렇다면 다른 제재수단과 구별되는 사과명령의 고유한 효과, 즉 자신의 잘못을 인정하고 시청자에게 용서를 구한다는 부분은 그 실효성이 크다고 할 수 없으므로 사과명령이 다른 제재수단에 비해 효과가 더 크다고 할 수 없는 것이다.

아울러 비교법적으로 고찰하여 보더라도 방송이 공정성이나 객관성에 어긋난다는 이유로 행정기관이 방송사업자에게 '시청자에 대한 사과'를 명하고 이를 이행하지 아니할 경우 형사처벌까지 하는 제도를 두고 있는 나라는 찾아보기 어렵다. 일부 유사한 제도가 있다고 하여도 민간자율기구에 의하여 결정되거나 '제재'가 아니라 '권고'에 그치므로 궁극적으로는 방송사업자에게 선택의 여지를 남겨둔다는 점에서 방송사업자의 기본권이 침해될 가능성은 거의 없다.

그렇다면 이 사건 심판대상조항은 침해의 최소성 원칙에 위배된다. (대법원 2019. 11. 21. 선고 2015두49474 판결)

디지털 혁신은 고난의 행군

디지털 혁신 또는 디지털 퍼스트 전환은 굉장히 힘든 과정이다. 미래에 대비하기 위한 진취적인 변화의 시작이라는 사실은 분명하지만 상당히 어렵고 내부 갈등이 고조될 수 있는 개혁이기 때문에 여기에 참여하는 언론사 구성원 모두가 마음을 단단히 먹어야 한다. 디지털 혁신을 선언한 한 신문사가 이를 위해 조직 개편과 국장단 인사를 단행한 날 강연을 한 적이 있다. 이 자리에서 첫마디로 다음과 같은 얘기를 했다.

"굉장히 뜻깊은 날인 건 분명한데, 조직 개편이나 디지털 혁신을 오랫동안 관여했던 입장에서 보면 고난의 시작인 거 같아 축하만 드리긴 어렵다. 제가 겪었던 고통의 시간들이 떠올라 마음이 무거워진다."

이것이 솔직한 마음이다. 디지털 퍼스트 전환에 직접 참여하면서 감내해야 할 어려움도 컸지만 비슷한 작업을 하는 주요 신문사를 관찰하면서 극심한 혼란과 내부 충돌로 인해 리더들이 힘들어 하는 모습을 많이 봤다.

디지털 혁신을 선언한 뒤 새로운 조직도를 걸어놓고 미지의 길로 나서는 신문사 간부들 앞에서 강연을 하려니 이들이 겪어야 할 혼란과 번민이 떠올라 심경이 복잡해진 것이다. 하지만 디지털 혁신이 어느 정도 자리를 잡으면 신문만 제작하던 시절에 느끼지 못했던 새로운 세상이 열리고 독자와 소통하는 새로운 방식에 때론 설레고 때론 당황하면서 나날이 발전해가는 자화상을 만나게 된다.

레거시 미디어가 디지털에서 길을 찾아야 한다는 사실은 연구자들 사이에서 오래 전부터 정설이 돼왔다.

"한국인들은 2015년 이후로 방송을 제치고 스마트폰을 필수 미디어로 인식하게 되었다. 그 영향은 크게 두 가지 방향으로 전개되었다. 첫째, 기존의 전통적인 미디어를 무력화시키는 방향이다. 신문과 방송의 전통 미디어들이 매출 감소와 이용자 감소라는 타격을 받았다. 미디어 이용자들의 인식이 전통적인 TV에서 스마트폰으로 이동하면서 TV를 통한 미디어 이용이 줄고 모바일을 통한 콘텐츠 소비가 증가해왔다. 미디어 콘텐츠 중에서도 동영상 콘텐츠가 가장 많이 이용하는 콘텐츠가 되면서 전통 미디어 기업들은 온라인 동영상으로 눈을 돌렸다. 신문사는 계속 매출액이 줄어들고 방송사, 지상파방송사 역시 같은 운명에 놓이게 되었다. 신문사는 종이신문의 한계를 넘어서 디지털 신문으로 변화를 추진했다"(김대호, 2020).

방송을 제치고 스마트폰을 필수 미디어로 인식하게 된 2015년은 중앙일보가 혁신보고서(New Directions in Media)를 발간하고 디지털 혁신을 선언한 해다. 이후 본격적인 디지털 혁신을 추진했음에도 6년 넘도록 어려운 도전이 계속되고 있다.

한국 언론계는 선발 주자인 중앙일보의 혁신에 많은 관심을 보인다.

"한국에서도 혁신과 생존이 키워드가 되었다. 얼마 전까지 '디지털 퍼스트'라는 구호가 언론 곳곳에서 울려 퍼졌는데, 지금은 '혁신'이 울려 퍼진다. 2015년 중앙일보는 내부용 혁신 보고서를 발간하고 조직을 개편했다"(이정환 등, 2016).

끊임없는 충돌

디지털 혁신은 언론사가 수십 년간 유지, 발전시켜온 뉴스 제작 방식을 근본적으로 바꾸는 작업이다. 편집회의, 취재, 기획, 기사 작성, 영상 제작, 보도 후 대응 등 뉴스 제작에 참여하는 모든 사람의 모든 업무가 변화에 직면하게 된다.

갈림길이 나타날 때마다 서로 다른 의견이 맞선다. 출발 후 한동안은 "함께 발전하기 위한 고통이니 서로 격려하며 개척해가자"고 다짐하면서 고난을 헤쳐 간다. 그러나 이런 과정이 두 달, 석 달 지속되고 1년, 2년이 흐르면 피로가 누적된다. 나와 생각이 다른 의견에 분노가 생긴다.

'큰 특종 기사를 지면에 먼저 보도해야 하느냐, 디지털로 먼저 출고해야 하느냐'처럼 디지털 혁신에 나선 지 2~3년이 지나도 정답을 단언하기 힘든 질문 앞에선 심한 의견 대립이 표출될 수 있다. 이런 갈등의 요소를 어떻게 극복하고 디지털 혁신을 포기하지 않느냐가 관건이다.

디지털 혁신을 시작하면 OX 문제를 100개 이상 만나게 된다. 어떤 답을 택해도 반대편의 비판을 받는다. TV 예능 프로그램에 종종 나오는 OX 퀴즈를 보면 정답이 있는 문제들인데도 몇 문제 풀고 나면 같은 선택을 한 사람이 몇 명 남지 않는다. 하물며 정답이 없는 OX 문제를 100개 푸는 동안 반대와 마주치지 않는다면 비현실적인 얘기가 아닐까.

디지털 혁신을 주도하는 사람들은 OX 문제를 계속 맞닥뜨리게 되고 O를 선택하든 OX를 택하든 반대와 비난에 부닥치는 일은 피하기 어렵다. 이런 상황을 어떻게 헤쳐 나가느냐 하는 방법의 차이가 있을 뿐이다. 빠른 변화가 절실하다면 돌파해 나가야 하고 조금 느리더라도 불협화음을 최소화하면서 다 함께 나아가길 원한다면 둘 다 시도해보거나 함께 머리를 맞대고 토론을 통해 이견을 좁혀나가는 방식이 필요하다.

이런 상황은 늘 있었다. 가령 편집국에서 기자 두 명을 차출해 특별취재팀을 만들었다고 가정하자. 이들의 역할에 대해 어떤 사람은 "다른 거 신경 쓰지 말고 큰 특종만 노려라"고 할 수 있다. 다른 사람들은 "일주일에 하나씩 고품질의 기획 기사를 출고하라"고 주문할지 모른다. 또 어떤 이들은 "두 명이니 한 명은 특종을 찾아다니고 한 명은 기획기사를 격주에 하나 정도 발제하라"고 충고한다. 어떤 게 정답인가? 없다. 각각 나름의 타당성이 있다. 하지만 비판하라고 하면 세 가지 방안 모두 신랄한 비판을 받게 된다. 실제로 이런 일이 편집국에서 일어난다면 "국장이 선택하면 된다"고들 말한다. 셋 다 장단점이 있고 어떤 선택을 하느냐에 따라 앞으로 어떻게 흘러갈지를 대다수 기자들이 짐작하기 때문에 책임자의 선택을 존중하면 된다고 생각한다.

비슷한 상황이 디지털 혁신의 과정에서 벌어진다면 하나를 택하기가 훨씬 힘들다. 가보지 않은 길에 대한 예상이 쉽지 않은 데다 각자가 조금씩 알고 있는 디지털 뉴스의 특징에 차이가 크기 때문에 선택하기도 힘들고 다른 사람의 판단에 수긍하기도 어렵다.

특종 기사를 취재했을 때 "지면에 먼저 내보내자"는 의견과 "디지털부터 출고하자"는 주장이 대립하면 절충점을 찾기 어렵다. 하나를 택할 수밖에 없다. 그리고 선택의 결과는 거센 비난을 받는 상황이다. 신문사에서는 오랜 관행대로 특종을 지면에 먼저 내보내자고 하면 상대적으로 큰 분란이 일어나지 않는다. 그러나 디지털 퍼스트로 전환을 하기 위해 특종 기사를 디지털부터 출고한다고 하면 거센 반대에 직면한다. 어떤 게 더 유리하냐를 차분히 따지는 논의로 발전하기보다는 반감과 반발 때문에 조직의 긴장도가 올라가기 십상이다.

디지털 혁신을 위해 시도하는 변화들은 대부분 신문사의 관행과 어긋나곤 한다. 여기에 대해 화를 내는 기자들을 나무랄 수 없다. 그런 관행이 뿌리내린 데에는 그럴 만한 이유가 있다. 그걸 바꾸겠다고 하면 반발이 표출되는 건 자연스러운 현상이다. 이런 양 갈래 길에 서게 될 때 어떤 길을 어떤 방식으로 선택하느냐는 고통스러운 과제다. 더욱이 이런 갈래 길이 100번 나오는 미로라면 끔찍하다. 때로는 선택한 길이 훨씬 돌아가는 루트였다는 사실이 금세 드러난다. 강한 비난을 받게 된다. 그래도 이런 과정을 거치지 않고서는 새로운 세상으로 나아갈 수 없다.

〈표 1-1〉 국가별 뉴스 소스

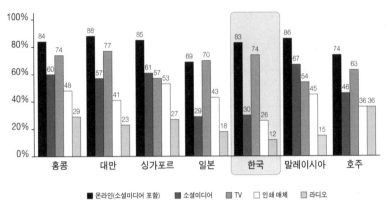

■ 온라인(소셜미디어 포함) ■ 소셜미디어 ▨ TV □ 인쇄 매체 ▥ 라디오

자료: Digital News Report 2017, Reuters Institude

시대를 오독한 한국 언론

우리나라 언론사들이 디지털 뉴스에서 얼마나 고전하고 있는지를 여실히 보여주는 자료가 로이터연구소의 연구 결과다.

〈표 1-1〉에서 흰색이 신문을 비롯한 인쇄 매체다. 뉴스의 소스가 어디냐는 질문에 신문을 답한 비율이 다른 국가들에 비해 훨씬 떨어진다. 포털이나 소셜미디어 등 온라인이라고 답한 사람이 가장 많았고 TV 역시 뉴스 제공자로서 위상을 확보하고 있다. 신문의 비중이 TV보다 상대적으로 낮은 것은 다른 나라도 마찬가지라고 할 수 있지만 우리나라의 편차가 가장 크다.

〈표 1-2〉는 더 절망적이다. 디지털 뉴스를 주로 어떤 경로로 접하느냐는 것을 보여준다. 이 중 가장 왼쪽이 언론사 사이트를 직접 방문한다는 응답이다. 우리나라가 뉴스 이용자들이 언론사 페이지를 직접 방문하는 비율이 세계에서 최하위임을 알 수 있다.

다른 나라들은 포털이나 소셜미디어 못지않게 언론사를 직접 방문하는

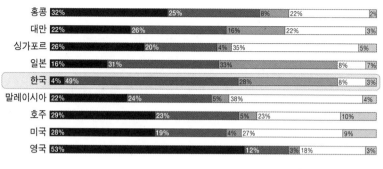

〈표 1-2〉 국가별 디지털 뉴스를 접하는 주요 경로

	언론사 사이트 직접 방문	검색	포털	소셜미디어	이메일
홍콩	32%	25%	8%	22%	2%
대만	22%	26%	16%	22%	3%
싱가포르	26%	20%	4%	35%	5%
일본	16%	31%	33%	8%	7%
한국	4%	49%	28%	8%	3%
말레이시아	22%	24%	5%	38%	4%
호주	29%	23%	5%	23%	10%
미국	28%	19%	4%	27%	9%
영국	53%		12%	3% 18%	3%

■ 언론사 사이트 직접 방문　■ 검색　■ 포털　□ 소셜미디어　▨ 이메일

자료: Digital News Report 2017, Reuters Institude

이용자가 많다. 영국은 직접 방문자의 비율이 가장 많다. 그러나 우리는 이 수치가 4%에 불과하다. 주요 일간지의 발행 부수가 500만 부를 넘나들어 아직 신문 시장이 굳건하다는 평가를 받는 일본보다도 한참 떨어진다.

언론사 홈페이지를 직접 방문해 뉴스를 읽는 사람은 충성 독자라고 할 수 있다. 세계에서 우리나라 언론사가 충성 독자 확보에 가장 실패했다는 얘기다. 직접 방문자가 많아야 심도 있는 이용자 데이터를 확보해 분석할 수 있다. 디지털 전략을 구사하려면 필수적으로 이용자 데이터를 확보해야 한다. 하지만 우리나라 언론사는 직접 방문자보다 포털을 통한 이용자가 압도적으로 많다. 디지털 혁신을 능동적으로 해나가기에 어려움이 클 수밖에 없는 상황이다.

뉴스 생산은 대부분 언론사에서 담당하고 있지만 그 과실은 언론사가 아닌, 포털이나 소셜미디어가 챙긴다는 것이 데이터로 나타난다.

우리나라 언론의 디지털 환경이 최악의 상황에 놓인 이유는 디지털 시대의 흐름에 능동적으로 대처하지 못한 실수 탓이다. 안이하게 시간을 보냈다는 꾸짖음을 들어도 할 말이 없다.

2015년에 허핑턴 포스트, 버즈피드, 복스 미디어 등 디지털 콘텐츠의 선구자라고 할 수 있는 회사를 방문한 적이 있다. 디지털 언론의 강자들이 공통적으로 노력하는 것은 자신들이 만든 콘텐츠가 다양한 경로로 골고루 유통되도록 하는 '플랫폼의 균형'이다. 특히 자체 사이트에 직접 방문하는 비율을 적어도 30% 이상으로 유지하기 많은 노력을 쏟는다고 설명한다. 페이스북 등 소셜미디어 30%, 구글 등 포털 30%를 목표로 하는 방식이다. 계란을 한 바구니에 담지 않는다는 평범한 원칙을 데이터 분석을 통해 치밀하게 실천하는 모습이 인상적이었다.

디지털 퍼스트는 자체 사이트 활성화를 위한 노력이다. CNN 뉴욕을 방문했을 때 방송사 곳곳에서 디지털 관련 보도에 할애된 많은 설비들이 눈에 띄었다. CNN 간부는 "영상 뉴스도 디지털로 먼저 내보낸 다음 시청자의 반응이 좋으면 방송용으로 활용한다"고 설명했다. CNN에는 디지털과 방송을 넘나들며 활동하는 기자들도 있다.

이런 노력들이 모아진 결과가 표에 나타난 직접 방문 비율이다. 우리나라는 언론사들이 손쉽게 독자를 만날 수 있다는 생각으로 네이버와 다음 등에 일찌감치 기사를 전부 넘겨줬다. 포털사들은 모든 주요 언론사에서 싼값에 사들인 뉴스를 효율적으로 배치해 독자 입장에서 가장 편리한 뉴스 사이트로 꾸몄다. 광고가 덕지덕지 붙은 언론사 사이트와 달리 네이버와 다음은 언론사 기사 페이지에 소수의 광고만 싣는다. 언론사는 기사 페이지 광고로 수입을 올려야 하지만, 포털은 언론사 기사로 이용자를 모아 쇼핑이나 검색 광고 등으로 돈을 벌면 되기 때문에 뉴스 페이지를 깔끔하게 단장했다. 뉴스 이용자 입장에서 기사의 생산자인 언론사 사이트를 찾아가기보다 훨씬 깔끔하고 편리한 데다 여러 언론사 기사를 한꺼번에 볼 수 있는 네이버와 다음으로 찾아가는 건 자연스러운 행동이다. 레거시 미디어가 위축되기 시작했다.

'소비가 포털에 집중되면서 전통언론의 영향력이 급격하게 감소했다. 이는 개별 신문사가 갖는 고유한 뉴스가치가 사라지고 단순한 하나의 콘텐츠로 소비되었다'(김영석 등, 2017).

이 같은 추세를 목격하면서도 언론사들이 별다른 대책 없이 안이하게 대처한 결과가 오늘날 뉴스 소비의 패턴이다. 이젠 네이버나 다음을 향해 볼멘소리를 하면서 카타르시스를 느끼는 기회마저 잃게 됐다. 다음을 인수한 카카오와 네이버가 합심해 포털 뉴스제휴평가위원회라는 기구를 만들어 언론사들에게 벌을 주고 네이버와 카카오에서 내쫓기 시작했다. 이제 반대로 언론사들이 네이버와 카카오에게 선처를 호소하며 계속 포털에서 뉴스를 내보낼 수 있게 해달라고 읍소하는 처지가 됐다.

이렇게 되기까지 언론사 앞에 여러 번 갈림길이 나왔지만 그릇된 길을 택한 결과라고 인정할 수밖에 없다. 불행 중 다행은 앞으로도 더 많은 갈림길이 기다린다는 사실이다. 여기서 현명한 선택을 해나간다면 디지털 전환으로 큰 수익을 올리고 있는 다른 나라 언론사처럼 능동적으로 디지털 시대를 헤쳐 나갈 수 있다.

디지털 퍼스트로 질주하는 해외 언론

21세기가 시작되면서 세계 각국의 언론이 인터넷 뉴스에 관심을 쏟기 시작했다. 1990년대에 등장한 인터넷은 커뮤니케이션에 있어 혁명이었다. 2000년대 들어서 선진 언론들은 인터넷을 활용한 뉴스 유통에 공을 들이기 시작했다. 2007년 출시된 아이폰은 스마트폰 세상을 알리는 신호탄이었다. 이제 뉴스는 스마트폰을 통해 실시간으로 이용자들에게 전달

됐다. 언론의 강자, 특히 성장에 빨간 불이 들어온 신문업계의 선두 주자들은 광고 수익을 기반으로 한 디지털 뉴스, 구독료를 근간으로 한 수익 모델 등 다양한 시도를 시작했다. 이때부터 서양에서는 모바일 뉴스에 대한 본격 준비를 시작했다. 2008년 미국 미주리대학교 저널리즘 스쿨 100주년 기념행사에서는 '차세대 모바일 뉴스를 위한 아이폰 경진대회'가 열렸을 만큼 발 빠르게 움직였다.

침체에 빠진 신문사가 디지털에서 새 희망을 찾아야 한다는 주장이 한창 분출될 때 '창조적 파괴'라는 화두를 던지며 혁신을 선언한 신문이 뉴욕타임스다. 아이러니컬하게도 버즈피드가 특종 보도한 뉴욕타임스의 혁신보고서(Innovation)는 전 세계 언론을 고민에 빠지게 했다.

이 무렵 필자는 네덜란드 암스테르담에서 열린 세계신문협회의 컨퍼런스를 참관할 기회를 얻었다. 처음 접하는 디지털 격론장이었다. 암스테르담에 도착할 때까지만 해도 '기사를 쓰지 않는 출장'에 대한 설렘에 가득했을 뿐 컨퍼런스 내용은 뻔한 얘기일 것이라고 짐작했다.

그러나 두 명의 강의를 듣고 정신이 번쩍 들었다. 한 명은 뉴욕타임스의 모바일 담당 간부였다. 그는 "우리가 아직 디지털에 부족한 게 너무 많다"며 얘기를 시작했는데 디지털 뉴스를 읽는 독자들의 이용 패턴을 세밀히 파악해 전략을 세워나가는 과정이 놀라웠다. 당시 필자는 중앙일보 디지털에디터였기 때문에 국내 언론사들의 디지털 수준을 어느 정도 알고 있었다. 그런데 뉴욕타임스의 디지털 수준은 차원이 다르다는 사실을 깨달았다. 그런데도 뉴욕타임스 모바일 간부는 "우리가 너무 부족하다"는 얘기를 반복해서 듣는 사람을 부끄럽게 했다.

또 한명은 스웨덴의 아프톤블라데트(Aftonbladet)라는 신문사의 편집국장이다. 그는 신문사가 모바일 유료화 전략을 수립하고 꾸준하게 추진한 결과 유료 독자를 십만 명 이상 확보했다고 발표했다. 이 대목에서 필자뿐 아니라 세계 유수 언론사에서 참가한 사람들도 큰 관심을 보이며 질문을 쏟아냈다. 그가 설명한 유료화 전략은 간단했다. 신문에 보도한 모든 기사는 인터넷에서 무료로 제공했다. 그러면서 PC 홈페이지와 모바일 페이지 곳곳에 유료 기사를 배치했다. 유료 기사의 경우도 두 단계로 나눠 플러스와 프리미엄 독자를 구분했다. 신문에서 다룬 정도의 기사를 보려는 독자들은 무료 기사만 열람하면 된다. 약간의 돈을 내더라도 재미있는 유료 콘텐츠들을 보고 싶은 사람들이 유료회원으로 가입했다.

그는 "유료 콘텐츠 중 히트작이 나올 때 그걸 보기 위해 회원이 급증한다"고 설명했다. 예를 든 기사가 캐나다에서 발생한 연쇄 여성 실종 사건이다. 그들은 스웨덴에서 캐나다 현지로 취재진을 보내 영상까지 찍어와 시리즈로 보도했다. 이 시리즈를 보기 위해 많은 독자들이 유료 가입을 했다는 것이다. 불가능해 보이는 디지털 뉴스 유료화가 이때부터 곳곳에서 가능성을 보이고 있었던 것이다.

외국 언론 역시 길고 긴 고통을 감내하고서야 혁신의 성과를 맛볼 수 있었다.

'워싱턴포스트는 1997년부터 디지털에 집중했다. 20년 이상을 디지털에 투자했고 수많은 실패를 거듭하는 과정에서 겨우 방향을 잡을 수 있었다는 이야기다. 가르시아(편집장)는 "성공이 아니라 실수에서 배워야 한다"고 강조했다'(이정환, 김수지, 2018).

서양에서 열리는 컨퍼런스에 참석하면 강연 사이에 쉬는 시간이 있다. 이때 강의실 바깥의 홀에서 제공하는 다과를 즐기며 참석자들이 자유로운 대화를 한다. 서양 사람들 특유의 '친한 척'에 용기를 얻어 서툰 영어로 대화에 끼어들었다.

당시 외국 언론사 간부들의 관심사는 신문사의 인력 구조조정이었다. 대충 이런 대화였다.

"너희는 올해 몇 명 내보냈니?"

"한 50명 정도."

"노동조합에서 반발은 없었나?"

"어쩌겠어. 사정을 뻔히 다 아는데. 너희는?"

"우린 한 100명."

이렇게 많은 기자를 내보내고 신문을 만들 수 있나 하는 궁금증은 금세 해소됐다.

"새로 뽑은 기자는 몇 명이야?"

"한 70명 정도."

노동 시장의 유연성 때문인지 서양 언론사들은 사람들을 대거 내보내고 그만큼 새로 뽑는 일을 진행하고 있었다. 디지털 강화가 신문사에 얼마나 갈등을 야기하는 일인지 실감했다.

파이낸셜타임스의 경제 부문 간부는 디지털 혁신을 시작한 이후 달라진 것들에 대해 강연했다. 가장 눈에 띄는 대목은 신문만 제작할 때는 없었던 새벽 근무조가 생겼다는 설명이었다. 디지털로 실시간 뉴스를 내보내면서 새벽 근무자가 아시아 증시 등에 대한 기사를 작성해 디지털에 내보낸다고 한다. 강연이 끝난 뒤 그에게 "새벽 근무를 신설하면 기자들이 반발하지 않느냐"고 물었다. 그는 "디지털 특성이 그런 것을 어떻게 하겠냐"면서 "대신 오후에 퇴근을 일찍 시켜줘 근무 시간이 늘어나지 않도록 한다"고 말했다.

이듬해부터 중앙일보도 디지털 혁신을 추진하면서 여러 형태의 새벽 근무를 운영해봤다. 어떤 방식을 채택해도 새벽에 근무하는 기자는 힘들기 마련이다. 방송사의 경우 아침뉴스팀이 있어 새벽 근무가 낯설지 않지만 조간신문은 새벽 근무자를 둔 적이 없기 때문에 처음엔 어색하기도 하고 기자들이 느끼는 체감 피로감이 극심하다. 하지만 디지털 미디어에선 아침 출근 시간이 가장 중요하기 때문에 오전 일찍 발생하는 사건 사고나 정부 발표 등을 기사로 작성하는 새벽 근무조를 두지 않기가 어렵다. 전날 미리 준비해둔 기사를 이른 아침에 내보내기도 하지만 당일 새벽에 발생하는 사안들을 보도하려면 새벽 근무자의 역할이 중요하다. 파이낸셜타임스가 디지털 전략을 강화하면서 새벽 근무를 신설한 것을 봐도 디지털, 특히 모바일 뉴스를 공략하려면 아침 시간을 어떻게 대응하느냐가 디지털 혁신 성패의 핵심 요인 중 하나다.

이런 점에서 아침 뉴스를 내보내는 방송사는 디지털에서도 한결 유리한 상황이다. 해외 컨퍼런스에서 BBC는 단골 강연자다. 신문사들이 가장 어렵게 생각하는 영상이 방송사에는 넘쳐난다. 국내에서는 SBS가 〈스브스뉴스〉와 〈비디오머그〉 등으로 큰 인기를 끌면서 디지털 네이티브 뉴스의 선구적 역할을 했다는 평가를 받았다.

방송사가 쉽게 생각하는 해설 영상 제작 등이 신문사 등 다른 매체에는 오르기 어려운 산처럼 느껴진다. 디지털 퍼스트 혁명은 방송에게 더 큰 영향력을 줄 가능성이 크다.

2. 디지털 퍼스트 전환의 핵심 포인트

디지털 퍼스트의 전제 조건

신문사가 디지털 혁신을 시작하기 전까지 대부분 기자들은 지면용 기사만 쓴다. 디지털에는 지면에 보도된 기사를 이후 온라인에 올린다. '지면 퍼스트'다. 디지털용 기사는 디지털부서에 담당 기자를 두고 전담하는 형태가 많다.

디지털 혁신을 위해 지면 기사를 쓰는 기자들한테 디지털 기사를 써달라고 하면 당연히 반발이 나온다. 지면 기사를 쓰는 것만으로도 빡빡한데 추가로 디지털 기사를 쓰라고 하면 반발하는 건 당연한 이치다. 디지털 기사를 쓰지 못하는 이유는 많다. 핑계가 아니라 실제로 그렇다. 가장 많이 제기되는 반론은 "디지털 기사를 쓰면 취재할 시간이 없다"는 지적이다. 기자들의 업무 가운데 기사를 작성하는 시간은 일부일 뿐이다. 나머지 시간엔 취재하거나 기사 아이디어를 고민한다. 이를 조금 과장해서 "누우면 아이디어 구상, 서면 취재, 앉으면 기사 작성"이라고들 한다. 그런데 여기에 디지털 기사 작성이 끼어들면 아이디어 구상과 취재에 차질이 생길 수 있다는 얘기다.

이것은 분명한 사실이다. 다만 더 분명한 것은 디지털 기사를 쓰지 않고 지면에 나온 기사만 온라인과 모바일에 내보내면 다른 언론사보다 디지털에선 뒤처질 수밖에 없다는 사실이다. 결국 선택의 문제로 귀결된다. 디지털 기사를 포기하고 아이디어 구상과 취재에 모든 역량을 쏟을 것인지, 아이디어 구성과 취재를 일부분 포기하고 디지털 기사를 쓸 것인지의 선택이다. 이는 언론사 정책의 문제이기도 하다. 물론 지면용으로 생각한 기사를 지면이 나올 때까지 디지털로 내보내지 않을지, 아니면 지면용이라도 기사가 완성된 시점에 디지털로 먼저 내보낼지는 선택의 문제다. 기사의 보안을 위해서라면 지면에 먼저 나가는 편이 기자 마음에 편할 것이고, 디지털을 발전시키려면 디지털로 먼저 내보내는 것이 도움이 된다.

만약 취재 기자 대부분이 지면 기사를 담당하는 신문사에서 취재 기자들은 디지털 퍼스트 기사를 쓰지 않기로 결정하면 디지털 뉴스에 필요한 속보 등을 담당하는 디지털 기자를 두게 된다. 취재 기자는 신문 제작에 집중하고 디지털은 디지털 기자가 주로 담당하는 이원화 시스템이다. 우리나라 언론사의 대부분이 이런 형태를 유지해왔다.

이런 발상에 전환을 가져온 것은 서양 언론이다. 독일의 악셀 슈프링거가 대표적이다. '디지털 퍼스트' 방식이다. 취재기자들이 기사를 디지털에 먼저 내보내고 그 기사로 지면을 만드는 방식이다.

기자들은 신문 마감에 구애 받지 않고 아침이건 낮이건 기사를 디지털로 보도한다. 취재기자들이 이렇게 서비스한 기사들 중 일부의 기사로 지면을 만든다. 지면 제작을 담당하는 부서에서 디지털 퍼스트로 출고된 기사들을 골라 1면부터 마지막 면까지 만드는 시스템이다. 그런데 이렇게 쌓인 기사들로 디벨트와 빌트를 비롯해 매거진까지 제작한다.

기자들이 지면 기사만 쓸 때는 딱 지면에 필요한 분량만 기사를 쓰면 된다. 사전에 지면 배치 계획이 편집회의에서 결정되면 그 계획에 맞춰 할당된 면과 기사 길이에 맞춰 기자들이 송고하면 편집기자들이 지면에 배치하고 제목을 단다. 버려지는 기사도, 잉여의 기사도 별로 없다. 지면을 채울 분량만큼만 기사를 쓴다.

그러나 이렇게 디지털 퍼스트 방식으로 바뀌면 지면 제작에 필요한 기사량보다 훨씬 많은 기사를 내보내게 된다.

온라인과 모바일 뉴스 운영을 위해 디지털로 내보낸 기사들 중 일부를 골라서 신문을 만들기 때문에 신문의 1면 톱기사를 비롯해 모든 주요 기사들이 디지털로 출고돼 있어야 한다. 취재기자들도 모두 디지털로 기사를 내보낸다. 따라서 전체적인 기사량이 지면 위주로 일할 때보다 훨씬 늘어나게 된다.

우리나라 신문사에서 가장 먼저 디지털 퍼스트 전환을 이뤄낸 것은 중앙일보라고 할 수 있다. 인터넷 매체 중에 지면을 발행한 경우는 있지만 신문사가 디지털 퍼스트를 제대로 실천한 경우는 중앙일보이며 이후 한국일보 등 여러 신문들이 비슷한 시도에 나섰다.

취재 기자들이 지면 위주로 기사를 쓰면서 디지털 기자들이 디지털 뉴스를 맡는 방식으로는 디지털 퍼스트 제작을 할 수 없다. 디지털 퍼스트 혁신의 요체는 기자들이 디지털 뉴스 운영에 최적화한 형태로 일하는 것이다.

가장 큰 차이는 출고 시점의 변화다. 신문의 대다수를 차지하는 조간 신문사 기자들은 다음날 새벽에 배달되는 신문을 만들기 위해 오후 5시쯤 기사를 마감한다. 취재 기자가 기사를 이 시간에 출고하면 편집기자가 지면을 만들고 조판자가 인쇄 준비를 마치면 윤전기로 인쇄해 다음날 새벽에 내보낸다. 그런데 대부분 기사가 출고되는 오후 5시는 디지털 뉴스에서 트래픽이 떨어지는 시점이다. 만약 언론사가 중요한 기사를 오후 5시에 전부 디지털로 서비스한다면 아까운 기사들이 묻히게 된다.

디지털 뉴스에서 가장 중요한 시간은 아침이다. 특히 모바일 뉴스의 비중이 커지면서 아침 출근길에서 스마트폰으로 뉴스를 볼 때 얼마나 경쟁력 있는 기사를 내보내느냐에 하루 승부가 갈린다 해도 과언이 아니다. 오전에 결정된 트래픽 판도가 하루 종일 유지되는 경우도 많다.

지면 중심으로 일하는 신문사들은 지면에 실린 기사를 주로 다음날 새벽에 올린다. 이 기사들은 전날 오후 5시에 출고한 기사다. 통신사와 디지털 퍼스트를 시행하는 언론사들은 조금 전에 발생한 기사를 서비스하고 있는데 전날 오후에 쓴 기사를 내보내면 경쟁력이 떨어질 수밖에 없다.

특히 디지털 뉴스의 최대 소비처인 네이버가 모바일에서 언론사별로 채널을 운영하도록 하면서 매체의 디지털 뉴스 경쟁력을 적나라하게 비교할 수 있게 됐다. 따라서 지면 중심으로 기자들이 일하는 신문사는 디지털에서는 경쟁력이 떨어지게 마련이다.

서양의 주요 언론처럼 디지털 전략에 미래를 건다면 디지털 퍼스트 체제로 가는 편이 유리하다. 문제는 디지털 퍼스트 체제는 지면 중심일 때보다 훨씬 많은 기사를 내보내야 한다. 시간적으로도 오후 5시에 일제히 출고하는 지면 중심 체제와 달리 아침부터 밤늦게까지 지속적으로 기사가 나가야 유리하다.

오전 출근 시간과 함께 점심시간 전후가 디지털 뉴스의 피크다. 이 시간대에도 좋은 기사들이 배치되면 많은 독자를 모을 수 있다. 이런 식으로 기사를 내보내려면 어떻게 근무해야 할지는 언론사가 잘 구상하면 된다. 취재 부서에서 새벽이나 저녁 당번을 두고 디지털 기사를 쓰는 방법이 있고 새벽이나 심야 시간은 주로 디지털 뉴스 부서에서 커버하는 방법도 있다. 해외의 일부 언론사는 디지털 뉴스도 주요 시간대마다 몇 개의 마감 시간을 정해두고 하루에 몇 차례 마감을 운영한다. 아침 출근길을 준비하는 새벽 마감, 점심시간을 커버하기 위한 점심 마감, 퇴근길을 대비하는 오후 마감 등이다. 이 시간대에 좋은 기사가 잘 분산될 수 있도록 배정하는 것이다.

어떤 형태든 이렇게 출고 기사량이 늘어나는 데서 디지털 혁신에 대한 불만이 싹트기 쉽다.

필자가 디지털에디터로 처음 발령 받았을 때 취재부서가 디지털 기사를 출고하는 일은 극히 예외적이었다. 디지털 퍼스트 제작이 아니더라도 디지털 기사가 많이 있어야 좋은 것은 당연하다. 하지만 취재기자들에게 안 쓰던 디지털 기사를 갑자기 쓰라고 하면 반발도 심하거니와 기자들이 어떻게 일해야 할지도 난감해한다. 이런 점을 감안해 처음엔 간단한 기사를 요청했다. 출입처에서 나온 보도자료로 단신이라도 써달라고 부탁했다. 회사가 디지털을 강화하겠다는 분위기에서 이런 정도의 요청은 다들 가급적 해주려 한다. 그러다 보면 디지털 기사에 재미를 느껴 더 공을 들여 쓰는 기자들이 나타나게 마련이다. 이런 기자들을 격려하고 상을 주는 등 포지티브 방식이 지면 기사만 써온 편집국에는 변화의 시작이 된다.

디지털 기사를 적극적으로 쓰는 취재기자에 대한 가장 큰 선물은 '유통'의 우선권이다. 이런 기사들을 가장 돋보이는 자리에 배치해 많은 독자를 만나게 하면 기자도 큰 보람을 느낀다. 여기에 유용한 플랫폼으로 등장한 것이 네이버의 모바일 채널이다. 언론사에게 편집의 재량권을 주지 않는 다음과 달리 네이버는 모바일 뉴스 서비스의 첫 페이지에 언론사별로 자체 편집할 수 있는 채널을 개설했다. 채널을 개설할 수 있는 언론사는 뉴스콘텐츠제휴사 지위를 확보해야 하는 등 제한돼 있지만 대다수 주요 언론사는 채널 운영권을 갖고 있기 때문에 이 영역을 잘 활용하면 기자들의 디지털 참여를 독려할 수 있다. 네이버 이용자가 선호하는 언론사 채널을 구독할 수 있어 많은 구독자를 가진 언론사의 디지털 파급력은 상당하다. 2021년 9월 기준 네이버 채널 구독자 수 525만 명으로 전체 언론사 중 1위인 중앙일보의 경우 네이버 채널에 기사를 올리면 순식간에 '좋아요'가 수백 건에 이르고 댓글도 금세 100개를 넘어선다. 기자에게 독자의 반응만큼 보람을 느끼게 하는 요소는 없다. 따라서 네이버 채널에 올려주는 것만으로도 디지털 참여에 적극적인 기자들에게 충분한 동기부여가 된다.

취재 기자들이 디지털 기사를 쓰기 시작하는 시점부터 디지털 퍼스트로 전환하기까지는 오랜 기간이 걸린다. 신문 기사 작성 위주로 일하면서 가끔씩 디지털 기사를 쓰는 것과 업무 콘셉트를 아예 디지털 중심으로 바꾸는 것은 하늘과 땅 차이다. 디지털 기사 기여에 적극성을 보이던 기자들 중 상당수 역시 디지털 퍼스트 전환에 대해서는 강한 반감을 보인다. 신문지면 중심으로 일하면서 디지털 기사를 추가로 쓰는 단계까지는 갈등이 물밑에 잠수하고 있다면, 디지털 퍼스트 혁신으로 기자 업무의 중심을 디지털로 옮기면 반감이 폭발해 물 위로 치솟는다.

출입처 시각 초월해야

디지털 퍼스트 전환은 기사량의 증가를 수반한다. 기사가 많아지지 않으면 디지털 퍼스트의 의미가 반감된다. 아침 시간의 기사 출고가 활발해져야 한다. 기사를 내보내려면 이보다 훨씬 전부터 취재를 시작해야 한다. 일의 시작이 빨라지는 것부터가 스트레스 요인이다.

하지만 강한 반발의 주요 이유는 업무의 증가보다는 신문의 질이 떨어질 수 있다는 우려다. 기사 출고 시간을 오후 5시로 설정하고 아침부터 이 시간표에 맞춰 충실히 취재하고 정리해 내보내는 기사와 아침부터 짧은 시간 취재해 서둘러 써서 출고하는 기사의 질은 차이가 난다. 기사에 착수하는 시점이 같다면 분명히 질적 차이가 생긴다. 기자들은 이 부분을 가장 염려한다. 우리의 역량은 더 완성도 있는 기사를 쓸 수 있는데 디지털 퍼스트 때문에 취재도 미흡하고 글도 미진한 기사를 내보내야 한다는 생각에 뭔가 크게 잘못됐다고 생각한다.

흔히 나이든 기자가 지면을 더 중시하고 젊은 기자들은 지면에 애착이 덜하다고 생각한다. 하지만 일하다 보면 의외로 주니어 기자들이 지면의 가치를 더 높게 평가하는 경우를 만난다. 필자의 생각만이 아니라 많은 고참 기자들이 같은 느낌을 받는다고 말한다. 왜 이런 현상이 빚어질까.

출입처 제도와 관련이 있다고 생각한다. 기자들은 출입처에 나가며 해당 부처나 기업의 공보나 홍보 담당자들을 많이 만난다. 출입처 간부들과도 소통이 많다. 그런데 정부 부처나 기업 간부들은 방송이나 신문에 보도된 자기 부처나 회사와 관련된 기사를 모은 스크랩이나 뉴스 클리핑을 통해 뉴스를 접한다. 디지털 기사는 매체가 워낙 많아 스크랩을 하지 않거나 하더라도 뒤쪽에 비중을 낮춰서 한다. 따라서 출입처에서는 디지털 기사보다 지면 기사에 더 큰 반응을 보인다. 나쁜 기사가 나가면 관련 간부나 공보실에서 적극 해명을 하고 좋은 기사에는 감사를 표한다. 이런 일상이 반복되면 디지털 기사보다 지면 기사가 훨씬 영향력이 크다는 생각을 갖게 된다.

이런 이유로 지면에 실린 기사가 디지털로 나간 기사보다 더 큰 반향을 일으키곤 하는 것은 사실이다. 그렇다면 고참 기자들 중에 지면 기사가 그 정도로 비중이 크다고 생각하지 않는 사람들은 왜일까. 이런 질문에 대해 한 신문사 국장은 이렇게 말했다.

"우리도 젊었을 때는 출입처에서 기사에 대해 고맙다며 잘 대해줄 때에는 좋았잖아요. 그게 진심인 줄 알았잖아요. 그런데 시간이 흐르다 보면 출입처에서 그러는 것이 다 부질없고 별로 진심도 아니라는 걸 알게 되니까 지면 기사에 대한 반응이 그냥 그렇게 느껴지는 거죠. 그런데 후배들은 아무래도 그런 경험이 별로 많지 않으니 지면이 더 중요해 보이는 거 아닐까요?"

어느 정도 공감한다. 젊은 기자들이 지면을 중시하는 게 타당하지 않다는 것은 아니다. 다만 지면을 매개로 이뤄지는 취재원과의 관계는 그리 대단한 게 아닐 수도 있다는 생각은 든다. 기자 생활을 하는 동안 그런 생각을 갖게 하는 순간을 많이 만났다. 가장 강하게 느꼈던 때는 정치부에서 일하다 2007년에 중앙선데이 창간팀에 갔을 때다. 당시 중앙선데이는 회사에서 상당한 비중을 뒀고 창간 당시 국장이나 에디터를 했던 선배들 중 상당수가 훗날 회사에서 중책을 맡았을 만큼 역량 있는 기자들이 많이 갔다. 평기자들은 그 정도는 아닐지 몰라도, 그래도 선데이로 가는 게 중앙일보 내부에서는 물 먹었다고 생각하는 분위기는 아니었다. 그런데 출입처이던 한나라당에서는 전혀 분위기가 달랐다. "선데이에서 정치를 취재하게 됐다"고 인사하면 다들 위로의 말을 건넸다. 나는 별로 위로 받을 일이라고 생각하지 않는데 남들이 다 위로하니까 정말로 내가 뭔가 크게 잘못된 것인데 눈치가 없어 모르는 것일까 하는 생각이 들 정도였다. 정치인들의 태도도 달라졌다. 별로 안 친했던 사람들은 거의 대부분 중앙일보였을 때보다 냉랭해졌다. 문제는 친했던 사람들이다. 가깝다고 생각했던 정치인들은 둘로 갈렸다. 일부는 "꼭 잘 이겨내고 중앙일보에 복귀하라"며 취재 요청에 적극 협조하고 전화도 잘 받아줬다. 반면 상당수는 일단 전화통화가 잘 안 됐다. 그 전까지는 전화를 못 받으면 '곧 연락하겠다'고 문자라도 보내던 분들이 그냥 전화를 안 받았다. 마주쳐서 인사해도 눈에 띄게 다른 모습을 보였다. 솔직히 당황스러웠다. 나는 우리 관계가 기자와 취재원의 관계는 훨씬 넘어섰다고 생각했는데, 상대방에겐 그저 이해관계일 뿐이었다는 사실을 깨달았을 때 내 자신을 책망했다. 왜 이리 눈치 없이 한심한 믿음을 가졌는지 스스로가 멍청하게 생각됐다.

　이런 사례가 있었다. 당시 대선을 앞두고 한나라당 쪽으로 판세가 기울어 이명박 후보와 박근혜 후보의 경선이 사실상 대선 결승전 같은 분위기였다. 각 언론들은 두 후보를 인터뷰하려고 무척 공을 들였다. MB는 그래도 돌아가며 인터뷰를 했지만 박 후보는 개별 언론과 인터뷰를 한동안 안 했다. 중앙선데이에서 인터뷰를 성사시켜보려고 했다. 중앙일보에 있을 때 잠깐 박 후보 캠프를 담당한 적이 있어 김무성, 허태열, 유승민, 유정복 의원 등등 캠프 핵심들과도 꽤 아는 사이였다. 어떻게 하면 박 후보 인터뷰를 성사시킬 수 있을까 하는 질문에 다들 "아마 안 될 것"이라고 답했다. 다만 일부 인사가 "박 후보와 관련한 주요 결정은 캠프 핵심 멤버들의 회의에서 결정하니 그 멤버들을 설득해보라"고 조언했다. 한 명 한 명 차례로 찾아가 설득, 읍소, 압박을 섞어가며 박근혜 후보 인터뷰를 추진했다. 결국 대부분을 설득하는 데 성공했다. 가장 까칠했던 사람은 허태열 의원으로 기억한다. "중앙선데이와 인터뷰하면 다른 데서 가만있겠소. 당장 중앙일보도 뭐라 할 거 아니오"라고 했다. 그는 캠프 좌장급 레벨 중 한 명이었다. 그가 틀면 어려웠다. 그래서 "그럼 우리는 MB만 엄청 크게 인터뷰할 겁니다. 그때 가서 우리 원망하지 마세요"라고 했다. 허 의원은 "지금 나를 협박하는 거요?"라고 말했다. 친분이 있으니 험악한 분위기는 전혀 아니고 농담조였다. 나는 "그러니까 좀 해주세요. 총장님(허 의원은 당 사무총장을 지냈다)만 오케이 하면 끝납니다"라고 설득했다. "허허, 생각해봅시다." 이건 마음이 흔들린다는 얘기다. "감사합니다, 총장님" 하고 방을 나왔다. 그리고 인터뷰 건을 정식으로 요청해 캠프 회의에 안건이 올라갔다. 회의가 끝난 뒤 박 후보 인터뷰를 진행하는 것으로 결정났다는 연락을 받았다. 엄청 기뻤다. 그런데 뜻밖의 얘기가 들려왔다. "모 의원이 엄청나게 반대를 해 무산될 뻔했다"는 것이다. 충격이었다. 캠프 멤버 중 정말 친하다고 생각했던 몇 명에겐 따로 연락을 안 했다. 내 요청이니 당연히 들어줄 것으로 생각했다. 그런데 그중 한 명이 끝까지 반대했다는 얘기에 당혹스러웠다. 기자 생활을 하면서 이런 일들을 몇 번 겪었다. 그때마다 드는 생각은 개인에 대한 서운함보다는 기자에게 표하는 친근함이라는 것에 크게 연연해할 필요가 없다는 사실이다. 중앙선데이에서 근무하다 다시 중앙일보 정치부로 돌아오니 한동안 전화를 잘 안 받던 의원들이 바로 통화가 연결됐다. 세상이 그런 것일 뿐 낙심할 필요도 크게 감동할 이유도 없다.

지면의 가치는 여전히 중요하다. 그런데 디지털 기사의 영향력이 상당히 커지고 있다는 걸 체감한 순간들이 많았다. 출입처 취재원들의 피드백이 지면 쪽에서 훨씬 강하게 느껴질 순 있다. 그러나 출입처에 나가지 않으면서 총체적인 반응을 종합해보면 시간이 갈수록 디지털 기사의 비중이 확대되고 있다.

필자가 사회에디터를 할 때 지면과 디지털에 나가는 사회 관련 기사를 모두 담당했다. 소관 부서 수만큼이나 다양한 정부 부처, 기업 등에서 기사와 관련한 피드백이 들어온다. 그중엔 기사에 대한 항의나 해명 등이 많다. 그런데 지면 기사에 대한 요청이나 항의, 정정 및 반론 요구 등의 빈도보다 디지털 기사에 대한 요청이 훨씬 많았다. 디지털 기사의 위력을 실감할 수 있었다.

지면에 모든 역량을 쏟고 디지털은 부수적으로 한다는 것은 체감하는 영향력과 반대로 가는 것이라고 느꼈다. 앞으로 이런 경향은 더 강해지리라고 생각한다. 절대적이던 지면 기사의 비중을 디지털로 옮겨오는 과정에서 세계 모든 언론사가 진통을 겪지만 꾸준히 노력하면 분명히 가시적인 변화가 일어난다.

디지털 퍼스트 제대로 하면 효율 높아진다

디지털 기사 수를 늘리는 방법은 두 가지다. 하나는 디지털 담당 기자를 늘리는 것이고, 다른 하나는 지면 기사만 써왔던 취재 기자들이 디지털 기사도 쓰는 것이다. 양적으로는 디지털 기자를 늘리는 게 효율적이지만 디지털 기사의 질을 높이려면 현장을 취재하는 기자들이 현장의 얘기를 담아 디지털로 신속하게 내보내는 것이 중요하다.

문제는 지면 기사만 써온 취재 기자들의 업무 부담이 늘어나는 것이다. 따라서 이를 늘려가는 작업은 굉장히 긴 시간과 노력이 필요하다. 필자가 2014년에 처음으로 중앙일보 디지털에디터를 맡게 됐을 때 해외 사례 등 여러 가지를 검토한 결과 취재 기자들의 디지털 참여가 중요하다는 걸 알게 됐다. 앞서 설명했듯이 취재 기자들이 새로운 추가 업무를 해야하는 점을 고려해 국장 등과 상의한 결과 쉬운 단신성 기사부터 요청하기로 했다. 무의미한 작업을 시킨다는 불만이 나왔지만 디지털 기사에 적극성을 보이는 현장 기자들이 나타나기 시작했다. 회사 차원에서 디지털 강화를 강조하는 상황에서 몇 명의 선구자가 나서면 속도는 빨라진다. 당시 기록을 보면 첫 달에는 취재기자들이 쓴 디지털 기사가 127건이었는데 석 달째는 1,287건으로 늘었다. 기자 수를 생각하면 그리 많다는 생각이 안 들 수 있어도 이전에 비해 크게 성장한 수치였다. 7년이 지난 2021년 현재 시점에는 그때와 비교할 수 없을 정도로 디지털 기사가 증가했다.

기자 수가 크게 달라진 것도 없는데 이렇게 폭발적으로 기사가 늘 수 있는 이유가 무엇일까. 핵심은 디지털 퍼스트다. 기자들이 지면용 기사를 쓰는 데 집중하던 것에서 디지털을 우선시하는 업무 형태로 바뀌면서 기사량이 크게 늘었다. 지면 중심 시절엔 기사를 한참 쓰다가도 지면계획에서 빠진다고 하면 작성을 중단했다. 기사 작성에 들어간 시간은 허망하게 날아갔다. 처음 지면에 들어갔다가 밤사이 다른 기사가 들어오면 최악이다. 열심히 기사를 완성해 지면에까지 앉혔는데 그 모든 것이 물거품이 됐다. 하지만 디지털 퍼스트 체제에서는 기사를 중단할 필요가 없다. 지면에서 빠지더라도 이미 디지털에 기사가 나갔으니 기자의 노력은 사장되지 않는다. 두 개의 기사 발제 중 어떤 것을 신문 국제면에 실어야 하느냐를 두고 논쟁하는 것은 과거와 똑같지만, 이젠 채택 안 된 하나도 디지털로 보도할 수 있다. 이렇게 빛을 못 볼 뻔했던 기사들이 독자들에게 전달되는 것만으로도 디지털 기사 수가 많이 늘었다.

경쟁력 있는 우수 기사가 폭증한 것도 디지털 퍼스트 제작 방식의 영향이 크다. 지면 퍼스트 제작 방식에선 지면 기사가 아침에 집집마다 배달될 때쯤 디지털로도 서비스된다. 대부분 전날 방송이나 통신사에서 보도한 내용이니 기사로서의 가치가 떨어진다. 그런데 디지털 퍼스트 체제에서는 늦어도 지면용 기사 마감 시간인 오후 5시 이전에 디지털로 내보내니 공 들인 좋은 기사가 방송 메인뉴스보다 먼저 신문사 뉴스 페이지를 통해 독자들에게 전달된다.

지면에 들어가는 하루 100건 안팎의 양질의 기사가 이른 시간에 훌륭한 내용의 디지털 기사로 출고되니 디지털 뉴스 경쟁력에서 과거와 차원이 달라진다.

그러나 이렇게 일찌감치 출고된 디지털 기사로 지면을 제작하는 데 대한 우려도 크다. 이론적으로 맞는 말이다. 지면 중심 제작을 할 때는 오후 5시를 기준 시간으로 삼아 기자가 모든 역량을 집중해 해당 시간에 기사를 완성한다. 그런데 디지털 퍼스트로 오후 1시에 내보낸다면 오후 1시까지 작성한 기사와 오후 5시까지 쓴 기사의 질적 차이가 현저하지 않을까 하는 걱정이 나온다. 지면 중심 제작의 경우 오후 5시에 기사 1차 마감을 한 뒤 자정 무렵까지 추가 사항들을 취재해 반영할 수 있기 때문에 낮에 출고한 기사와 질적 격차는 더 벌어질 수 있다.

이는 부인할 수 없는 사실이다. 따라서 디지털 퍼스트를 둘러싼 논쟁은 결국 하나의 선택으로 귀결된다. 지면 경쟁력을 최우선으로 할 것이냐 디지털 경쟁력을 앞세울 것이냐 하는 판단이다. 지면 경쟁력을 최우선으로 한다면 지면을 가장 잘 만들면서 디지털 경쟁력도 적정 수준을 유지해야 한다. 반대로 디지털 경쟁력이 더 중요하다면 디지털 뉴스를 최우선으로 하면서 지면 경쟁력도 적정 수준을 유지해야 한다. 둘 다 잘하면 최상이지만, 인력을 두 배 가까이로 늘리지 않고 그렇게 하는 건 불가능에 가깝다.

많은 세계 언론사가 디지털 퍼스트를 선택했고 중앙일보를 비롯한 국내 언론사도 디지털 퍼스트로 가는 흐름이다. 디지털 퍼스트로 간다면 디지털 경쟁력이 최우선이 돼야 한다. 신문사가 디지털 퍼스트로 전환하는 과정에서 마주치게 되는 가장 큰 장벽은 기사 수가 늘어야 한다는 사실이다. 디지털 퍼스트를 해보지 않은 신문사들의 체감을 돕기 위해 비유하자면, 현재 30면을 발행하고 있는 신문사에서 50면짜리 해외판 신문을 창간해 미국 LA에서 인쇄, 배달하기로 한 것과 유사할 수 있다. 물론 기자 수는 하나도 늘리지 않는다.

시차 때문에 해외판 기사 마감은 늦어도 낮 12시에 해야 한다. 그렇다면 국장은 신문 기사를 어떻게 채워야 할까. 산술적으로 생각하면 30면 발행하던 기자들이 80면(국내판 30면 + 해외판 50면)을 발행하게 되니 기사의 함량은 30면 발행할 때에 비해 약 37.5%로 떨어지게 된다. 100%의 함량이 37.5%로 떨어진다는 사실은 끔찍하다. 이런 품질 저하를 최소화하기 위해 서양 언론들이 찾아낸 방식이 디지털 퍼스트라고 생각한다. 디지털 퍼스트 방식을 여기에 대입하면, 낮 12시에 마감하는 해외판 50면 기사들 중 가장 좋은 기사들을 골라 국내판 30면을 만드는 방식이다. 애당초 해외판을 만들 때 이 중 30면은 국내판에 그대로 싣는다고 생각해서 최상의 노력을 기울여 기사를 작성하는 것이다. 이렇게 하면 과거에 비해 추가되는 지면은 20면이 된다. 해외 뉴스에 전문화된 기자를 몇 명 채용하고 기존 취재 기자들이 조금씩 보태서 제작하면 기사의 수준은 어느 정도 유지하리라는 기대를 가질 수 있다. 즉 해외판 50면을 완전히 새 기사들로 만드는 것과, 이 중 30면을 국내판과 병용할 수 있게 만드는 것은 기사의 질에 있어 큰 차이가 날 수 있다.

문제는 지금까지 오후 5시에 마감하던 기사를 낮 12시에 마감해야 하니 기사 품질이 떨어지는 부분이다. 이 역시 부인할 수 없는 현상이다. 기자들의 근무 피크 시간도 당겨진다. 우선 이를 감내하겠느냐 하는 선택의 문제가 있고, 이런 상황에서도 절충은 있을 수 있다. 당일 발생이 아닌 기획 기사들은 마감이 5시간 빨라진다고 해서 기사 품질이 크게 떨어질 우려가 적다. 오후에 상황이 발생한 기사는 낮 12시에 출고된 기사를 일부 업데이트한다. 이 방식이 완전히 새 기사를 쓰는 것보다는 노력이 훨씬 덜 든다.

생각해보면 현재의 지면 제작 방식도 과거에 비하면 시의성 측면에서 허점이 많다. 필자가 초년병 기자 시절엔 새벽 3시까지도 기사를 교체할 수 있었다. 야간에 지면을 바꾸는 비율도 그 사이 크게 줄었다. 최고의 품질을 만들려면 이론적으로는 인쇄 한계 시간인 밤 11시 정도를 마감시간으로 정해서 일하는 게 가장 유리할 것이다. 그러나 세상 어느 신문사도 그렇게 일하지 않는다. 오후 5시에 마감해도 오후 11시에 마감하는 것에 비해 기사의 질에서 크게 뒤지지 않게 만드는 역량을 갖춰왔다. 디지털 퍼스트에서도 마감이 몇 시간 당겨지는 부담이 있지만 그에 따른 품질 저하를 최소화하려는 노력이 병행되면 독자들이 체감하는 변화는 별로 없다는 실제 사례들이 있다. 디지털 퍼스트 제작의 선구자로 꼽히는 악셀 슈프링거 관계자에게 후배 기자가 들었던 얘기가 참고할 만하다.

"디지털로 기사를 전부 출고한 이후에 이 기사들로 지면을 만드는 방식을 처음 시행하던 날 모두가 걱정이 많았습니다. 아무래도 기사의 품질이 저하할 것이고 독자들은 왜 갑자기 지면 기사의 완성도가 떨어졌냐며 항의 전화들을 할 테니까요. 그런데 신문을 발행한 뒤 독자들 반응을 파악해보니 우리가 디지털 퍼스트로 바꿨다는 변화 자체를 전혀 모르더군요. 우리끼리는 엄청나게 걱정했는데 정작 독자는 기사에 대한 불만이 없었습니다."

세계의 언론사들이 앞 다퉈 디지털 퍼스트를 단행할 수 있었던 건 이런 인식이 공유됐기 때문일 것이다. 서양만이 아니다. 홍콩의 사우스차이나모닝포스트(SCMP)는 언론사 근무 경력이 없는 30대의 게리 류를 CEO로 발탁하고 디지털 드라이브를 걸었다. 세계 언론 관련 컨퍼런스의 단골 초대 인사이자 우리나라에서도 여러 차례 디지털 혁신 사례를 발표한 그는 SCMP 제작 방식을 디지털 퍼스트로 확 바꿨다. SCMP의 위상이 훨씬 높아졌다는 평가를 듣는다. SCMP의 소유주인 알리바바는 자국 시장 성장과 더불어 이커머스 사업과 시너지 극대화를 위해 SCMP 등 디지털 미디어와 엔터테인먼트를 전략적으로 육성한다고 컨설팅회사 T-Plus는 분석했다.

정리하면, 디지털 경쟁력을 높이려면 필연적으로 디지털 기사가 늘어야 한다. 신문도 방송도 마찬가지다. 인력이 그만큼 늘 수 있다면 최상이지만, 그게 어려운 대다수 신문사는 지면 제작에 지장을 덜 주면서 디지털 기사를 강화할 수 있는 해법을 모색해야 한다. 디지털에 기사를 먼저 출고하고 이 기사들로 지면을 만드는 디지털 퍼스트 방식이 비교적 세계 여러 나라에서 검증된 디지털 뉴스 강화 방안이다. 디지털 퍼스트 방식이라고 해도 얼마든지 절충형이 가능하다. 가령 큰 특종 기사는 지면에 먼저 낸다든지 하는 선택도 가능하다. 다만 극히 예외만 허용해야 원칙이 무너지지 않을 것이다.

1면 톱 물 먹은 날도 디지털 얘기해야

필자는 뉴스룸 국장으로 발령을 받아 디지털 퍼스트 전환 작업을 맡게 되면서 두 가지 결심을 했다. 첫 번째가 지면에 대한 얘기를 일절 하지 않겠다는 것이었다. 신문기자들은 지면 기사 하나에 울고 웃으며 수십 년을 살아왔다. 좋은 기사가 실린 날엔 하루 종일 칭찬을 들으며 뿌듯해 했다. 반면 경쟁지에 특종이 실리면 그날은 죽음이었다. 저녁 때 회사로 들어가는 게 도살장 끌려가는 소의 기분이었다.

가장 잘 하는 일도 좋은 지면 만들기다. 기사를 취재하면서 이것을 지면에 어떻게 요리할까 궁리하는 긴 세월은 기자들을 지면 최적 인간으로 양성했다. 이런 기자들에게 지면보다 디지털을 우선으로 생각하라는 주문은 쇠귀에 경 읽기만큼이나 공허한 얘기가 될 수 있다. 이는 우리나라만의 현상이 아니다. 디지털 혁신을 추진하는 각국의 신문사들이 공통적으로 부닥치는 장벽은 기자들의 '지면 애착'이다. 디지털 경쟁력을 강화하려면 지면에 쏟는 에너지가 줄어들 수밖에 없는데 기자들은 이를 받아들이기 힘들다. 어떤 이유로도 지면의 경쟁력이 떨어지는 현상을 묵인할 수 없는 것이 신문기자의 본능에 가깝다. 이 때문에 디지털 혁신에 나서는 신문사 간부들은 갖가지 방법을 동원했다.

파이낸셜타임스(FT) 편집국장으로 기억한다. 어느 외국 행사에서 만난 적이 있는데 자신이 편집국의 신문 집착을 떨치기 위해 편집국에서 아예 신문을 보지 못하도록 금지시켰다는 얘기를 했다. 부장 중에 누가 신문을 읽고 있으면 그에게 다가가 "왜 여기서 종이 신문을 읽느냐"고 추궁했다는 얘기도 했다. 세계에서 가장 고품질의 신문으로 꼽히는 FT 편집국장이 그럴 정도다.

디지털 뉴스에서 큰 도약을 했다는 평가를 받는 대만의 애플데일리 고위 임원은 더 심한 조치를 했다고 설명했다. 디지털 중심으로 바꾸려 해도 잘 안 되는 이유를 관찰해보니 편집국의 부장들이 항상 지면을 더 중시하는 모습이 나타난다는 것이다. 디지털은 이른 아침부터 일을 많이 하지만 지면 제작은 주로 밤에 업무가 많다. 부장들이 밤에 편집국에서 온통 지면 제작에만 정신을 쏟으니 마인드가 안 바뀐다는 판단을 했다는 것이다.

그래서 취한 조치가 '오후 5시 이후 부장 편집국 출입 금지'라고 했다. 디지털 혁신을 단행하면서 아예 부장들이 저녁 이후 편집국에 들어올 수 없도록 해 종이 신문 제작에 관여를 못하게 했다는 얘기였다. 지면 제작은 차장들이 맡고 부장은 디지털만 신경 쓰도록 했다는 설명이었다. 이렇게 몇 달을 지낸 뒤엔 차장들을 디지털 제작을 맡도록 했다고 한다. 이런 극약처방을 내리고서야 편집국이 디지털 중심으로 바뀌었다는 설명이다.

세계 여러 디지털 혁신 선구자들의 얘기를 종합하면 신문사가 디지털 혁신을 하려면 편집국 간부와 기자들이 디지털 중심 사고를 해야 하고 이는 불가피하게 신문 지면에 대한 애착을 버리는 노력이 병행돼야 한다. 이에 국장이 되자마자 지면에 대한 얘기를 하지 않겠다고 말했고 편집 회의 때도 지면에 대한 얘기를 일절 하지 않았다. 각 부문별로 디렉터(부국장)들이 기사 발제를 할 때도 지면 계획을 언급하지 않고 디지털 뉴스로 몇 시에 내겠다는 얘기를 하도록 했다. 지면 1면 톱 특종을 해도 지면과 관련해 격려를 하지 않았으며 경쟁사 지면에 1면 톱기사로 물을 먹어도 아무 말 하지 않았다. 여러 가지 상황을 고려할 때 다른 나라처럼 신문을 읽는 부장을 나무라거나 오후 6시 이후에 부장들에게 뉴스룸 출입 금지를 시킨다든지 하는 극단적인 조치를 하지는 못했다. 고백하자면, 나는 방에서 신문들을 봤다. 나는 뉴스룸 사람들과만 소통하는 것은 아니니 경쟁지가 어떤 보도를 했는지 알고 있어야만 대처가 가능한 일들이 생기기 때문에 신문들을 읽기는 했지만 디렉터(부국장)나 팀장(부장)들에게 지면에 관한 언급은 하지 않으려 노력했다.

마음은 불편했다. 필자는 JTBC에 있던 4년을 제외하면 항상 경쟁사 신문 지면에 일희일비하며 30년 가까이 기자생활을 해왔다. 가장 지면에 신경이 곤두섰을 때는 법조팀에서 대검찰청을 출입하며 상반기에는 '대북송금 특검'을, 하반기에는 '노무현, 이회창 불법 대선자금 수사'를 취재

했던 2003년이다. 1년 내내 엄청난 취재 경쟁을 했다. 아침에 눈 뜰 때부터 밤에 잠자리에 들 때까지 하루 종일 취재와 기사 작성에 매달려야 했다. 그렇게 일해도 수시로 다른 언론에 낙종을 했다. 속칭 '1톱3박(1면 톱과 3면 해설 박스)'의 나날이었다. 저녁 늦게까지 지면 마감을 하면 검사 등 법조인과 수사 관련 인물들을 만나 한마디라도 듣기 위해 자정 넘도록 술을 마셨다. 이런 술자리에 참석하기까지도 많은 노력을 쏟아야 했다. 만취해 귀가하면 오전 1시가 넘기 일쑤였다. 파김치가 되어 잠이 들어도 새벽 5시가 되면 눈이 떠졌다. 현관 밖에 '툭' 하고 신문 떨어지는 소리에 잠이 깬다는 기자도 있었다. 잠이 깨 밖으로 나가 위아래 집을 다니며 경쟁지 내용을 살폈다. 다행히 타지에 특별한 특종 기사가 없으면 1, 2시간 더 잘 수 있었다. 그러나 어떤 신문에 큰 단독 기사가 있으면 오전 6시가 되기를 기다려 검찰 대변인실과 주요 간부들에게 전화를 걸어 경쟁지에 나온 기사 내용이 맞는지를 확인해야 했다. 아침에 부장과 데스크에게 물 먹은 기사를 보고하기 위해 두어 시간 확인 취재를 하는 시간은 고역이었다. 마음속으로 해당 기사가 오보이기를 빌어보지만 대개는 오보가 아니거나 일부 내용은 틀리더라도 일부는 맞았다. 오보로 확인돼 보고를 하면 당장 불호령은 피할 수 있지만 혹시라도 확인이 잘못됐을까봐 하루 종일 마음을 졸여야 했다.

특종을 한 날은 전혀 다른 조바심이 기다린다. 물 먹은 날의 나처럼 출입처의 경쟁지 기자들이 출입처 간부들에게 확인을 하고 있을 텐데 순순히 나의 특종을 인정해줄지 조마조마했다. 특종이라는 사실이 공인되는 건 연합뉴스 같은 통신사가 오전 9시쯤 같은 내용을 보도하는 순간이다. 혹시라도 실수를 한 건 아닌가 하는 걱정이 사라지는 순간이다. 그 이후에는 다음날 오전까지 다른 신문들의 후속 조치에 촉각을 곤두세운다.

나의 기사를 거의 그대로 '받아쓰면' 특종이 된다. 그런 경우는 많지 않다. 나의 기사를 정반대로 틀어서 쓰는 경우도 종종 생긴다. 이럴 경우 한동안 누가 옳은지 신경전을 벌이게 된다. 부장이나 데스크도 이후 흐름을 주시한다. 나의 기사를 정반대로 쓰진 않았지만 비틀어서 톤을 다르게 쓰는 경우도 있다. 이렇게 되면 특종이 맞긴 한데 흔쾌히 인정하기는 싫다는 얘기다. 다른 신문사들이 다음날 지면에 해당 기사를 안 쓰면, 특종이 맞긴 하지만 기사 가치는 별로 없다는 대응이다. 그러면 그다음 날에라도 따라 쓰게 만들기 위해 더 강한 속보 거리를 찾는다.

기자생활 내내 이렇게 매일 일희일비하면서 살다 보면 지면 기사가 우리의 업무 성과를 판정하는 성적표로 생각하게 된다. 지면 기사에 집중하는 건 바꾸기 어렵다.

그러나 지면을 중심으로 움직이다 보면 사회부, 정치부, 국제부 등 마감시간 직전까지 새로운 사안을 챙기는 부서의 기자들은 저녁 시간 취재가 중요해진다. 밤에 어떻게 대응하느냐에 따라 승패가 갈리는 일이 부지기수다. 오전 기사가 중요한 디지털 뉴스와 시간표가 전혀 다르다. 지면 기사에 집중하려면 밤에 긴장해야 한다. 기자들에게 밤에도 혼신을 다하고 오전에도 열심히 하라고 하면 버티기 힘들다. 오전에 디지털 뉴스가 펄펄 뛰는 생선처럼 살아 있으려면 밤에는 운기조식, 컨디션 조절을 하며 일에서 자유로워질 필요가 있다. 밤에 긴장을 풀려면 지면에 대한 애정을 일정 부분 거두어야 한다.

외국의 유력 신문사들조차 기자들에게 신문과 멀어지라고 하는 이유는 신문이 안 중요해서가 아니라 디지털의 강자가 되려면 필연적으로 신문에만 매달려 살아온 기자의 사고에 근본적 변화가 필요하기 때문이다.

오전 오후 편집회의 때 지면에 대한 얘기를 정말로 하지 않으니 조금씩 변화가 생겼다. 젊은 기자가 많이 있는 몇몇 부서 부장들에게 수시로 "요즘도 후배들이 지면에 많이 신경 쓰느냐"라고 물었다. 6개월쯤 지났을 까, 한 팀장이 같은 질문에 "요즘 후배들 중엔 오히려 지면에 기사가 들어 가는 걸 부담스러워 하는 경우가 생기기 시작했다"고 말했다. 디지털로 잘 보도되어 출입처에서도, 취재원도, 독자들도 많이 봤는데 지면에 잡히 면 아무래도 다시 한 번 신경을 써야 하니 차라리 디지털로만 나가는 편 이 일하기 수월하다는 설명이었다. 필자가 지면 얘기를 안 한 게 어느 정 도 영향이 있었는지는 모르겠지만, 아마 지면의 성과에 일희일비하는 모 습을 보였다면 디지털 혁신은 지체됐을 것이다. 1년쯤 지났을 때는 뉴스 룸 전체적으로 분위기가 많이 달라졌다. 디지털 퍼스트가 자연스러워졌 다. 물론 여러 가지 보완과 개선이 요구되지만 디지털 혁신을 속도 있게 진행하려면 일정 기간 지면과 거리 두기를 강화하는 노력이 긴요하다는 것이 앞서 간 선진 언론들의 충고이자 필자가 직접 경험한 사실이다.

디지털 퍼스트가 정착되면 타사 1면 톱기사를 얘기해도 지면 중심으로 회귀하지 않는 시점이 올 것이다. 그 때까진 간부들이 인내해야 디지털 전환이 속도를 낸다.

도제식 질책은 일단정지

국장 임무를 맡으면서 한 또 하나의 결심은 후배 기자들을 질책하지 않겠다는 것이었다. 언론사의 기자 교육은 도제식으로 이뤄진다. 혹독한 질책이 성장의 밑거름이라고 여겨지는 분위기였다. 필자의 경우도 저연 차 기자일 때는 말할 것도 없거니와 부장과 에디터(부국장)를 할 때도 여 러 번 경위서를 썼고 국장에게 불려가 큰 소리로 질책 받는 일이 종종 있 었다.

디지털 퍼스트를 추진하면 업무의 절대량이 늘 수밖에 없다는 점은 앞에서도 설명했다. 아침부터 긴장해야 하는 디지털 뉴스 대응 업무가 추가된다. 업무 과중을 막기 위해 지면에 대한 업무 스트레스를 줄인다고 해도 창간 후 50년 넘게 지면에 모든 걸 걸어온 조직의 기억이 하루아침에 사라지지는 않는다. 아무리 신경을 쓰지 말라고 해도 지면 스트레스는 지속될 수밖에 없다. 결국 뉴스룸의 모든 기자들의 업무 강도가 세지는 변화가 불가피하다고 생각했다.

이런 환경에서 과거와 똑같이 후배 기자들을 질책하고 압박한다면 가혹하기도 하거니와 업무의 효율도 떨어질 수 있다고 생각했다. 이에 고성으로 질책하거나 기사를 물 먹었다는 이유로 강압적으로 추궁하는 모습을 보이지 않으려 했다. 기사 외적인 부분에서 문제가 발생하면 이를 지적하는 일까지 피할 수는 없지만 업무 처리가 미진하다는 이유로 기자 개개인을 탓하는 일은 최소화하려 했다.

이렇게 해도 업무 긴장도는 떨어지지 않았다고 생각한다. 역시 업무 강도가 세졌다는 불만은 많이 나왔다. 디지털 퍼스트 전환에 따라 근무 강도가 세지는 것은 일정 기간 피하기 어렵다고 본다. 익숙지 않은 방식을 짧은 시간 내에 정착시키려면 그것만으로도 충분히 고통스럽다. 그러나 틀이 잡히고 나면 피로도를 줄일 수 있는 아이디어들이 많이 나온다. 가령 새벽 기사를 직접 출근해 작성하는 방법도 있지만, 다른 언론사와 경쟁하지 않는 재미있는 기획 기사를 미리 작성하고 새벽 시간에 집중적으로 내보내는 방식 등 오전 근무의 부담을 줄이면서도 디지털 뉴스의 프라임 타임을 요리해가는 기법이 늘게 된다. 디지털 퍼스트의 노하우가 축적돼 새로운 업무 형태가 수월해질 때까지는 언론사의 도제식 문화를 잠시 내려놓는 것도 좋은 선택이 될 수 있다.

인터렉티브 콘텐츠가 혁신 촉매제

뉴스룸의 사고를 지면에서 디지털로 이동시키는 효율적인 방법 중 하나가 지면용으로 요리하기 어려운 콘텐츠를 많이 만드는 것이다. 대표적인 콘텐츠가 인터렉티브 뉴스와 영상이다. 이런 콘텐츠는 훌륭한 뉴스지만 지면을 만들 때와는 전혀 다른 발상과 방법을 동원해야만 잘 만들 수 있다.

인터렉티브 뉴스는 텍스트 위주의 신문 기사와 달리 그래픽과 사진이 주요 요소가 된다. 기사의 시작부터 끝까지 단선적으로 읽어가는 기사가 아니라 독자의 선택에 따라 다른 내용이 표출된다. 콘텐츠 내용 전체를 보려면 앞뒤를 오가며 선택을 달리 해봐야 하는 경우도 많다. 이런 콘텐츠를 만들려면 취재 기자 혼자서는 어렵다. 그래픽 기자나 디자이너와 협업은 필수고 개발자나 기획자와 함께 일해야 하는 경우가 많다. 영상이 포함될 경우 영상 기자, PD, 그래픽 기자 등이 참여해야 하니 콘텐츠 구성에 따라 다양한 직군이 지혜를 모아야 한다.

이런 콘텐츠의 제작은 학계에서도 주목한다.

'인터랙티브 저널리즘은 이용자의 피드백 또는 능동적 행위(action)가 곧 콘텐츠 구성에 변화를 가져오는 상호작용성을 고유한 특징으로 가지고 있기 때문에, 신문이나 방송 같은 전통적 플랫폼에서 존재했던 콘텐츠를 응용하기 어렵다'(김선호, 김옥태, 2015).

이런 콘텐츠는 특히 관련 경험이 없는 취재 기자에게는 새로운 도전이다. 대부분 큰 성과를 내지 못하지만 그 과정에서 디지털의 흐름을 고민하게 된다. 간혹 히트 상품이 나오면 특종 기사를 썼을 때와는 다른 종류의 희열을 맛보게 된다. 이런 콘텐츠는 기자 혼자만의 아이디어로 성공하긴 쉽지 않다. 기획자, 개발자, 그래픽 디자이너, 영상 담당자 등 전문

<그림 1-1> '우리 동네 출산 축하금'

분야가 다른 사람들이 지혜를 모아야 성공 가능성이 커진다.

필자가 관여했던 인터렉티브 콘텐츠 중엔 '우리 동네 출산 축하금'이라는 코너가 있다. 요즘 저출산이 심각한 사회문제가 되면서 중앙 정부와 지방자치단체가 아이를 낳은 가족에게 다양한 지원을 하고 있다(〈그림 1-1〉).

그런데 광역자치단체와 기초단체에 따라 지원이 제 각각이다. 지원금 액수도 많은 차이가 나고 아이가 몇째인지에 따라 결정되는 지원금 규모도 지자체별로 판이하다. 부모 입장에서는 아이를 낳게 될 경우 받게 되는 지원금 총액이 가장 궁금할 텐데 이를 한 번에 확인할 수 있는 방법이 없다. 친구나 지인에게 물어도 같은 지역에 살지 않는 한 도움이 별로 안 된다. 중앙정부와 광역단체, 기초단체 등이 따로따로 안내할 뿐 국민의 입장에서 한 번에 조회할 수 있는 원스톱 서비스가 없다는 점에 착안했다.

전국 지자체에 관련 내용을 파악해 한 곳에 모았다. 부모가 사는 시, 군, 구와 아이가 몇째인지만 입력하면 중앙정부와 광역단체, 기초단체에서 제공하는 혜택을 한 눈에 볼 수 있도록 했다.

2018년 처음 서비스를 내놨을 때 그런대로 반응이 있었지만 크게 주목받지는 못했다. 그런데 맘 카페 등에서 이 서비스를 퍼가기 시작하면서 차츰 이용자가 늘었다. 서비스를 만들 때 혹시나 싶어 댓글을 쓸 수 있게 했는데, 지원금 신청 방식 등 애매한 사안이 많다 보니 댓글로 문의하는 내용이 꾸준히 이어졌다. 서비스를 만들어놨을 뿐인데 몇 년이 지나도 매일 1,000명 이상씩 들어왔다. 2021년 중앙일보가 웹, 앱 전면 개편과 함께 구독 서비스를 강화하면서 회원 전용 서비스의 주요 콘텐츠로 이를 채택했다. 편집국 기자들이 개발자, 디자이너와 함께 만든 인터렉티브 콘텐츠가 3년이 지나도 가치를 인정받는 셈이다.

이 서비스의 속편으로 '우리 동네 다자녀 혜택' 콘텐츠를 만들었다. 이 서비스가 개시되는 날 오전 내내 '우리 동네 다자녀 혜택' 키워드가 네이버와 다음 등 주요 포털 실시간 검색어 1위를 휩쓸었다. 관련 키워드 서

<그림 1-2> '우리 동네 다자녀 혜택'

N   중앙일보 다자녀

MTN   2018.12.10.
우리동네 다자녀 혜택 페이지 공개, 지역만 선택하면 혜택 확인이...
우리동네다자녀혜택 페이지가 공개돼 화제다.10일 중앙일보는 '우리 동네 다자녀
혜택' 페이지를 공개했다.'우리동네다자녀혜택' 페이지는 지난 11월 말 기준 보건...

스타뉴스   2018.12.10.   네이버뉴스
우리 동네 다자녀 혜택 페이지 공개..'자녀 둘도 가능'
중앙일보는 10일 다자녀 가정이 받을 수 있는 혜택을 정리한 '우리 동네 다자녀 혜
택' 페이지를 공개했다. 이 페이지는 지난 11월 말 기준 보건복지부, 저출산고령...

MBN   2018.12.10.   네이버뉴스
우리동네 다자녀 혜택에 "이런 게 있었어? 주차요금 50%까지"
어제(10일) **중앙일보**가 다자녀 가정이 받을 수 있는 혜택을 정리한 '우리동네 다자
녀 혜택'를 공개했습니다. '우리 동네 다자녀 혜택' 페이지는 시·도별 다자...

아시아경제   2018.12.10.   네이버뉴스
'우리동네다자녀혜택' 사이트, 지역별 다자녀 가정 혜택 공개
10일 **중앙일보**가 다자녀 가정이 받을 수 있는 혜택을 정리한 '우리동네 다자녀 혜
택' 페이지를 공개했다. '우리동네 다자녀 혜택' 페이지는 시·도별 다자녀 가정이 ...

너 개가 동시에 포털 실시간 검색어 상위권에 올랐다. 이를 다룬 각 매체의 기사들이 쏟아졌다. 당일 중앙일보 자체 트래픽이 다른 날의 두 배를 넘어섰다. 인터렉티브 콘텐츠 하나가 나머지 콘텐츠 전체를 합친 것보다 더 많은 유입을 끌어냈다는 얘기다(<그림 1-2>).

출산 축하금 콘텐츠 아이디어는 디지털 인턴이 냈다. 당시 필자는 사회에디터로서 디지털 기획, 개발, 디자이너 인턴을 선발해 협업을 진행했다. 개발자인 인턴이 제안한 내용이다. 지자체별로 내용을 파악하고 자료를 지속적으로 취재해 업데이트 하는 등의 작업은 기자들이 이어가며 지속했다. 친근한 디자인을 구현한 주인공도 인턴이었다.

사실 이 서비스 아이디어가 처음 나왔을 때 내부에선 회의적인 반응이 많았다. 어차피 각 부처나 지자체 홈페이지에 찾아가면 내용을 알 수 있

는데 큰 의미가 있겠느냐는 의견들이 나왔다. 지원금을 받는 부모가 그 정도는 하지 않겠느냐는 의문이었다. 그러나 이용자 입장에서는 여러 곳을 찾아다니는 게 번거로울 수 있고 다른 지자체와 쉽게 비교가 가능하다는 점을 비롯해 도움이 될 수 있다는 생각으로 인턴들과 기자들이 프로젝트를 진행했다. 물론 정규 디지털 개발자, 디자이너의 도움이 있었기에 가능한 작업이었다.

서비스가 성공적이었다는 평가를 받는 훗날의 관점에서 되돌아보면 디지털 프로젝트는 어느 누구도 성공 여부를 쉽게 가늠하기 어렵다. 어떤 소재를 다루느냐도 중요하지만 어떻게 디테일한 요소를 구현하느냐, 서비스 이후에 보완 작업을 진행하느냐 등에 따라 성패가 달라진다. 안되는 이유를 찾아내기보다는 강점이 되는 요소에 주목해 많이 시도해보는 편이 낫다. 이 서비스에 관여했던 기자들이 이후에도 디지털 프로젝트에 활발히 참여했다. 복지 시리즈로 이어져 각종 수당과 건강 관련 인터렉티브 콘텐츠를 모은 복지토털이라는 서비스로 이어졌다. 이 과정에 참여했던 기자들은 인터렉티브 콘텐츠 제작의 흐름을 잘 아는 수준에 이르렀다.

스토리텔링 만들기

JTBC 사회2부장으로 세월호 사고 취재의 지휘를 담당하던 중 현장 사고 수습이 1차적으로 마무리돼가던 2014년 7월 중앙일보의 디지털을 활성화하는 임무를 부여 받아 디지털에디터를 맡게 됐다. 당시 국장이 지시한 사안은 두 가지였다. 뉴욕타임스의 '스노폴' 같은 장대한 스토리텔링 콘텐츠를 만들어보라는 것과 중앙일보의 동영상을 늘려달라는 내용이었다. 달리 말하면 신문사 편집국에선 화려한 그래픽과 영상을 인터렉티브한 형식으로 보여주는 스토리텔링을 만들기 어렵고 동영상을 늘리는 데 애를 먹는다는 얘기다. 방송사에서 일했던 인력까지 채용했는데도 영상이 잘 늘지 않는 데 대해 답답함을 느끼고 있었다.

인력 상황을 점검해보니 스토리텔링에 필요한 인력들이 모여 있는 부서는 없었다. 이런 콘텐츠를 만들려면 콘텐츠 내용을 정리할 기자나 작가가 필요하고 그래픽을 제작할 전문 인력도 필수다. 영상을 다룰 사람과 인터렉티브를 구현할 개발자도 있어야 한다. 디지털 협업 경험이 없는 기자와 개발자, 디자이너가 원활하게 소통하려면 디지털 기획자가 참여하면 더 효율적이다. 그런데 당시엔 이런 다양한 직군의 인력이 제각각 다른 조직에 소속돼 있었고 이들을 어떻게 협업하도록 조율해야 할지 생각할 수 있는 사람이 없었다. 이런 상태에서 근사한 스토리텔링 콘텐츠를 만들긴 어렵다. 필요 인력들이 모여 있는 부서에 협업을 요청해도 결국 방송의 도움 없이는 해결이 어려운 부분이 있었다. 그래픽 디자이너의 경우 신문사에 3D 그래픽이나 모션 그래픽을 구현할 수 있는 인력이 드물다. 디지털부서의 그래픽 디자이너는 대개 UI, UX 디자인을 다룬다. 신문사 편집국의 그래픽 기자는 2D 그래픽 위주고 모션 그래픽에 익숙하지 않다. 이런 그래픽 전문 인력이 많은 JTBC 보도국에 협업을 요청했다. 영상 자체는 물론이거니와 이를 스토리텔링에 최적화된 형태로 편집하는 일도 방송사 영상편집기자의 손을 거치지 않고는 어려운 작업이었다. 이런 과정을 거쳐 '그 배, 세월호'라는 스토리텔링 콘텐츠를 만들었다.

첫 스토리텔링 콘텐츠를 성공적으로 완성한 여세를 몰아 드라마 〈D. P〉 히트로 다시 조명되는 '윤 일병 사건' 제작에 들어갔다. '그 배, 세월호'가 뉴욕타임스의 스노폴을 벤치마킹했다면 윤 일병 사건은 가디언이 기자, PD, 개발자 등의 협업으로 만든 '파이어스톰' 포맷에 도전했다. 작업

중 디지털 인력들이 다른 프로젝트를 병행하게 되면서 시일이 꽤 소요됐지만 기획 의도대로 잘 만들어졌다.

스토리텔링 콘텐츠를 제대로 만들려면 이처럼 다양한 전문 인력이 필요하다. 방송사는 마음만 먹으면 언제든 이런 대작을 만들어낼 수 있다.

반면 많은 신문사들은 영상 및 모션 그래픽 제작 등 난관이 많다. 그렇다고 포기할 필요는 없다. 전문 인력은 프리랜서로 일하는 경우도 많기 때문에 자체 인력이 없더라도 시도할 수 있다. 이런 고품질 콘텐츠를 지속적으로 만들다보면 조직의 역량이 축적돼 점점 효율적으로 생산이 가능해진다. 2020년엔 코로나19 상황에도 불구하고 중앙일보 환경팀 기자들이 해외 제작사들과 협업을 통해 '기후 재앙' 스토리텔링 콘텐츠를 시리즈로 보도했다. 이 시리즈는 국내는 물론 해외에서도 상을 받았을 정도로 퀄리티를 인정받았다. 이 시리즈를 총괄한 기자는 방송사 출신이다. 제작비는 한국언론진흥재단 공모전에 응모해 지원받았다. 디지털 전문 인력이 부족하다고 해도 지원 사업 선정 등을 통해 프리랜서들과 멋진 스토리텔링, 인터렉티브 기사를 생산할 수 있다.

디지털 저격 영상을 찾아라

지면형 기사와 차이가 커 신문기자들의 디지털 마인드를 제고할 수 있는 또 하나의 콘텐츠는 영상이다. 영상에도 자막이 일부 들어가기는 하지만 텍스트로 이뤄진 지면 기사와 근본적으로 성격이 다르다. 신문 기사를 그대로 음성으로 읽는다든지, 배경 영상에 자막으로 내보내는 등의 형태로 만드는 것도 가능하기는 하다. 그러나 제대로 된 영상을 만들려면 많은 인력의 협업이 필요하다. 방송기자라면 전체적인 영상의 흐름과 오디오와 자막의 적절한 사용법을 알기 때문에 기자와 카메라 기자, 영상

편집 기자, 그래픽 기자 등과의 협업으로 영상물을 만들 수 있다. 그러나 제작 경험이 별로 없는 신문기자가 영상을 만들려면 PD의 도움을 받아야 한다. 영상물 형태에 따라 다양한 인력이 참여하게 된다.

신문사 편집국에서 영상을 만들려고 하면 걸림돌이 한두 가지가 아니다. 인적 자원 이외에도 기자가 출연하려면 촬영 장소가 필요하고, 조명도 있어야 한다. 마이크도 필요하다. 요즘 1인 유튜버들은 작은 방에서 모든 장비를 갖춰놓고 영상을 만든다. 이렇게 하면 화려한 영상을 만들기는 어렵지만 메시지를 전달하는 데는 큰 어려움이 없어 유튜브에서는 이런 단출한 채널이 많다.

신문사가 영상을 하려면 과연 어느 정도 장비와 인력을 들여 어느 수준의 영상을 만들어야 하는지 의견이 분분하다. 영상 하나만 두고서도 OX 퀴즈 수십 문항을 만들 만큼 다양한 의견이 표출된다. 2014년 JTBC에서 복귀해보니 중앙일보는 영상 늘리는 문제가 골치였다. 디지털에서는 영상이 중요하기 때문에 영상을 늘려야 한다는 공감대가 형성돼 방송사 출신 영상 전문 인력도 채용했는데 도무지 영상이 늘지 않고 주 1~2회 만드는 인터뷰 영상도 반응이 신통치 않아 걱정이라는 설명이었다.

전체적인 상황을 점검해보니 사진기자 출신 등 영상에 배정된 인력이 몇 명 있었다. 그러나 이들에 의존해 좋은 영상을 많이 만든다는 것은 불가능해 보였다. 디지털 뉴스에 필요한 영상을 모두 직접 만들려고 하면 수십 명이 있어도 쉽지 않다. 실제 방송사 보도국에서 뉴스를 만드는 영상에 참여하는 인력만 해도 100명이 넘는다. 카메라 기자들과 그래픽 기자, 영상편집 기자가 있고 카메라 기자와 동행하는 오디오맨도 있다. 스튜디오 촬영을 담당하는 촬영 감독들과 연출을 담당하는 PD까지 영상 제작에 참여하는 인력 규모는 엄청나게 많다.

만약 신문사에서 그런 방식으로 영상을 풍부하게 만들려면 수십 명을 뽑아야 한다. 실제로 미국의 주요 신문이나 허핑턴포스트, 버즈피드 같은 인터넷 언론사들은 영상 인력을 수십 명씩 확보하고 있다. 이럴 경우 신문사가 감당해야 할 비용이 기하급수적으로 늘게 된다.

현실적으로 그렇게 하기는 힘든 상황에서 몇 가지 방안을 시도했다. 우선 경찰서나 소방서 등에서 기자단에 제공하는 영상을 적극 활용하는 것이다. 요즘 경찰이나 소방 등은 홍보하고 싶은 정책이나 범인 검거 사건, 화재 현장 등과 관련한 영상을 웹하드 등을 통해 기자들에게 제공한다. 예전엔 방송기자들만 이런 영상에 관심을 쏟았을 뿐 신문기자들은 신경을 안 썼다. 그런데 이 영상들에 상당히 관심이 가는 장면이 담긴 경우가 많다. 이런 영상들은 출입 기자가 조금만 신경을 더 쓰면 쉽게 확보할 수 있다. 만약 이런 영상을 직접 찍거나 구하려고 하면 며칠이 걸릴 수도 있지만 관공서에서 제공하는 건 별다른 노력을 들이지 않고 쉽게 확보할 수 있다. 우선적으로 취재 기자들에게 경찰, 소방 제공 영상 확보를 부탁했다.

다음 JTBC 영상을 활용하는 방안도 추진했다. 신문에서 사진기자가 찍은 사진은 JTBC 뉴스의 '어깨걸이' 등 여러 용도로 활용된다. 마찬가지로 JTBC의 영상을 활용할 수 있도록 손석희 사장과 오병상 당시 보도국장의 도움을 받았다.

신문 편집국의 영상 인력을 촬영보다는 영상편집 역량 위주로 선발했다. 디지털 관련 분야에선 당시 이직이 빈번했다. 이에 따른 충원도 수시로 해야 했다. 이런 과정에서 영상편집에 익숙한 사람들을 채용했다. 관공서 제공 영상과 JTBC 영상을 활용해 편집에 집중하자 디지털 영상 수가 많이 늘었다. 이때만 해도 유튜브가 압도적인 플랫폼이 되기 전이다.

영상은 중앙일보 웹, 앱과 페이스북 등으로 유통시켰다.

2019년 뉴스룸 국장에 임명됐을 때는 상황이 많이 달라졌다. 유튜브가 영상 플랫폼으로서만 아니라 뉴스 플랫폼이자 검색 사이트로서의 역할을 담당할 정도로 압도적인 위상에 올랐다. 신문사가 유튜브를 해야 하는지는 논란이 있다. 필자는 압도적인 플랫폼에는 하루라도 빨리 뛰어드는 게 낫다고 생각한다. 유튜브처럼 구독자가 늘어나는 형태의 플랫폼은 하루라도 먼저 들어가야 한 명의 구독자라도 늘릴 수 있다. 세계를 휩쓴 플랫폼 열풍의 사례를 분석해봐도 결론은 비슷하다.

필자는 2008년 미국 미주리대학교 저널리즘 스쿨로 연수를 갔다. 탐사 보도와 함께 미디어 컨버전스, 즉 융합 미디어에 대한 수업들을 들었다. 아이폰이 막 등장한 직후였는데 교수 몇몇이 스마트폰의 등장은 새로운 세상을 예고한다고 내다봤다. 인터넷을 휴대전화로 사용하게 됨에 따라 SNS가 폭발적으로 성장할 것이라고 예상하는 교수가 있었다. 그는 막 등장한 트위터와 페이스북을 통해 얻은 뉴스의 놀라움을 설파했다. 그에게 "여러 가지 SNS 중 가장 주목할 만한 서비스가 어떤 것이냐"고 물었다. 그는 트위터를 꼽았다. 사용자 면면으로 보나 전파 방식으로 보나 트위터가 기자의 취재에 핵심적인 루트가 되는 날이 올 것이라고 했다. 페이스북은 뉴스보다는 다른 사람들과 소통하는 채널로 성장할 것이라고 했다.

2009년 귀국 후 미디어업계의 변화는 그의 예측과 일치했다. 트위터는 뉴스 소스의 핵심으로 떠올랐다. 이후 SNS의 판도가 달라지면서 페이스북이 급성장했다. 이 부분은 교수의 예측과 차이가 났다. 그러나 미국 트럼프 대통령 재임 중 국제부 기자들은 야근 때마다 트럼프의 트윗을 챙겨야 할 만큼 트위터의 파괴력은 오래 지속됐다.

2010년 JTBC 추진단의 사업계획서 작성팀으로 발령 받은 뒤 종편 심사

1위 통과 후 JTBC 개국 준비가 본격화됐다. 개국을 즈음해 JTBC의 트위터와 페이스북 계정이 필요한지를 두고 논의가 벌어졌다. 괜한 일거리만 늘 뿐 별 도움이 안 된다는 의견도 많았다. 필자는 회사 차원뿐 아니라 보도국과 부서 차원의 운영이 필요하다고 주장했다. 당시 뉴욕타임스 등 선진 언론들도 SNS 계정을 부서나 부문별로 분화해 운영하는 흐름이 뚜렷했다. 당시 의견이 엇갈리는 가운데 필자는 사회2부 계정을 만들어 운영했다. 우리 부서 기자들에게 계정 이름을 공모했는데 'JTBC NOW'로 결정됐다. 이 계정 이름을 제안한 사람은 JTBC 메인 뉴스 앵커인 오대영 기자로 기억한다. 이 계정은 오래 사용되다 더 큰 조직에서 사용하게 됐다.

2014년 중앙일보 디지털에디터에 복귀하자 트위터와 페이스북이 활성화되지 않은 상태였다. 형식적으로 유지되는 분위기였다. 이미 강력한 플랫폼으로 성장한 페이스북 운영에 기자들을 배치하고 친구 및 팔로워를 끌어올렸다. 이 과정에서 느낀 사실은 페이스북 친구를 늘리는 것은 플랫폼이 성장할수록 더 많은 인풋이 들어간다는 것이다. 새로운 플랫폼은 초기에 성장시키기는 쉽지만 이용자가 많아질수록 경쟁자도 늘어 갈수록 성장에 드는 비용이 증가한다.

2019년 중앙일보 뉴스룸 국장 상황에서는 유튜브가 논란의 대상이었다. 필자는 두 가지 이유에서 유튜브에 관심을 쏟기로 했다. 첫째 유튜브는 이미 압도적인 플랫폼이 됐다. 이미 레드 오션이라 할 수 있지만 여기에 들어가지 않으면 큰 손해를 볼 수 있고 늦게 들어갈수록 비용은 점점 커질 것이다. 둘째 유튜브는 지면 기사와 가장 거리가 먼 형태의 플랫폼이다. 뉴스룸 기자들이 디지털 퍼스트 사고로 전환하는 과정에서 지면과 대척점에 있는 플랫폼에 대한 논의가 많아질수록 혁신이 빨라질 것이라고 생각했다.

유튜브 계정 관리부터 영상 제작까지 전반적으로 개편을 진행했다. 기자들의 참여를 늘리려고 했다. 다만 영상 제작은 텍스트 기사보다 시간이 훨씬 많이 들어가는 점, 신문기자 중 상당수는 영상 참여를 원하지 않는 점 등을 감안해 철저하게 희망자 위주로 하려고 했다. 뉴스룸 디렉터(부국장), 팀장(부장)들에게 영상 참여를 권장하되 희망자만 참여시킬 것을 강조했다.

중앙일보는 JTBC와 기자 통합 공채를 진행하기 때문에 젊은 기자 대부분이 영상에도 상당한 역량을 보인다. 첫 통합 공채인 2011년만 해도 '신문만 잘하는 기자', '방송만 잘하는 기자'도 많이 뽑자고 했으나 채용 심사위원에 JTBC 기자와 중앙일보 기자가 함께 참여하다 보니 글이나 영상 중 어느 한쪽에서 많이 처지면 합격이 쉽지 않은 추세가 강해졌다. 필자가 수습기자 채용 문제 출제를 맡았을 때는 상대적으로 비중이 낮다고 지적돼온 방송기자의 소질에 방점을 두고 출제했다. 그해 선발한 기자들은 전부 방송 능력이 뛰어나 대부분이 JTBC에서 근무하고 있다.

이런 특성 때문인지 유튜브와 영상을 강화하면서 개인 면담 등을 통해 참여 희망자를 파악하자 대부분 저연차 기자였다. 이들이 영상 제작의 마중물 역할을 잘 수행했다. 유튜브 구독자가 많이 늘었고 현장 취재기자들이 CCTV와 블랙박스 등 영상 특종을 하는 일도 종종 생겼다.

희망자를 원칙으로 했지만 예외도 있었다. 디지털 퍼스트를 단행하면서 현장을 취재하는 뉴스룸 기자들은 디지털에만 반영을 보장할 뿐 지면 게재 여부는 사전에 결정할 수 없었다. 이런 방침은 정치부의 정당 취재에서 큰 장벽이 됐다. 정치인들은 지면 게재가 보장되지 않는, 디지털 온리 기사에 인터뷰하기를 꺼렸다. 정치부에서 디지털 퍼스트에 대한 우려가 많이 나왔다. 특히 2020년 4월 총선을 앞둔 시점에서 주요 정치인 인터뷰가 난항을 겪으면서 걱정이 생겼다. 디지털 퍼스트 원칙을 허물 수는 없으니 다른 돌파구를 찾아야 했다.

필자는 정치부에 7년 정도 근무했다. 부국장, 부장 등 간부 생활 기간을 빼면 현장기자로는 가장 오래 근무한 부서다. 당시 경험에 비추어 생각한 것이 영상 인터뷰였다. 비록 중앙일보의 특성상 디지털이 지면보다 매력이 떨어진다고 생각할 수 있지만 정치인들에게 영상은 다른 문제다. 특히 총선을 앞둔 시점에서 자신의 목소리를 전달할 수 있는 영상은 긴요한 소통의 통로였다.

정치부에 영상 인터뷰를 주문했다. 불편해하는 반응이 있었지만 〈정치언박싱〉이라는 멋진 코너명을 가져왔다. 처음 몇 명은 섭외가 어려워 무명 정치인이 등장했다. 영상팀과 기자들이 정성 들여 편집을 하고 포맷이 안정돼가자 등장인물의 비중이 커지기 시작했다. 여야 당 대표까지 인터뷰가 성사됐다. 중앙일보에 반감을 표출하던 성향의 후보자들도 섭외가 성사됐다.

신문기자에게 영상은 낯설고 힘들다. 〈정치언박싱〉은 국장 재임 중 유일하게 참여 기자들의 반대 목소리를 무릅쓰고 강행한 영상물이다. 4월 총선까지 시간이 별로 없어 이 시기를 놓치면 주요 정치인에 대한 디지털 온리 인터뷰를 돌파하기가 쉽지 않으리라 생각했다. 현장에서 기자들이 취재하고 기사를 쓰는 것만도 벅찬데 영상 인터뷰까지 진행하라니 너무 힘들다는 불만이 터져 나온다는 보고가 많이 올라왔다. 두어 달만 해보자는 생각으로 이어갔다. 총선 무렵까지 거의 모든 주요 정치인 인터뷰가 성사됐다. 이후엔 정치부 판단에 맡겼다. 그래도 〈정치언박싱〉이 계속 이어졌다. 디지털 뉴스에서 영상은 버리기엔 너무 아까운 무기다.

디지털 중심 사고를 갖기 위한 수단으로서의 유튜브가 아니라 뉴스 매체 자체로서도 유튜브와 영상은 신문기자들에게 강력한 무기가 될 수 있다는 사실을 깨달았다. 유튜브에서는 기존 방송 보도와는 전혀 다른 포맷의 가능성을 보여준다.

가령 라이브가 아닌 한 방송에서는 인터뷰를 필수적으로 편집한다. 늘어지는 멘트를 잘라내고 불필요한 얘기를 덜어낸다. 한 시간 인터뷰한 내용을 1분 40초로 줄이기도 하고 5분 정도로 압축한다. 물론 1시간 가까이 살리는 경우도 있지만 대부분 촬영 물량의 상당 부분을 덜어낸다.

우리는 일부 인기 정치인의 인터뷰를 편집해 유튜브에 내보낸 다음 며칠 뒤 인터뷰 풀영상을 올려보자고 했다. 유튜브 조회수를 참고해 인기가 많았던 더불어민주당 고민정 후보와 국민의힘 배현진 후보의 인터뷰 풀영상을 올렸다. 놀랍게도 수십만에 이르는 조회수가 나왔다. 긴 영상이기 때문에 체류시간 등 모든 지표에서 큰 도움이 됐다. 이후 인기 정치인의 인터뷰 풀영상은 유튜브 구독자 증가의 효자 노릇을 톡톡히 했다. 주로 스마트폰을 통해 보는 디지털 플랫폼은 이렇게 기존 레거시 매체와 전혀 다른 문법이 통하는 새로운 세계다. 디지털 혁신에 뛰어든 언론이라면 영상을 요리하는 기법을 개발하는 데 쏟는 투자는 아깝지 않다. 특히 영상은 젊은 기자들이 상대적으로 뛰어난 역량과 열의를 보인다. 그들의 미래를 준비하는 차원에서라도 적극 시도할 만하다.

기자 · 개발자 · PD의 시너지

디지털 혁신을 시작하고 디지털 네이티브 콘텐츠를 만들다 보면 필연적으로 신문기자와 디지털 인력, 영상 인력 사이의 갈등을 목격하게 된다. 여러 이유가 있지만 시간관념의 차이가 가장 크다.

신문사에서 일했던 디지털 기획자가 이직을 결심한 계기를 다음과 같이 설명했다.

"디지털 국장이 부르더니 종이에 쓱쓱 네모들을 그렸습니다. 그리고는 '페이지를 이렇게 바꾸라'고 지시하는 거예요. 당황해서 이런 건 이렇게 쉽게 되는 게 아니고 여러 가지를 고려해야 하기 때문에 말씀하신 기간까지는 어렵다고 대답했더니 큰 소리로 질책을 했습니다."

어느 신문사에서나 일어났을 법한 얘기다. 많은 경우 언론사에서는 기자 경험은 많지만 디지털은 문외한인 사람을 디지털부서 책임자로 보낸다. 디지털 경력자가 없으니 어쩔 수 없는 일이기도 하다. 그런데 특히 신문기자 입장에서 보면 디지털 기획자, 개발자, 디자이너의 업무 수행이 여간 답답해 보이는 게 아니다. 신문기자들은 명령이 떨어지면 대형 기획기사도 일주일 안에 완수하는 경우가 많다. 간단한 기획기사는 1명이 하루면 된다. 신문기자를 하다가 기업이나 기관으로 이직한 사람들이 흔히 하는 얘기가 "언론사에 있다가 여기에 오니 일 처리가 느려 답답해 죽겠다"는 것이다. 신문기자는 세상에서 가장 일을 신속하게 하는 사람 중 하나라고 생각한다.

그러니 디지털 전문가의 업무 수행이 답답해 보일 수밖에 없다. 이는 영상 제작도 마찬가지다. 신문기자들이 처음 영상을 만들면 영상 쪽의 진도가 너무 안 나간다는 푸념을 종종 한다. 하지만 영상만 만들어 봐도 신문과 비교가 안될 만큼 시간이 걸린다는 사실을 알게 된다. 현장 기자 시절 방송기자들이 부러울 때가 많았다. 세상에서 제일 편한 기자 같았다. 아침에 기자실에 출근하면 방송기자들은 잠을 자고 있다. 리포트가 잡혔다며 제작을 하러 나갈 때는 연합뉴스 기사를 프린트해가거나 신문 기사를 오려 간다. 저녁 때 뉴스를 보면 통신이나 신문에 나왔던 내용과

별 차이가 없다. 한 방송사의 기사 작성법 책자에는 연합뉴스를 고쳐쓰는 방법에 대한 코너가 들어있다.

"방송기사는 기본적으로 기자가 현장취재를 통해 작성하지만 통신사의 기사를 고쳐 방송기사로 사용하는 경우도 있다. 예를 들어 AP나 로이터 같은 외국 통신사의 뉴스나 한국의 연합뉴스를 토대로 기사를 작성하는 사례도 많이 있다"(SBS, 2007).

신문기자들끼리 모이면 연합뉴스 기사를 들고 다니는 방송기자들을 힐난하는 뒷담화를 하곤 했다.

그런데 JTBC에서 일해보니 모든 게 신문기자의 착각이었다는 사실을 깨달았다. 방송기자는 아침 출근이 신문기자보다 훨씬 빠르다. 신문기자가 출근할 때는 이미 아침 보고와 전화 연결 등을 끝내고 잠시 쉬는 거였다. 기사 쓰는 데 시간을 투자하지 않고 통신 기사를 프린트해가는 이유는 리포트에 담을 영상을 확보하는 게 장난이 아니기 때문이다. 신문기자들은 전문가 의견을 기사에 녹이고자 할 때 전화를 걸어 얘기를 듣고 이를 정리해서 기사에 반영한다. 전문가 중 말을 깔끔하게 하는 사람은 드물다. 그의 얘기에서 불필요한 군더더기를 걷어내고 간명하게 정리해 기사에 반영한다. 현장에 갈 필요도 없고 설사 현장취재를 간다고 해도 쓱 둘러보고 오면 된다. 식중독으로 횟집이 울상이라는 기사를 쓰려면 그냥 횟집에 가서 밥 먹으면서 보면 된다.

그러나 방송기자들은 이 모든 걸 다 허락을 받아야 한다. 현장에 찾아가 영상을 찍어야 한다. 마트에 사람이 줄었다는 얘기를 하려고 해도 사전에 협조를 구해야 안정적으로 촬영을 할 수 있다. 리포트 대부분을 몰래카메라로 채우지 않는 이상 섭외 작업이 필수다. 설명을 잘해주던 전문가도 영상을 찍겠다고 하면 손사래를 친다. 멘트가 어색하면 마음대로 편집하지 못하니 다시 얘기해달라고 해야 한다. 이런 모든 과정이 신문 기자와는 비교가 안 되는 시간을 필요로 한다. 그러니 텍스트 기사를 정리하는 것은 우선순위가 밀린다.

취재가 끝나면 신문기자는 글을 쓰면 된다. 그러나 방송기자는 리포트에 넣을 그래픽을 그래픽 기자에게 요청해야 한다. 신문 기사에는 그래픽이 안 들어가는 경우도 많고 기껏해야 하나지만 방송 리포트엔 모션 그래픽 등 다양한 형태가 필요하다. 인터뷰에 들어간 멘트도 직접 들어서 녹취해야 한다. 기사를 다 쓰고 나면 오디오를 읽고 영상편집 기자와 함께 영상을 붙여 나간다. 그러니 신문 기사와는 비교가 안 되는 시간이 소요된다. 그런데 방송에서는 뉴스 리포트가 가장 스피디하게 제작되는 영상이다. 예능, 드라마는 말할 것도 없고 탐사물, 교양물만 해도 영상 제작에 엄청난 시간이 소요된다.

신문사가 디지털을 위해 협업하는 영상 인력은 보도국 뉴스 편집기자 출신인 경우가 드물다. 대개 일반적인 PD, 영상편집, 그래픽 전문가다. 이들은 보도국 영상보다 더 신중하게 제작하는 패턴으로 일해 왔을 확률이 크다. 보도국의 손 빠른 영상 편집자라도 10분짜리 영상을 편집하려면 하루 종일 걸린다. 그것도 편집 방식이 비선형 편집(Non-Linear Editing)으로 진화하면서 많이 빨라진 것이다.

"비선형 편집은 시간적 순서에 상관없이 어느 위치에도 쉽게 접근할 수 있기 때문에 원하는 곳에 끼워 넣기만 하면 된다. 장점은 편집시간을 줄일 수 있다는 것이다"(이정헌 등, 2012).

잘 모르는 사람들은 10분 영상 만드는 데 무슨 시간이 그렇게 걸리냐고 말할지 몰라도 실상은 그렇지 않다. 영상 하나를 만들려면 거기에 필요한 영상 소스 여러 건을 계속 앞뒤로 찾아가며 편집해야 한다. 실제로 해보면 엄청나게 시간을 잡아먹는 작업이다. 신문기자도 취재한 내용이 취재 수첩 10권에 여기 저기 흩어져 있고 그걸 뒤져가며 1만자짜리 기사를 중요한 내용 빠뜨리지 않고 쓴다면 평소 1,000자짜리 기사 쓰는 것보다 몇 배의 시간이 걸린다. 영상 작업은 속성이 그렇다.

그러니 신문기자의 눈엔 영상 제작의 시간이 한가해 보이기 쉽다. 이런 생각이 은연중에 툭 튀어나오게 되고 이를 들은 영상 인력은 발끈하면서 싸움이 난다. 결국 서로를 비난하면서 무지를 탓하는 결과로 이어지곤 한다.

디지털 콘텐츠 제작은 더 하다. 디지털 제작의 프로세스는 기획자가 먼저 기자와 소통해 콘텐츠의 구조를 정하면 여기에 맞춰 UI, UX 디자이너가 디자인 작업을 한다. 이렇게 그려진 틀을 바탕으로 개발자가 코딩으로 구현한다. 기본적으로 직종이 다른 세 단계를 거치다 보면 시간이 많이 소요된다. 신문기자는 기사를 쓰면 홈페이지로 가든, 모바일로 가든, 네이버로 가든, 다음으로 가든 똑같은 기사 하나를 보내면 그만이다. 그러나 디지털에서는 PC에 노출되는 화면과 태블릿, 모바일의 화면이 다르다. 여기에 다 맞춰야 한다. 익스플로러, 크롬, 오페라 등 인터넷 브라우저에 따라 생각 못한 문제가 발생할 수 있다. 안드로이드폰과 아이폰에 따라 앱도 제 각각이다. 수많은 플랫폼 환경에 잘 구현되는지 확인하고 수정해야 한다. A4 용지에 펜으로 쓱쓱 그리는 것과 그걸 구현하는 것은 차원이 다른 문제다.

신문기자가 영상을 제작하거나 디지털 콘텐츠를 만들려면 일단 시간의 개념이 다르다는 사실을 염두에 두고 어느 정도 흐름을 파악할 때까지는 기다려줘야 한다. 특히 디지털 경험이 부족한 상태에서 디지털 관련 부서장을 맡게 된 사람이 시간 개념을 자기중심으로 재단하는 자세는 금물이다. 일도 안 되면서 감정의 골만 깊어질 뿐이다. 물론 영상이나 디지털 부문에서 최선을 다하지 않을 가능성도 있다. 이를 지적하고 싶으면 먼저 자신이 빨리 실무를 공부하고 업무에 익숙해져야 한다. 경험이 쌓이면 대충 소요 시간을 가늠할 수 있다. 거기에 맞춰 호흡을 유지하면 된다.

마찬가지로 영상과 디지털 부문에서는 신문기자가 답답해하는 것을 어느 정도 이해할 필요가 있다. 기자는 마감 시간에 맞춰 신속하게 기사를 완성하면서 살아온 사람들이다. 기사 내용에 맞춰 시간이 주어지는 게 아니라 시간에 맞춰 기사를 채우는 방식으로 살아왔다. 일주일이 주어지면 그만큼 심층취재를 하고 이틀이 주어지면 비교적 충실하게 취재를 하지만 30분 안에 2,000자를 쓰라고 하면 이미 나온 내용을 조합해서라도 기사로 만들어낸다. 시간이 가장 중요하고 내용의 충실도는 거기에 맞춰 조정하는 게 정답이라고 생각한다. 따라서 "3일 내에 해주세요"라고 했는데 "그 시간에는 안돼요"라고 답하면 '안 된다는 게 무슨 말이지? 품질이 떨어지더라도 맞춰줘야 하는 거 아닌가' 하는 반감이 든다. 그래서 최악의 조합은 예능, 드라마 PD와 신문기자의 협업일 것이다. 카메라 수십 대로 찍어 최상의 컷을 골라내는 PD, 다양한 시선에서 영상을 찍은 뒤 편집을 통해 재구성하는 PD에게 '내용은 차치하고 일단 시간을 맞춰달라'는 말은 받아들이기 힘든 요구다. 하지만 기왕 신문기자와 협업을 하는 길을 택했다고 하면 신문기자의 문법, 즉 '시간이 주요 변수이고 품질이 종속 변수'인 가치관을 이해하려는 노력이 필요하다.

기자와 영상, 디지털 인력의 협업이 잘 되면 서로에게 스승이 되어 뉴스룸의 디지털 경쟁력이 급속도로 성장할 수 있다. 그러나 협업이 무너져 가급적 말을 섞지 않고 따로따로 일하기 시작하면 히트 콘텐츠가 나올 확률이 떨어지고 디지털 혁신의 속도도 느려지며 조직의 디지털 역량도 성장 속도가 빨라지기 어렵다.

신문사 디지털 혁신의 모델로 꼽히는 뉴욕타임스에서는 이미 텍스트를 뛰어 넘은 기자와 다양한 분야 전문가들이 함께 콘텐츠를 만든다.

"실제로 NYT는 2011년 온라인 기사 유료화 이후 회사의 중심을 종이신문에서 웹으로 옮겼고 지금은 오디오(팟캐스트 포함), 비디오(다큐멘터리 포함), 라이브 중계, 뉴스레터, 분야별 버티컬 사이트 등으로 다각화하고 있다"(송의달, 2021).

포털과 공생하기

언론사들과 포털의 만남은 디지털 뉴스의 판을 바꿨다. 네이버, 카카오가 신문, 방송사들과 제휴해 뉴스를 공급하면서 이용자들에게 거의 무료로 양질의 뉴스콘텐츠 소비가 가능하도록 했다. '2002년 한일 월드컵과 16대 대통령 선거 등 굵직한 사회적 어젠다는 이용자들의 스포츠, 정치, 오락 뉴스에 대한 수요를 증가시켰다'(이준웅, 문태준, 2007). '2000년대 초반, 이러한 변화에 부응해 포털사업자들이 뉴스 서비스를 제공하기 시작하면서 포털 사업자들과 언론사들의 공생관계는 시작되었다. 국내 대표 포털사업자인 네이버 뉴스는 어느덧 20여 년의 역사를 함께 했다'(김선호, 박아란, 2017). 언론사의 기사가 더 많은 사람들에게 읽히도록 하면서 신문사나 방송사 기자들에게도 기사의 영향력을 강화시키는 효과를 가져왔다.

한 언론사가 단독 취재한 내용을 보도할 경우, 과거에는 해당 매체를 찾아봐야 했으나 이젠 수많은 언론이 금세 베껴서 네이버와 카카오에 올리기 때문에 이용자 입장에선 기사를 접하기 쉬워졌다.

이런 변화가 가져온 부작용도 크다. 언론사의 창작물인 콘텐츠를 헐값에 팔도록 해 품질을 지속적으로 하락시켰다. 기자들이 감각적인 기사에 매달리게 되면서 고품질 기사를 만들기 어렵게 하는 결과를 유발했다. 독자와 시청자들도 감각적 기사 위주로 뉴스를 소비하게 되면서 우리 사회 전반적으로 뉴스의 질이 떨어진다는 비판을 듣게 됐다.

뉴스 품질이 떨어지는 문제는 장기적으로 신문사와 방송사에게 큰 타격이 될 수 있다. 대형 언론사가 유튜버가 내보내는 뉴스와 크게 차이가 없다면 갈수록 기성 언론은 설자리를 잃게 된다.

이미 기울어진 운동장이 된 상황에서 포털의 영향력에서 벗어나기는 상당히 어렵다. 개개 언론사 차원에서 극복하긴 더 힘들다. 언론사들이 포털 종속에서 벗어나 자체 사이트 영향력을 강화하고 고품질 기사를 생산하도록 유도하는 중간 단계로 다른 언론사들과 공동 플랫폼을 운영하는 등 다양한 시도를 해볼 수 있다. 많은 노력을 들여 생산한 기사의 가치를 제대로 인정받지 못하고 표피적인 기사에 매달리게 한 포털의 뉴스 서비스 개시 이후의 흐름을 반전시키는 계기가 될 수도 있다. 물론 아무도 열심히 돌보지 않아 공유지의 비극으로 끝날 수 있지만 언론사 공동의 노력이 어느 때보다 절실한 시점이다.

포털 뉴스의 품질을 향상시키기 위해서는 언론사와 포털 양쪽에서 머리를 맞대고 개선 방안을 찾는 노력도 멈추지 말아야 한다. 현 상황처럼 언론사에서는 포털에 대해 별다른 개선 방안을 제시하지 못한 채 언론사를 제재하는 방식으로만 발전하는 흐름은 모두에게 해로울 뿐이다.

학계에서는 오래 전부터 포털의 과도한 영향력에 대한 규제 필요성을 제기해왔다. 도준호 숙명여대 교수는 『디지털 시대 미디어의 이해와 활용』(강상현 등, 2010)에서 "이렇게 포털의 영향력이 확대되면서 과도한 영향력 행사에 대한 규제 이슈도 제기되고 있다. 특히 기존 미디어들의 영향력이 감소하는 반면에 포털을 통한 뉴스 이용이 증가하면서 포털의 뉴스 제공에 따른 공적 책임성을 제도적으로 보장해야 한다는 여론이 높아지고 있다"고 지적했다.

다음 지적도 비슷한 고민을 담고 있다.

'포털이 등장하면서 포털을 통해서 유통되는 명예훼손적 발언의 논란으로 포털을 publisher로 볼 것인지 아니면 단순 distributer로 볼 것인지에 대한 논쟁이 있을 때 미국은 두 개의 개념이 아닌 새로운 개념을 창출함'(하주용, 2018).

이 같은 문제 제기가 이어짐에도 포털이 책임을 회피하려는 모습은 다른 나라에서도 목격되는 양태다.

'페이스북은 결코 자사를 미디어 회사로 바라보려 하지 않는다. 미디어 회사로 규정하면 해야 할 일이 늘어나고 걸림돌이 많아 그만큼 성장 속도가 느려지기 때문이다. 이런 이유로 네 개의 거인기업(구글, 아마존, 페이스북, 애플)은 스스로를 미디어 회사로 바라보지 않는다'(스콧 갤러웨이, 2018).

그럼에도 불구하고 네이버와 카카오에게 포털의 책무를 강조하는 목소리도 커지고 있다.

'김성순 언론인권센터 변호사 역시 포털이 공론장으로서의 공적 책무를 수행하려면 포털 정책에 참여, 권고하는 기능이 운영위에 부과돼야 한다는 점을 지적했다. 이러한 비판의 기저에는 포털 사업자가 공적 책무를 회피하기 위한 목적으로 제평위를 이용하는 것이 아니라면, 건강한 뉴스 생태계와 공론장을 만들어가기 위한 적극적인 역할을 담당해야 한다는 사회적 요구가 있다'(유경한 2021).

그러나 현실은 거꾸로 진행돼 더 막강해진 포털이 오히려 언론사를 규제하는 상황이 됐다. 포털과 언론사의 상호 협의를 유도하는 근본적 변화 방안을 제시할 책임은 언론사에게도 있다. 이를 위해서는 우선 언론사 간부와 기자들이 포털과 미디어의 접점에서 어떤 일이 벌어지고 있는지부터 제대로 알아야 한다.

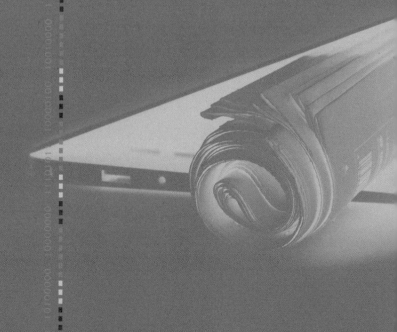

2장
포털 저널리즘 활용법

1. 네이버 카카오가 던진 새로운 언론 윤리

부장님만 모르는 비밀

팀장이나 부장이 디지털부서에 처음 발령 받으면 의욕적으로 업무를 하려 한다. 며칠의 적응 기간을 거쳐 "이제 슬슬 일을 해볼까" 하는 생각이 들면, 먼저 주요 기사를 PC와 모바일 뉴스 페이지 주요 영역에 배치하는 시도를 하게 된다. 나름대로 디지털 기사도 많이 읽었고 어떤 게 잘 팔리는지도 어느 정도 판단할 수 있을 것 같은 생각에 특정한 기사를 지정해서 언론사 홈페이지의 톱기사로 올리자고 제안한다. 1~2분 뒤 부장이 주문한 대로 기사가 디지털 페이지의 맨 윗자리를 차지한다. 그런데 이상하게도 부장의 생각보다 트래픽이 잘 안 나온다. 분명히 톱기사로 올렸는데 다른 기사들보다 훨씬 저조한 트래픽 성적을 받게 된다. 이런 일이 반복되면 점차 기가 죽게 되고 점차 '나는 디지털을 하나도 모르는 구나' 하는 자괴감에 빠져들게 된다. 주요 영역에 배치할 기사를 고르는 일에 자신감을 잃게 된다.

그런데 진실은 부장이 낙담한 상황과 전혀 다를 수 있다. 실제로 부장이 고른 기사가 바이럴이 잘 될 만한 기사인데도 트래픽 수치는 낮게 나올 수 있다. 디지털페이지 운영에 있어 다양한 요소 중에 가장 중요한 것이 기사 위치다. 기사를 어디에 배치하느냐에 따라서 트래픽에 성과가 좌우된다. 물론 같은 위치에 놓아도 기사 제목이 좋거나 기사의 섬네일이 눈을 붙들면 많이 본다. 그런데 이런 요소들조차 기사 배치에 비하면 트래픽에 미치는 영향이 훨씬 작다. 좋은 제목과 확 끌리는 섬네일을 갖춘 기사라 해도 중요한 위치를 차지하고 있어야만 제목과 섬네일이 빛을 발하게 된다. 그렇다면 부장이 올린 기사는 분명히 언론사 홈페이지 톱 영역에 배치했는데 왜 트래픽이 기대보다 저조한 것일까. 우리 눈에 보이는 영역과 실제로 기사가 많이 소비되는 영역에 차이가 나는 경우가 많기 때문이다. 회사마다 편차가 있지만 포털사이트 네이버, 카카오(이하 '다음' 및 '다음카카오'는 '카카오'로 통일한다)와

콘텐츠 제휴를 맺고 있는 언론사라면 기사의 언론사 페이지 트래픽에 가장 큰 영향을 주는 영역은 네이버, 카카오 포털 페이지에서 인링크로 소비되는 기사 하단에 있는 주요 기사 목록이다. 여기에 기사가 배치되면 높은 성과가 보장된다(〈그림 2-1〉).

이 지점에 배치하는 기사 목록은 디지털 편집자가 결정하는 경우가 많다. 그런데 부장은 이 영역의 중요성을 잘 모르는 경우가 많다. 많은 부장들은 이런 영역이 있는지조차 잘 모른다. 네이버나 카카오에서 기사를 볼 때마다 스치듯 지나가지만 이 목록들이 성과와 어떤 상관관계가 있는지 감을 잡지 못한다. 늘상 기사를 보면서 이 영역이 있다는 사실을 알았다 해도 누가 여기에 실리는 기사들을 선택하는지 모른다. 그저 눈에 잘 보이는 자체 홈페이지에 톱기사로 올리면 당연히 가장 많은 클릭을 유발한다고 생각할 뿐이다. 포털 뉴스 인링크 기사 하단의 가치를 잘 모르는 데서 빚어지는 일이다. 언론사 홈페이지에 돋보이게 배치하면 클릭이 쏟

〈그림 2-1〉효과적인 기사의 배치

← 　　　　　　　중앙일보　　　　　　　 ☑구독중

주요뉴스　프리미엄　정치　경제　사회　생활　세계　IT　**사설/칼럼**　신문보기　랭킹

한편, 장마가 시작되면서 산지 태양광 발전소에서 지난해처럼 붕괴사고가 전국에서 발생하는 건 아닌지 우려가 커지고 있다. 문승욱 산업통상자원부 장관, 김현수 농림축산식품부 장관 등이 회의에서 산지 태양광 안전 관리를 당부하고 최병암 산림청장은 산지 태양광 발전소 현지를 방문해 점검했다.
강주안 기자 jooan@joongang.co.kr

강주안(jooan@joongang.co.kr)

 The JoongAng 강주안 기자 >　　　　　　　　●구독
　　　구독자 130 ｜ 응원수 506
중앙일보 논설위원으로 일하고 있습니다. 제보 부탁 드립니다.
· "피 뚝뚝 떨어트려 비커 받더라" 해외 내몰린 희귀암 환자들
· "아들 고교 때까지만 내가 살았으면…" 독일 병원 찾는 아빠[강주안 논설위원이 …

Copyright ⓒ 중앙일보. All rights reserved. 무단 전재 및 재배포 금지.
ⓘ 이 기사는 언론사에서 오피니언 섹션으로 분류했습니다.

· 잘 나가는 기업 궁금할 때…'팩플' 뉴스레터
· '실검'이 사라졌다, 이슈는 어디서 봐?

┌───┐
│ **The JoongAng 주요뉴스**   │
│ 해당 언론사에서 선정하며 언론사 페이지(아웃링크)로 이동해 볼 수 있습니다. │
│ · 누드모델협회 하영은 "목사·전직CEO도 벗었다"   │
│ · 황정음 이혼 안한다"…"대화 통해 부부 연 잇기로"   │
│ · '466명 폭증' 왜 놓쳤나…기모란 미스터리   │
│ · 4년전 "이니" 외친 그들…文 후계자 두고 갈라섰다   │
│ · 임신 초기였는데…장애인스키 간판 서보라미 별세   │
└───┘

아질 것 같은 착시 현상이 뚜렷하다. 만약 해당 언론사가 뉴욕타임스나 워싱턴포스트처럼 홈페이지나 모바일 앱을 직접 방문하는 독자가 많다면 톱기사 배치가 트래픽 성과를 보장한다. 그러나 우리나라 대부분 언론사처럼 홈페이지 트래픽보다 네이버와 카카오를 통해 소비되는 기사 트래픽이 압도적일 경우 자체 홈페이지에 배치된 콘텐츠는 톱기사라고 해도 성과가 제한될 수밖에 없다.

회사에 따라 예외가 있을 수 있지만 대다수 언론사는 포털사이트에서 열람되는 기사 하단의 '주요 기사' 영역에 배치하면 상당한 시간 동안 해당 언론사 기사 중 네이버나 카카오에서 소비되는 모든 기사의 같은 위치에 해당 기사 제목이 노출된다. 이 언론사 기사가 네이버나 카카오에서 소비될 때마다 독자는 기사를 끝까지 읽은 뒤 아랫부분에 위치한 이 영역을 마주치게 된다. 이때 관심이 가는 제목이 보이면 여기에 끌려 추가로 클릭을 하게 되는데, 이 클릭이 아웃링크를 타고 언론사 자체 사이트로 유입되는 것이다. 언론사로서는 이 영역이 네이버나 카카오에서 자체 사이트로 인입시키는 가장 핵심적인 통로가 된다(인링크와 아웃링크의 차이는 뒷부분에 상세히 설명한다).

부장이 처음 부임해 의욕적으로 기사 편집과 배치에 관여할 경우 디지털 편집 담당자들은 경계심을 갖게 된다. 부장이 디지털에 대한 이해와 경험이 부족한 상태에서 일일이 간섭을 하기 시작하면 성과가 저조해질 수 있고, 아무래도 피곤해질 가능성이 커지기 때문이다. 따라서 부장이 스스로의 판단력에 과도한 자신감을 얻어 소매를 걷어붙이고 편집에 달려들 시나리오를 경계해 부장이 요구하는 기사는 홈페이지에 크게 배치해놓고 포털 인링크 기사 하단에는 배치하지 않는 식의 대응을 하는 일이 벌어지곤 한다. 이렇게 되면 부장은 자신이 강조한 기사의 트래픽이 저조하다는 사실을 반복적으로 경험하면서 슬슬 자신감을 잃게 된다.

디지털부서장은 물론, 부장이나 국장 등 뉴스 생산을 지휘하는 조직장이 만약 기사 배치와 유통에 직접 관여하겠다고 마음을 먹는다면 가장 먼저 영역별로 어떤 곳이 가장 트래픽을 많이 끌어올 수 있는지부터 정확하게 파악하는 일이 선행되어야 한다. 이를 위해 해당 언론사에서 직접 편집하거나 유통하는 디지털 영역이 어디 어디인지부터 알아야 한다. 페이스북이나 트위터, 인스타그램을 포함해 생각보다 훨씬 많은 유통 경로가 디지털부서의 손을 거친다. 기사의 성패는 여기서 갈린다. 최소한 이런 내용을 파악한 뒤 편집에 관여해야 괜한 자괴감에 빠지는 일을 피할 수 있다.

네이버나 카카오의 주요 기사 하단 못지않게 중요한 위치는 언론사 자체 페이지의 기사 페이지다. 여기에 '관련 기사'나 '많이 본 기사'로 편집하는 영역이다. 회사마다 차이가 있겠지만 관련 기사로 편집하는 영역은 해당 시점에 출고되는 모든 기사에 똑같은 관련 기사 목록이 따라붙는 경우가 많다. 물론 CMS가 잘 갖춰져 취재 기자가 기사를 출고할 때 일부 기사 목록을 포함시킬 수 있는 언론사들이 있다. 하지만 이런 경우도 대부분 디지털부서에서 편집하는 관련 기사 영역을 갖고 있다. 따라서 기사 페이지의 관련기사나 추천기사 영역에 편집이 되면 이후 상당 시간 동안 소비되는 모든 기사마다 편집된 기사 목록이 노출되면서 독자의 클릭을 받게 될 가능성이 커진다.

부장이 점찍은 기사는 자체 페이지 톱기사로 배치하고 포털 기사 페이지 하단 주요 기사를 포함해 실질적으로 중요한 영역엔 다른 기사들을 놓으면 부장은 이유도 모른 채 자신의 판단력에 대한 회의가 점증한다.

그렇다면 다른 사람이 고른 톱기사가 트래픽 성과도 월등한 현상은 어떻게 된 일일까. 아마도 해당 톱기사는 실질적으로 중요한 포털 인링크 기사 페이지 하단 주요 기사 영역 등에도 함께 배치했을 가능성이 크다.

이제 신임 부장은 자신의 판단력을 자책하기에 앞서, 수많은 기사 배치 영역들을 유심히 관찰할 필요가 있다. 자신이 중요하다고 강조한 기사가 분명히 우리 언론사 홈페이지에 톱기사로 배치는 됐는데 네이버, 카카오 기사 페이지 하단의 주요 기사 목록에 빠져 있거나 언론사 자체 페이지의 기사 페이지에 실린 주요 기사 목록에 안 들어 있다면 자신이 디지털부서의 시험대에 올랐다는 사실을 인식하면 된다. 이런 상황에서 어떤 후속조치를 할지는 자신의 선택이다. 주요 기사를 포함한 숨겨진 핵심 영역에도 전부 배치해 달라고 얘기하는 정공법이 있고, 모르는 척 지켜보면서 자신에 대한 신뢰의 변화를 관찰하는 방법도 있다. 다만, 자신의 디지털 능력에 대한 지나친 실망감에선 해방될 필요가 있다.

포털 인링크 기사 하단의 주요 기사를 포함한 숨겨진 영역들의 놀라운 '약발' 때문에 관련 기사 영역들은 기사를 읽고 있는 독자의 눈을 잡아채는 자극적인 내용을 낚시성 제목으로 편집하는 경우가 흔하다. 연예인 등장 기사나 성(性) 관련 콘텐츠가 단골로 올라온다.

기사의 유통 실적을 책임지는 디지털부서 기자들은 어떻게 해서든 트래픽 성적을 끌어올리는 데 가장 많은 노력을 쏟게 된다. 디지털 기사는 실시간으로 인기도를 확인할 수 있기 때문에 기사를 쓰는 기자는 물론, 기사를 특정 위치에 배치하는 디지털 편집기자도 자신의 선택에 따른 결과를 실시간으로 파악할 수 있다. 따라서 유통을 담당하는 사람들은 어떻게 해서든 최대한 많은 트래픽을 끌어오는 데 집중하게 되고 그러다 보면 선정적인 기사와 낚시성 제목에 우선권을 주는 경향이 생기게 마련이다. 이런 상황에서 트래픽 성과를 최우선으로 할지, 양질의 기사에게 우

〈그림 2-2〉 동일한 기사에 큰 차이 나는 네이버와 다음 트래픽

조회 및 도달				
종합	중앙 (PV)	37,629	네이버 (인링크 PV)	116,581
246,057	다음 (인링크 PV)	67	페이스북 (도달)	91,780

선권을 줄지는 정책적으로 판단해야 할 사안이다. 다소 선정적으로 흘러서 안 좋은 평가를 받더라도 트래픽을 많이 끌어와 매체의 영향력을 강화할 수 있다면 그런 선택을 기꺼이 하는 언론사도 많다. 특히 디지털부서는 트래픽 성과에 가장 민감할 수밖에 없다. 이와 달리 다소 트래픽이 떨어지더라도 언론사의 정체성을 잘 표현하는 양질의 기사를 주요 영역에 배치하고자 하는 언론사도 있다 이것은 정책 결정자들이 판단해야 될 부분이다.

뉴스제휴평가위원회 구성 및 운영

제2조 (운영원칙)

① '뉴스제휴평가위'는 인터넷뉴스서비스 제공과 관련, 언론의 신뢰성을 제고하고 건전한 공론의 장을 형성하기 위해 노력하여야 한다.

② '뉴스제휴평가위'는 언론의 자유와 국민의 알 권리를 보호하기 위해 노력하여야 한다.

③ '뉴스제휴평가위'는 뉴스제휴 및 제재 심사 과정에서 객관성, 공정성 및 정치적 중립성을 유지하기 위해 노력하여야 한다.

제휴평가위원회는 언론계, 학계, 시민단체, 전문가 단체 등 15개 단체에서 두 명씩 추천한 총 30명의 위원으로 구성된다. 15개 단체의 구체적 이름은 비공개로 해왔으나 제평위 제재를 통해 주요 언론사가 포털에서 퇴출되는 등 파장이 커지면서 언론 관심이 집중됐고 참여 단체 이름은 물론 제휴평가위원 실명까지 언론 보도로 공개됐다.

15개 단체는 ○ 한국신문협회 ○ 한국온라인신문협회 ○ 한국인터넷신문협회 ○ 인터넷신문위원회 ○ 한국기자협회 ○ 한국방송협회 ○ 한국케이블TV방송협회 ○ 한국신문윤리위원회 ○ 한국언론진흥재단 ○ 한국언론학회 ○ 한국YWCA연합회 ○ 언론인권센터 ○ 경제정의실천시민연합 ○ 한국소비자연맹 ○ 대한변호사협회 등이다.

이들 15개 단체가 2명씩 위원을 추천하며 이 중 15명은 입점 심사 소위원회(제1소위)로 활동하게 되고 15명은 제재 소위원회(제2소위)로 일한다. 위원들은 매년 3월부터 다음해 2월까지 임기이며 최장 3년간 활동할 수 있다.

제평위 구성이 합리적이지 않다는 비난은 계속 나온다. 언론사 단체의 비중이 크다고 비판하는 주장이 있는 반면 언론사의 디지털 실무에 대한 이해가 부족한 위원이 다수여서 부당한 결정이 자주 이뤄진다는 지적도 있다. 시민단체의 대표성에 대해서도 논란이 있다. 그러나 한 번 출범한 이상 초기 구성 방식이 변화 없이 지속되고 있다.

인링크, 아웃링크 구분이 포털 뉴스 이해의 첫걸음

제3조 (용어의 정의)

① '제휴매체'는 '뉴스검색제휴'나 '뉴스콘텐츠제휴', '뉴스스탠드제휴'를 하고 있는 언론매체를 말한다.

② '뉴스검색제휴'란 기사콘텐츠에 대해 별도의 금전적 대가 없이 아웃링크 (out-link) 방식으로 '포털사'에 제공하는 것을 의미한다.

③ '뉴스콘텐츠제휴'란 기사콘텐츠에 대해 별도의 금전적 대가에 기반하여 인링크(in-link) 방식으로 '포털사'에 제공하는 것을 의미한다.

④ '뉴스스탠드제휴'란 서비스 내 집행되는 광고수익의 금전적 제공을 기반 으로 언론사 웹사이트 첫 페이지 상단과 동일한 범위 내에서 구성한 언론 사의 뉴스정보를 아웃링크(out-link) 방식으로 '네이버'에 제공하는 것을 의미한다.

언론사와 네이버, 카카오의 제휴 종류에는 뉴스검색제휴와 뉴스콘텐 츠제휴, 뉴스스탠드제휴(네이버만)가 있다.

제휴 형태를 쉽게 이해하려면 아웃링크(out-link)와 인링크(in-link)라는 개념을 먼저 정리할 필요가 있다. 아웃링크는 네이버와 카카오에서 해당 기사 제목을 클릭하면 언론사의 자체 페이지로 이동해 기사가 열리는 형 태를 말한다. 언론사 자체 홈페이지가 활성화하는 효과가 있는 대신 네 이버와 카카오에서 금전적 대가를 지불하지 않는다.

이와 달리 인링크는 기사 제목이나 섬네일을 클릭하면 네이버나 카카 오페이지에서 기사가 열린다. 포털의 페이지뷰가 올라가지만 언론사 자 체 홈페이지의 페이지뷰와는 무관하다. 대신 네이버와 카카오에서 언론사에게 대가를 지불한다.

인링크와 아웃링크는 포털사이트의 관점에서 정한 용어인 셈이다. 인 (in)은 포털사이트 내에서 열리는 것이고 아웃(out)은 포털사이트의 바깥, 즉 언론사 홈페이지로 이동해서 열리는 것을 말한다. 아웃링크를 클릭하면 언론사의 트래픽이 올라가고, 인링크를 클릭하면 포털사이트 트래픽이 올라간다는 사실을 기억해야 자사 홈페이지 및 앱과 네이버, 카카오를 넘나드는 디지털 전략을 수립하는 데 있어 도움이 된다.

자체 페이지를 강화해야 하는 언론사와 신문 협회 등에서는 드루킹 사건으로 네이버의 댓글 기능 등에 허점이 드러났을 때 포털의 인링크 기사를 없애고 전부 아웃링크로 전환해야 한다고 주장했다. 네이버나 다음에서 제목의 기사를 볼 수 있어도, 해당 제목을 클릭했을 때는 언론사 페이지로 이동해야 한다는 요구였다.

이에 대해 네이버와 카카오 측은 언론사에게 대가를 지불하고 기사를 가져오는 것이기 때문에 이런 기사는 인링크로 네이버, 카카오페이지 안에서 소비될 수 있도록 해야 한다고 맞섰다. 만약 언론사 요청대로 아웃링크로 기사를 소비한다면 언론사에게 전재료는 지급할 수 없다는 입장에서 물러서지 않았다.

이는 포털이 뉴스콘텐츠제휴사에게 일부 아웃링크 서비스를 제공하고 있지만 이용자가 언론사 페이지로 이동하지 않고 포털 내부에만 머물기를 바란다는 속내를 비친 셈이다. 이런 경향은 해외 대형 플랫폼 업체들에서도 나타나는 현상이다.

'GAFA(구글, 애플, 페이스북, 아마존)는 공통적으로 이용자가 하나의 플랫폼에서 가능한 많은 서비스를 경험하도록 다양한 상품과 서비스를 제공하였으며, 이용자가 플랫폼 내에서 소비를 지속하도록 유인하는 락인

(lock-in) 전략과 절차를 간소화하는 비즈니스 전략을 추구하였다'(설진아, 최은경, 2018).

인링크-아웃링크 논쟁이 네이버, 카카오와 제휴를 맺은 모든 언론사에 해당하지는 않는다. 포털과 언론사의 제휴는 여러 유형이 있다.

뉴스검색제휴는 가장 낮은 단계의 제휴다. 검색제휴사의 기사는 네이버와 카카오에서 뉴스 페이지로 들어가도 보이지 않는다. 다만 특정 단어를 검색을 했을 때 관련 있는 기사의 제목이 노출된다. 해당 기사를 클릭하면 아웃링크로 해당 언론사 페이지에 이동해 기사를 열람하는 것이다. 포털은 검색제휴에 대해서 아무런 비용을 지급하지 않는다.

이와 대비되는 방식이 뉴스콘텐츠제휴다. 뉴스콘텐츠제휴 언론사는 네이버와 카카오에서 전재료를 받고 기사를 포털사이트로 전송한다. 포털사이트는 언론사가 전송한 기사를 네이버와 카카오 내부 시스템에 저장하고 해당 기사를 클릭하면 네이버와 카카오 사이트에서 열리도록 한다. 네이버가 모바일 페이지나 PC 서비스의 뉴스 페이지에 편집하는 기사들은 콘텐츠 제휴사 기사들로서 기본적으로 해당 기사를 클릭하면 인링크 서비스로 네이버와 카카오 안에서 소비된다. 포털사들이 언론사와 맺는 가장 높은 수준의 제휴다. 뉴스콘텐츠제휴사는 포털사이트에서 특정 표현을 검색할 때 나오는 검색 기사 리스트에도 노출돼 뉴스검색제휴사에 부여되는 모든 권한이 적용된다. 즉 뉴스검색제휴사의 기능과 권한은 뉴스콘텐츠제휴사 기능과 권한의 부분집합이라고 표현할 수 있다.

제휴 형태 가운데 네이버에만 있는 것이 뉴스스탠드제휴다. 이는 네이버의 PC 버전에서 언론사별로 별도 홈페이지를 만들어주는 제휴 형태다. 뉴스스탠드는 아웃링크다. 즉 네이버 내부에서 소비되는 방식이 아니고 언론사 페이지로 이동해 기사 페이지가 열린다. 그래서 네이버 뉴스스탠드제휴사들은 전재료를 받지 못한다. 다만 해당 페이지에서 발생하는 광고 수익의 일부를 받을 수 있다.

인링크와 아웃링크를 명확히 구별하는 것이 포털 언론사 자체 페이지의 관계를 이해하는 첫걸음이다. 이 두 가지의 특징을 유기적으로 잘 활용하면 그것이 디지털 전략에 기본이 될 수 있다. 디지털 콘텐츠를 생산하거나 배치, 유통할 때 이 콘텐츠가 인링크 우선인지, 아웃링크가 주요 목표인지 사전에 고려한다면 최적의 콘텐츠 형식을 찾는 데 도움이 된다. 단순히 트래픽 총량만 고려하면 초라해 보이는 디지털 특화형 콘텐츠가 아웃링크의 가치를 생각하면 전혀 다른 의미로 다가올 수 있다. 인링크와 아웃링크가 뒤섞인 트래픽 총량에 현혹돼 디지털의 본질적 경쟁력과 언론사 자체 홈페이지 활성화라는 미래 가치를 소홀히 하는 우를 범해선 안 된다.

콘텐츠 제휴사라고 해서 모든 기사가 인링크로만 소비되는 것은 아니다. 앞서 설명한 검색 기사의 경우 인링크와 아웃링크 소비가 둘 다 가능하다. 네이버, 카카오의 같은 기사 페이지 안에서도 인링크와 아웃링크가 혼재한다.

가령 네이버의 모바일 페이지에서 제공되는 언론사별 채널에서 기사를 클릭하면 인링크로 포털 내부에서 기사 페이지가 열린다. 해당 기사에 남기는 댓글과 '좋아요' 등도 대부분 포털 내부에서 진행된다. 그런데 기사 하단을 보면 주요 뉴스가 나온다. 이 주요 뉴스 항목은 아웃링크다. 즉 여기에 있는 기사 제목을 클릭하면 네이버 페이지에서 열리는 것이 아니라 언론사 페이지로 이동해 기사를 보여준다. 따라서 자체 홈페이지를 활성화하는 가장 유용한 루트가 된다. 그런데 해당 영역 바로 위에 기자 배너가 있고(2021년 10월 네이버 인링크 아티클 페이지 레이아웃 기준) 기자

배너에 게재돼 있는 기사들은 인링크다. 따라서 해당 기사를 누르면 네이버 페이지가 열린다. 그 아랫부분에 있는 두 개 링크는 아웃링크도 가능하고 인링크로 연결하기도 한다. 그것은 언론사가 연결할 페이지를 선택하기 나름이다. 이렇게 같은 언론사 기사라 해도 네이버 페이지 안에서 인링크로 소비되는 기사와 아웃링크로 연결되는 영역이 혼재한다. 눈으로 봐서는 어떤 게 인링크이고 어떤 게 아웃링크인지 알기 어렵기 때문에 직접 클릭을 해보면서 각 영역의 특성을 파악할 필요가 있다.

포털 기사 하단에 있는 아웃링크 기사 5~10개가 언론사 홈페이지 소비의 막대한 부분을 차지한다. 이곳에 걸린 기사들은 언론사 자체 사이트에서 가장 트래픽이 높은 기사가 될 가능성이 크다. 왜냐하면 비슷한 시간대에 생산된 대부분 기사는 하단에 있는 아웃링크 기사 리스트가 똑같다. 따라서 여기에 채택된 기사는 모든 해당 언론사 기사가 네이버나 카카오에서 소비될 때마다 기사 하단에 노출되기 때문에 여기에 편집되지 않은 기사에 비해 월등하게 유리한 고지에 선다.

뉴스스탠드제휴사나 뉴스콘텐츠제휴사의 경우 네이버 PC 홈페이지에 있는 뉴스스탠드 페이지에 걸리는 기사들도 아웃링크다. 이 역시 언론사 자체 페이지를 활성화하는 데 도움이 된다. 이 뉴스스탠드 페이지에 배치된 기사들도 자체 언론사 트래픽 측면에서 유리하다. 다만 뉴스스탠드 톱기사보다는 인링크 아티클 기사 하단에 편집된 주요 뉴스기사가 훨씬 트래픽이 높은 경우가 대부분이다.

지금처럼 전체 기사 소비 중 포털에서 클릭되는 비율이 절대적인 상황에서는 언론사 자체 홈페이지보다는 기사 페이지가 독자 입장에선 해당 언론사를 만나는 첫 페이지가 될 가능성이 크다. 따라서 기사 페이지를 어떻게 잘 구성하느냐에 따라 독자들이 추가로 다른 기사들을 클릭할 가능성이 좌우된다. 눈으로 보기에는 홈페이지의 구성이나 UI, UX가 중요하게 생각되지만 실질적인 측면에선 기사 페이지의 UI, UX가 언론사 실적에 더 큰 영향을 주게 된다. 물론 네이버나 카카오의 뉴스 정책이 바뀌어서 인링크, 아웃링크 형태에 근본적인 변화가 생긴다면 달라질 수 있지만 포털에서 소비되는 뉴스가 압도적인 현재로서는 포털에서 아웃링크를 타고 오는 기사 페이지의 전략이 핵심이라고 판단한다. 이는 뉴욕타임스나 파이낸셜타임스 같은 해외 디지털 강자 언론과 크게 다른 부분이며, 우리나라 언론사들이 외국 언론사를 무조건 벤치마킹한다고 최적의 결론에 이르는 게 아니라는 점을 역설한다.

15개 단체서 30명 위원 추천

⑤ '제1소위'란 뉴스 제휴 심사를 담당하는 소위를 의미한다.
⑥ '제2소위'란 뉴스 제재 심사를 담당하는 소위를 의미한다.

제휴평가위원회의 제1소위원회는 입점 소위원회라고도 부른다. 아직 네이버나 카카오와 뉴스 제휴를 맺지 못한 언론사들이 신규 제휴를 희망할 때 거쳐야 하는 과정 등을 규정하는 작업을 하기 때문에 언론사의 포털 '입점'을 관장한다는 의미다. 신규 제휴뿐만 아니라 네이버와 카카오에 진입은 했으나 뉴스스탠드제휴나 뉴스콘텐츠제휴사로 제휴의 등급을 높이고자 할 때 적용되는 심사 기준과 규정을 만드는 작업도 한다. 언론사가 벌점 누적이나 그 외 불미스러운 일로 재평가를 받게 되었을 때 관련 규정을 다루는 일도 입점 소위원회의 역할이다. 제평위에 참여하는 15개 단체에서 각각 한 명씩 배정한다. 다른 한 명은 제2소위원회, 즉 제재 소위원회에서 활동하게 된다.

신규 매체와 제휴 단계를 높이려는 언론사들에 대한 실제 심사와 평가는 입점 소위원회 위원들만 참여하는 것이 아니다. 제재를 결정할 때는 기본적으로 제재 소위원회, 즉 제2소위원회 위원들만 회의를 진행해 결정하지만, 입점 심사는 희망하는 매체가 매번 수백 개에 이르기 때문에 제1소위와 제2소위 전 위원이 분담해 평가를 진행하게 된다. 규정상 입점 평가는 9명 이상이 하도록 되어 있다. 제휴평가위원이 모두 30명이니 사실상 3개 조로 나눠 제휴 신청 업체의 심사를 진행한다고 볼 수 있다.

네이버 카카오의 형사법정-제재회의

제2소위원회는 제재를 담당한다. 한 달에 한 번씩 회의를 하고 제재를 결정하는데, 회의를 앞두고 한 달 동안 벌점 대상으로 통보한 언론사와 기사 리스트를 위원들에게 보내준다. 이에 앞서 네이버, 카카오 사무국에서는 모니터링을 통해 적발한 위반 사항들을 각 언론사에 수시로 보낸다. 각 언론사로 발송할 때는 해당되는 기사 리스트와 벌점 내역을 보내고 이에 대해 이의사항이 있는 경우에 언론사가 해명이나 반론을 적어서 보내도록 한다. 통보받은 언론사는 해당 내용에 대해 수긍을 하면 가만히 있으면 된다. 벌점은 확정된다. 그러나 해당 제재가 억울하다고 생각하면 거기에 대해 사유를 적어서 보내게 된다.

월례 제재회의가 열리면 제재위원들은 언론사 별로 위반 사항들을 하나씩 보면서 심사하게 된다. 심사할 때 문제가 된 기사와 위반 규정을 설명 듣고 거기에 대한 언론사의 반론과 해명을 함께 보면서 제재할지를 결정한다. 언론사의 반론은 서면으로만 전달된다. 매달 상당히 많은, 수백 개의 제재 사항이 올라오는데 제재위원들이 회의를 할 시간은 그리 길지 않다. 대개 금요일에 회의를 한다. 회의 날 먼저 제재회의가 열리게 되고 이어서 전체 회의가 열린다. 대개 오후에 제휴평가위원회 회의를 시작하는데 저녁 6시까지 모든 과정을 끝내야 한다. 이 가운데 전체 회의 시간을 확보해야 하므로 제재회의는 2시간 남짓에 불과하다. 한 달간 쌓인 수백 건의 제재 사항을 2시간 이내에 처리하려면 모든 제재 대상 기사에 대한 심도 있는 논의가 사실상 불가능하다는 것을 짐작하기 어렵지 않다. 제재 소위는 한 달간 쌓인 위반 사항들을 심사해야 하기 때문에 매달 빠지지 않고 열게 되지만, 입점 소위는 입점 규정을 만드는 것과 관련된 사항을 논의하는 일 등 비정기적인 일만 하면 되기 때문에 매달 소위원회 회의가 열리지 않을 수 있다.

제재소위 위원들은 전체 회의를 시작하기 전까지 두어 시간 정도에 모든 절차를 마쳐야 한다. 각 언론사가 보내는 해명자료나 반박자료를 상세히 읽지 못 하고 결정을 하는 상황이 생기기도 하는 이유다. 제재회의에서는 언론사들의 고충을 이해하는 위원들은 언론사가 보내온 반박 자료에 대해서 동의하는 경우가 많다. 대개 언론사에서 일하는 위원들이다. 해당 기사에 대해서는 벌점을 부과하는 것이 부당하다고 주장하는 경우가 흔하다. 반면 시민단체나 비언론계 출신 위원들 사이에서는 언론사가 보낸 해명을 읽고 나서도 제재를 해야 한다고 주장하는 경우가 더 많다. 같은 언론계 출신이라도 신문 소속이냐 방송사 소속이냐 디지털 언론사 소속이냐에 따라 관점이 다른 사안이 많다. 제재 대상 기사를 두고 매체별로 논란이 벌어지기도 한다.

특히 홍보성 기사에 대해서 맞서는 경우가 많다. 협찬 성격의 기사는 매체별로 유형이 매우 다르기 때문에 시각차도 크다. 제재회의 시간은 한정되어 있고 의견은 좁혀지지 않는 경우에 결국 투표로 결정한다. 투표는 위원들에게 네이버, 카카오 사무국에서 회의용으로 나눠주는 태블 릿 PC로 이루어졌다. 즉석에서 투표 문구를 만들어 찬성, 반대, 기권을 선택하도록 한다. 가령 '해당 기사를 제재해야 한다', '해당 기사에 대해서 제재하지 말아야 한다', '기권한다' 이렇게 3개를 놓고 투표하는 방식이다. 투표자 과반수의 찬성으로 제재가 결정된다. 결국 심도 있는 토론을 거치지 못하고 몇 번의 찬반양론이 오가다가 곧바로 투표가 진행되기 때문에 제재를 받는 언론사 입장에서는 억울할 수 있다. 하지만 현재 시스템이 그렇게 돼 있다. 이렇게 제재회의해서 벌점을 부과하기로 결정하면 각 언론사에 부과된 벌점이 쌓인다. 그 벌점이 2점이 되면 언론사로 경고가 날아간다. 누적벌점이 4점에 이르면 노출 중단 조치를 받는다. 하루 동안 포털에서 해당 언론사 뉴스가 사라지는 것이다. 그리고 6점이 넘어서게 되면 재평가를 받는다. 재평가를 받게 되면 처음 검색제휴를 신청하는 과정이나 뉴스스탠드제휴, 뉴스콘텐츠제휴 심사를 받는 것과 마찬가지의 절차를 거치게 된다. 그런데 입점 심사에서 콘텐츠 제휴사로 통과되기는 하늘의 별 따기다. 지금까지 통계를 봐도 신청한 언론은 무수히 많으나 콘텐츠 제휴사로 통과된 매체는 극히 드물다. '기존 시스템에서는 매체가 콘텐츠제휴사 지위를 확보하기 위해 100점 만점에 80점이라는 절대 평가기준을 상회하여야 했다. 따라서 제평위 시스템이 운영된 지난 5년 동안 콘텐츠제휴사 지위를 확보한 매체는 8개사에 불과했고, 지역매체는 한 곳도 없었다'(최민재, 2021). 콘텐츠 제휴사로 통과되면 포털로부터 전재료를 받게 되고 포털사이트에서 주요 뉴스 영역에 배치돼 인링크 기사로 소비된다. 인링크 기사로 소비가 된다는 것은 포털이 언론사로부터 기사를 구매해서 주요 영역에 해당기사를 노출한다는 의미다. 그렇기 때문에 콘텐츠 제휴사 심사를 통과하기는 낙타가 바늘구멍

들어가기와 비견될 정도다. 콘텐츠 제휴사가 누적벌점 6점을 넘겨 재평가 대상에 오르게 되면 탈락할 가능성이 상당히 크다. 온전한 상태로 심사에 올라가도 콘텐츠 제휴 기준을 통과하기 어려운데 과다 벌점으로 평가 테이블에 올라가면 뉴스제휴평가위원들이 '문제 있는 언론사'라는 선입견을 갖게 되기 쉽기 때문에 더더욱 통과가 힘들어진다. 그야말로 포털 퇴출 위기에 봉착한다고 해도 과언이 아니다.

3월 1일은 사면의 날, 그러나 …

⑦ '누적벌점'이란 '제휴매체'가 매년 3월 1일 00시부터 십이(12)개월 동안 (이하 '누적벌점 계산기간') 부정행위로 인해 받은 벌점의 총합을 의미한다. 〈개정 2018. 03. 01, 일부개정 2021. 02. 23〉

벌점은 3월 1일부터 이듬해 2월 말까지 누적된다. 2월 말까지 1년간 합산한 벌점이 6점이 안 되면 3월 1일부터 다시 0점으로 돌아간다. 그런데 여기에도 변화가 생겼다. 물론 언론사에게 불리한 변화다. 과거엔 3월 1일이 되면 완전한 새 출발을 했지만 최근 제평위가 규정을 개정했다. 누적된 벌점이 2년간 8점이 넘어가면 다시 재평가를 하도록 합산 단위를 2년까지 강화하는 규정을 신설했다. 제평위 규제는 이렇듯 강화일변도로 달려왔다고 표현할 만하다.

처음 제평위가 출범할 때는 어뷰징 기사, 즉 반복 전송이 가장 심각한 문제로 지적됐다. 네이버와 카카오가 제평위를 출범시킨 명분이기도 했다. 제평위 출범 후 언론사들이 제평위 우려를 반영하려고 노력한 결과 어뷰징이 대폭 줄었다. 네이버, 카카오 사무국이 가장 큰 성과로 홍보하는 부분이다. 언론사들이 어뷰징을 자제하자 당연히 벌점을 받는 빈도도 줄었다.

어뷰징이 개선되자 네이버, 카카오 사무국과 뉴스제휴평가위원회는 다른 항목들로 옮겨가면서 제재를 강화했다. 또한 언론사에게 가하는 압박도 계속 강화해왔다. 지금까지 흐름으로 볼 때 앞으로도 언론사들이 규정과 질서를 잘 지켜 적발되는 기사와 벌점이 줄어들면, 다시 새롭게 제재할 수 있는 규정들을 만들 가능성이 적지 않다고 본다. 과거에는 1년에 벌점이 6점에 이르지 않을 경우 3월 1일부터 새롭게 각오를 다지며 출발할 수 있었지만 이제는 2년치를 합산하는 제도가 생겨 계속 압박을 받으며 운영하게 된다. 언론사 인사가 6개월이나 1년 단위로 단행되는 사례가 많음을 고려하면 새로 발령을 받아 디지털 뉴스를 담당하게 된 책임자는 전임자가 쌓았던 벌점 때문에 더욱 불안한 한 해를 보내야 하는 구조가 됐다. 2년치 합산에서도 언론사들이 재평가 대상에 많이 오르지 않으면 3년치, 4년치를 합산하는 규정이 생겨날 가능성이 있다.

포털과 언론사의 인터넷 생태계를 강조하며 출발한 뉴스제휴평가위원회 제도가 언론사들의 의견은 상대적으로 충분히 반영되지 않고 이처럼 규제 강화 일변도의 흐름으로 가는 이유는 제평위원 중에 언론사 소속이 소수이고 언론사 소속 위원이라고 해도 신문사, 방송사, 디지털 언론사 등 소속 매체의 이해관계에 따라 의견이 일치하지 않기 때문이다.

의견 일치가 안 되면 결국 표결로 결정하는 일이 잦은데, 대부분 언론사에게 불리한 결과로 결정되는 경향이 있다. 1년간 벌점을 합산해 6점을 넘기지 않으면 새로운 출발을 할 수 있었던 시스템이 이제 2년간 8점으로 강화됐고 앞으로도 계속 강화될 가능성이 있기 때문에 언론사는 무조건 벌점을 줄여가는 노력을 해야 한다. 재평가 점수의 경우도 처음 뉴스제휴평가위원회가 닻을 올리던 시점과 비교하면 대폭 낮아졌다. 언론사들 사이에 어뷰징을 자제하는 분위기가 확산되면서 벌점이 많이 안 나오자 재평가 점수를 크게 낮췄다. 언론사로서는 억울함이 있더라도 제평위 규정의 변화를 계속 면밀하게 파악하면서 바뀐 조항들에 대해 관심을 가져야 한다. 수시로 변하는 규정을 꼼꼼히 살피지 않으면 언제 어떻게 네이버, 카카오에서 단번에 퇴출되는 운명을 맞을지 모른다.

뉴스 제휴의 출발점 - 검색제휴

제4조 (제휴 영역)

'포털사'의 뉴스 제휴는 다음 각 호와 같이 구분한다.

(가) '뉴스검색제휴'

(나) '뉴스콘텐츠제휴'

(다) '뉴스스탠드제휴'

뉴스검색 제휴사는 네이버의 경우 수백 곳에 이르며 카카오의 경우 1,000개가 넘는다. 검색제휴는 포털이 자체적으로 제공하는 뉴스 페이지에는 기사가 보이지 않는다. 그러나 독자가 검색창에 특정 키워드나 문장을 검색해 결과를 도출할 때는 뉴스검색제휴사의 기사가 검색 결과 리스트에 표출된다. 뉴스검색제휴사가 네이버와 카카오를 통해 독자를 만나려면 검색 결과에 올라야만 하고, 그렇기 때문에 실시간 검색어 대응을 하는 것이 오랜 관행으로 자리 잡았다. 실시간 급상승 검색어 대응이 네이버와 카카오의 검색 품질을 떨어뜨린다고 하지만 검색을 통하지 않고서는 독자를 만날 수 없는 뉴스검색제휴사 입장에서는 포털이 제공하는 실시간 검색어에 맞춰 기사를 쓰는 대응에 힘을 쏟는 행태를 피하기 어렵다.

뉴스검색제휴사는 포털로부터 보수를 받는 것도 아니고 포털 광고 수익의 일부를 나눠 갖지도 못한다. 네이버, 카카오가 언론사와 맺은 뉴스 제휴 가운데 가장 낮은 단계의 제휴다. 입점 심사과정에서 통과 기준 점수가 제일 낮다. 뉴스검색제휴를 통과하려면 우선 정량 기준을 맞춰야 하고 전체 100점 만점 중 정량 기준을 모두 충족할 경우 받게 되는 기본 점수 20점을 빼면 80점 중 40점만 얻으면 검색 매체가 될 수 있다. 80점 중 40점이 높은 점수는 아니지만 정성평가에 부여된 80점은 제휴평가위원들이 임의로 평가하는 것이기 때문에 결코 만만한 점수가 아니다. 평가 항목이 구체적으로 나눠져 있지만 위원들의 채점 패턴을 보면, 항목별로 하나씩 점수를 확정, 부과하는 방식으로 당락을 결정하기보다는 해당 매체 전반에 대한 느낌을 마음속으로 평가한 뒤 거기에 맞춰 점수를 배분하는 경향이 있다. 즉 A라는 위원이 B라는 언론사의 매체 소개서와 홈페이지 및 모바일 페이지를 둘러본 결과 뉴스 제휴를 통과시킬 만하다는 생각이 들면 총점이 60점 이상이 되도록 점수를 매기고, B 매체의 수준이 전반적으로 미흡하다고 생각하면 60점 아래로 점수를 주는 식이다. 따라서 뉴스검색제휴사로 입점하기가 어렵다고 얘기할 수는 없지만, 정성평가를 쉽게 판단하고 만만하게 생각한다면 낭패를 볼 가능성이 크다. 특히 평가 항목에 적시된 요소들을 기준으로 자체적으로 평가를 진행해 채점한다면 40점을 넘기기가 쉽지만 실제 평가에선 전체 인상으로 당락 여부를 판단한 뒤 점수를 항목별로 배분하는 위원이 적지 않다는 사실을 유념해야 한다.

신생 매체의 경우 향후 포털사로부터 전재료를 받고 포털 뉴스 페이지에 기사가 노출되는, 뉴스콘텐츠제휴사가 되기 위해선 반드시 뉴스검색제휴사 위상을 선결조건으로 확보해야 한다. 언론사가 장차 주요 매체로 성장하겠다는 목표가 있다면 서둘러 뉴스검색제휴사 지위를 확보하는 것이 유리하다. 신생 언론사 이외의 기존 언론사들도 새로운 매체를 창간해 포털 뉴스 제휴를 추가로 추진하는 경우가 많다. 이럴 때도 뉴스검색제휴부터 올라가야 한다. 만약 주요 언론사가 네이버, 카카오와 뉴스콘텐츠제휴를 맺었다고 해서 새로 만드는 매체 기사를 네이버나 카카오에 전송하면 '제휴매체 기사 이외 기사 전송' 부정행위로 큰 곤경에 처할 수 있다. 기존 제휴 언론사들도 매체를 여러 개 운영하는 '다매체 전략'을 효율적으로 수행하기 위해선 새로운 매체를 만들어 뉴스검색제휴부터 신청해별도 매체로 인정받는 방식이 고려할 만하다. 실제로 많은 대형 언론사들이 이런 식으로 스핀오프를 하고 있다.

낙타 앞의 바늘구멍 - 뉴스콘텐츠제휴

뉴스콘텐츠제휴는 언론사가 네이버와 카카오에 기사를 제공하고 그 대가로 전재료를 받는다. 인링크 방식이 기본이다. 네이버와 카카오는 포털사이트에서 해당 기사를 마음대로 편집해서 배치하고 내보낼 수 있다. 이렇게 서비스하는 기사는 네이버와 카카오페이지 안에서 소화된다. 네이버와 카카오에서 소비되는 기사의 대부분은 이처럼 뉴스콘텐츠제휴사인 언론사가 제공한 기사를 네이버와 카카오페이지에 올리고 독자를 네이버와 카카오 서버로 들어오게 하는 뉴스콘텐츠제휴사 기사다. 포털로부터전재료를 받을 뿐 아니라 포털사이트로 뉴스를 보기 위해 찾아오는 독자들이 대부분 뉴스콘텐츠제휴사 기사를 소비하기 때문에 언론사로서는 필사적으로 뉴스콘텐츠제휴사가 되고자 한다. 뉴스콘텐츠제휴사의 지위를확보한 언론사는 벌점 과다 등으로 재평가 대상이 될 경우 뉴스콘텐츠제휴사에서 탈락하지 않도록 하기 위해 안간힘을 쓴다.

더욱이 최근 들어 네이버는 오래 전부터 지급해왔던 전재료뿐 아니라 각 언론사가 모바일에서 운영하는 채널에 광고를 배치하고 광고 수익 일부를 언론사에 지급하는 등 보상을 강화하고 있다. 오랫동안 네이버와 카카오가 언론사의 막대한 인적 자원이 투입돼 생산된 기사를 대량으로 가져다가 네이버, 카카오 자체 사이트에서 콘텐츠로 활용하면서 전재료는 턱없이 부족한 금액을 지불한다는 비판이 언론사로부터 끊이지 않았다. 네이버의 광고 수익 할당은 이런 비판을 감안한 결정으로 여겨진다.

뉴스콘텐츠제휴는 입점 심사에서 80점 이상을 받아야 한다. 뉴스검색제휴사의 통과 기준인 60점보다 20점을 더 받는 것이 별로 어려워 보이지 않을 수도 있다. 그러나 60점과 80점은 실제로 채점을 해보면 하늘과 땅 차이이다. 뉴스콘텐츠제휴사 역시 정량점수 20점은 무조건 만점 취득을 기본으로 해야 한다. 이것은 그리 어렵지 않다. 그렇다면 남는 부분은 정성평가 80점 가운데 60점을 득점하는 것이다. 이것이 그리 어려워 보이지 않지만 절대로 그렇지 않다. 뉴스콘텐츠제휴 신청 언론사가 정성평가 점수를 따기에는 오히려 뉴스검색제휴 신청사보다 훨씬 불리한 조건들이 많다.

요즘 네이버와 카카오가 가장 민감해하는 부분은 광고 관련 사항이다. 포털에서도 검색 광고 등에 적극적으로 나서고 있기 때문에 언론사의 디지털 광고는 영업적으로 경쟁 가능성이 상존한다고 볼 수도 있다. 포털의 검색창에 특정 업종이나 상품명을 입력하면 광고비를 낸 업체 관련 사항이 노출된다. 그런데 언론사의 관련 기사도 리스트에 나오기 때문에 네이버나 카카오가 광고나 홍보 관련 기사에 예민한 반응을 보이는 것 같다는 생각이 들 때가 많았다.

광고성 기사에 대한 제재가 계속 심해지고 있고 포털사들이 제재회의에 광고와 관련된 기사를 처벌해달라고 집중적으로 올리면서 뉴스제휴평가위원들도 부지불식간 그런 부분에 점점 민감해하는 경향이 강해지고 있다. 일반적으로 요즘 우리 사회에서 디지털 뉴스 등 언론사를 둘러싼 가장 큰 이슈는 '가짜 뉴스'라고 할 수 있다. 징벌적 손해배상을 두고 여당과 야당이 대립하는 등 누가 뭐래도 2021년의 가장 큰 쟁점이다. 하지만 뉴스제휴평가위원회에서 가짜 뉴스와 관련된 징계나 벌점을 다루는 일은 드물다. 평가위원으로 활동하는 3년 동안 이 이슈가 첨예한 논쟁 주제로 등장한 기억도 별로 없다. 반면 언론사 기사가 광고와 연관성이 있느냐를 두고서는 계속 이슈의 비중이 확대돼왔다. 뉴스제휴평가위원회의 가장 큰 임무가 언론사의 광고 관련 위반 사항을 적발하는 것이라고 해도 과언이 아닌 수준에 이르렀다는 생각이 2020년에 제휴평가위원 3년 임기를 만료하면서 든 생각이었다.

포털사가 아무리 언론사의 광고 관련 사항을 집중적으로 압박하려고 해도 제휴평가위원들이 포털사 의지와 무관하게 독립적으로 활동하면 되지 않느냐고 생각할 수도 있다. 그러나 현실은 그렇지 않다. 모든 제재 사항은 포털 사무국에서 모니터링해서 올리는 적발 기사들을 주로 심의한다. 따라서 포털이 올리지 않으면 제재 대상에 오르지 않기 때문에 아예 제평위원들, 특히 제2소위 제재 평가위원들의 논의 테이블에 올라가지 않는다. 반면 포털이 집중적으로 적발해서 올리는 기사들은 제재위원들의 태블릿 PC에 탑재돼 주된 논의 사항이 된다. 앞에서 설명했듯이 2시간이라는 제한된 제재회의 시간 내에 광고성 기사, 기업 홍보성 기사 등에 대해 수백 개 기사를 제재하다 보면 실제로 제평위원들도 이 문제가 굉장히 심각하다고 생각하게 된다.

우리가 포털사이트에 들어가서 언론사 채널이나 포털 뉴스 페이지에서 기사를 열람할 때 이런 종류의 기사를 만나는 경우는 거의 없다. 그런 기사는 거의 대부분 뉴스 페이지에 노출되지 않는다. 따라서 대부분 독자들은 제재회의의 심의 테이블에 올라가는 기사들을 접할 기회가 아예 없다. 자극적인 내용으로 관심을 집중시키는 가짜 뉴스에 비할 바가 아니다. 그럼에도 제재위원으로 활동하다 보면 언론사들의 기업 관련 홍보성 기사나 그 밖에 제재 항목에 올라 있는 광고 연관성 기사들이 굉장히 심각하고 독자들을 현혹시킨다는 착각에 빠지게 된다. 포털사이트의 뉴스 서비스에서 이런 기사가 중요한 영역을 차지하면서 독자들에게 광고성 기사들을 계속 읽게 하는 것으로 착각하게 한다. 평가위원 활동 첫해와 3년차에 제재위원으로 활동한 필자의 경험을 소개하자면, 뉴스제휴평가위가 출범한 초기였던 활동 첫해에는 선정성 기사나 반복 전송 등의 제재가 많았지만, 2년 뒤 다시 제재위원으로 활동해보니 대부분 광고 기사에 대한 제재가 압도적이었다. 제평위원들이 입점 심사를 진행할 때 광고 관련 내용에 신경이 곤두서는 것은 자연스러운 현상이라고 본다. 또한 평가항목 자체에도 광고 관련 내용이 상당 부분을 차지한다.

광고 활동은 매체의 영향력에 비례해서 활발해진다. 처음 뉴스검색제휴를 신청할 때는 해당 언론사에 광고가 들어온 것도 별로 없을 테고 심사에 대비해 광고를 타이트하게 모니터링해 안 좋은 인상을 줄 만한 광고를 배제하는 것이 그리 어렵지 않았다. 광고 관련 평가항목에서 크게 점수를 잃을 이유가 별로 없다. 반면 뉴스콘텐츠제휴사로 신청하려면 뉴스검색제휴는 이미 돼 있어야 하고 상당수는 뉴스스탠드제휴까지 진행된 상태다. 포털과 제휴를 맺고 상당 시간이 흐르는 동안 광고가 늘게 되고 언론사 역시 운영한 기간이 길어지면서 수익을 위해 광고를 다양하게 유치하게 된다.

제휴평가위원회 회의에서 기사가 지나치게 홍보성으로 흐른다는 지적을 받는 경우도 많지만 광고 자체가 독자의 눈길을 끌기 위해 파격적이거나 선정적으로 제작하는 일도 흔하다. 이런 광고들이 배치돼 있으면 정성평가 80점 만점에 60점을 맞는 것이 쉽지 않다. 입점 평가에 있어 광고 관련 항목의 배점이 절대적인 비율은 아니더라도 전체적인 뉴스 사이트에 대한 인상이 평가위원들에게 부정적으로 비칠 가능성이 크기 때문에 뉴스검색제휴사보다는 뉴스콘텐츠제휴 신청사가 점수를 따기가 결코 쉽지 않다. 매번 제휴 신청이 진행될 때마다 상당한 영향력을 갖춘 언론사들이 뉴스콘텐츠제휴에 대거 몰리지만 실제로 평가에 통과하는 매체는 극소수에 불과하다. 실제로 채점을 해보면 그 이유를 쉽게 체감할 수 있다. 광고 관련 항목들에서 감점이 많이 이루어지는 영향이 크다고 생각한다. 뉴스콘텐츠제휴가 되면 전재료를 받을 수 있고 광고비 수익 배분도 커진다. 이보다 더 큰 효과는 언론사가 보도한 기사가 네이버나 카카오 뉴스 페이지에 배치돼 훨씬 많은 독자들을 만날 수 있다는 것이다. 이것이 매체의 영향력으로 직결되기 때문에 많은 언론사들이 뉴스콘텐츠제휴를 따내기 위해 엄청나게 공을 들인다.

뉴스검색제휴도 그렇지만 뉴스콘텐츠제휴가 이루어지면 언론사의 가치도 치솟는다. 현행 규정상 포털과 뉴스 제휴를 맺은 언론사가 다른 법인이나 개인에게 인수될 경우 콘텐츠 제휴사나 검색제휴로서의 지위가 함께 계승된다. 이 때문에 언론사의 M&A 과정에서 높은 가격을 받을 수 있다는 것이 정설이다.

요즘에는 언론사를 만들어 뉴스 제휴를 통과시킨 뒤 이를 매각하는 형태의 비즈니스가 생겨나고 있을 정도다. 검색제휴를 통과하면 몇 억 원, 콘텐츠 제휴사가 되면 그 몇 배의 가격으로 팔린다는 얘기들이 상당한 근거와 함께 회자된다. 규정으로 보면 충분히 그럴 가능성이 존재한다.

알쏭달쏭한 뉴스스탠드제휴

뉴스스탠드제휴는 네이버에만 있는 특이한 형태의 제휴다. 네이버에서
도 PC버전에서만 볼 수 있는 서비스다. 네이버는 과거 언론사들의 기사를
받아 자체 편집하면서 뉴스캐스트라는 서비스를 운영했다. 그러자 엄청
난 부작용이 일어났다. 언론사들이 뉴스캐스트 시스템에서 잘 보이는 위
치에 오르기 위해 포털이 내보내는 실시간 검색어를 겨냥해 경쟁적으로
기사를 쏟아내는 현상이 일어났다. 이용자의 눈길을 끌기 위해 선정적인
기사를 남발하는 부작용이 벌어진 것이다. 이를 극복하기 위한 차원에서
나온 서비스가 뉴스스탠드다. 뉴스스탠드는 각 언론사가 자신의 제호를
걸고 자체적으로 어떤 기사를 어떻게 올릴지 결정해 네이버 PC 페이지에
배치하는 서비스다. 네이버는 언론사에게 사실상 빈 페이지를 제공하고
각 언론사가 알아서 채워가며 운영하라는 개념이다. 과거에 언론사 뉴스
소비가 PC에서 주로 일어나던 때는 뉴스스탠드에 오르는 것이 해당 기사
트래픽에 많은 도움이 됐다. 그러나 디지털의 헤게모니가 모바일 중심으
로 바뀌면서 뉴스스탠드의 영향력은 떨어졌다. 뉴스스탠드는 아웃링크
서비스다. 언론사가 뉴스스탠드제휴사가 돼 기사를 공급해도 포털에서는
전재료를 지급하지 않는다. 뉴스스탠드제휴사의 기사는 네이버나 카카오
자체 페이지에 게재되지도 않는다. 뉴스스탠드를 제대로 운영하기 위해
서는 하루 종일 해당 페이지를 편집하는 노력이 필요하기 때문에 아예 뉴
스스탠드제휴를 신청하지 않는 언론사들도 적지 않다.

네이버 뉴스스탠드제휴가 PC에서 적용된다고 해서 네이버 PC 버전의
모든 뉴스 조회가 뉴스스탠드에서 일어나는 것은 아니다 네이버가 자체

적으로 운영하는 뉴스 페이지는 인링크 기사들로 채워지며, PC 버전에서도 네이버 자체 뉴스 페이지가 트래픽의 상당히 큰 비중을 차지한다. 네이버 뉴스 페이지 편집은 네이버가 자체적으로 한다. 이는 카카오도 마찬가지다. 네이버는 뉴스 페이지 편집에 적용하는 알고리즘을 최근 공개했다. 네이버의 뉴스 편집 알고리즘을 믿을 수 없고 합리적이지 않다는 여러 언론들의 비난에 직면하자 알고리즘의 주요 내용을 자체 페이지에 공개하고 다른 매체를 통해서도 설명했다. 그러나 내용이 너무 복잡해 이해하기 어렵다.

뉴스스탠드제휴 통과 점수는 70점이다. 뉴스검색제휴 통과점수 60점과 뉴스콘텐츠제휴 통과 점수인 80점의 중간 점수다.

앞에서 살폈듯이 70점을 받으려면 정량평가 20점을 채우고 80점 만점에 50점을 넘기면 된다. 채점하면서 느껴본 체감난이도는, 뉴스스탠드제휴가 뉴스콘텐츠제휴 통과보다는 훨씬 쉽다. 그렇다고 방심해선 안 된다. 네이버와 카카오의 제휴 체계에 차이가 있기 때문에 검색제휴의 경우 네이버 뉴스스탠드제휴만 신청하는 방법이 있고 뉴스스탠드와 더불어 뉴스콘텐츠제휴를 동시에 신청하는 것도 가능하다. 필자는 이왕이면 두 가지를 함께 신청하는 것이 유리하다고 생각한다. 제휴평가위원들은 앞서 설명했듯이 평가 항목을 하나하나 따지면서 채점하기도 하지만, 신청 매체의 전체적인 느낌을 보면서 디지털 페이지 운영과 매체 신청서를 전반적으로 훑어보고 마음속으로 통과와 탈락 또는 커트라인 부근 점수 등 잠정적인 선을 정해 놓고 거기에 맞춰서 점수를 배분하는 경향이 있다. 만약 뉴스콘텐츠제휴를 신청한다면 평가위원의 마음속 기준점은 80점이 되기 쉽다. 이럴 경우 탈락을 시킨다고 해도 70점대 점수를 주게 될 가능성이 있다. 반면 뉴스스탠드제휴만 신청하면 평가위원의 마음속 기준선이 70

점이 된다. 이런 관행을 고려하면 뉴스스탠드 하나만 신청하는 것보다는 뉴스콘텐츠제휴를 함께 신청하는 것이 통과 확률이 높다고 생각한다.

네이버 뉴스스탠드를 운영해보면 생각보다 그렇게 트래픽 효과가 크지는 않다. 다만 뉴스스탠드는 아웃링크라는 점에서 언론사 자체 사이트에 유입되는 독자를 늘리는 효과가 있다. 뉴스스탠드에서 발생하는 광고는 수익 배분을 하고 있어 다소나마 수입에 도움이 된다. 문제는 운영에 부담이 상당하다는 것인데, 정 힘들다면 하루에 한 번씩만 편집하는 운영 방식을 채택할 수도 있다. 네이버 뉴스스탠드는 원칙적으로 언론사 자체 홈페이지와 배열 방식이 같아야 한다. 네이버 뉴스스탠드 페이지와 언론사 자체 홈페이지는 UI와 UX에 차이가 나기 때문에 두개를 똑같은 형태로 편집할 수는 없다. 하지만 원칙적으로 비슷한 위치에 비슷한 기사가 비슷한 비중으로 배치하는 게 네이버와의 약속이다. 뉴스스탠드에서 기사가 주요 위치에 배치되면 적지 않은 유입 효과가 있어 운영을 하는 편이, 하지 않는 것보다는 낫다는 판단이다.

언론사 제재 시각차

"포털 뉴스제휴평가위원회(제평위)가 출범한 이후 언론사들이 매출 감소를 호소하고 있다. 포털의 노력을 통해 제평위 규정에 협력하는 매체들의 손해를 보전해야 한다"(언론계 제평위원).

"왜 광고성 기사에 제휴평가위원회의 영향이 미치지 못하고 있는가. 평가를 피해 탈락을 모면하는 방식이 개발되고 있다"(시민단체 위원).

네이버와 카카오를 통해 서비스되는 디지털 뉴스를 심의하는 제평위가 2015년 10월 닻을 올린 뒤 1년여가 지난 시점에 나온 발언들이다. 제평위원들은 소속 기관에 따라 커다란 견해차를 보였다. 이런 인식 차는 출범 후 5년이 지나도 좀처럼 좁혀지지 않는다. 디지털 뉴스를 바라보는 시각이 전혀 다른 데서 비롯된 불협화음이다.

우리나라에서 소비되는 디지털 뉴스는 양대 포털사이트를 통해 주로 유통된다. 기사를 생산하는 신문사와 방송사, 통신사, 디지털 언론사들이 자사의 홈페이지나 애플리케이션을 통해 만나는 소비자는 일부에 불과하다. 그보다 훨씬 많은 소비자들이 네이버와 카카오를 통해 이들 언론사들의 뉴스를 소비한다. 세계적으로 구글이나 페이스북은 선진국의 주요 언론사 기사가 유통되는 중요한 통로지만 우리나라에서는 네이버와 카카오에 훨씬 못 미친다. 비교적 자체 홈페이지를 통한 기사 유통이 활성화한 외국 언론사는 구글이나 페이스북에 대한 의존도가 결코 절대적이지 않지만 양대 포털에서 소비되는 비중이 압도적인 우리나라에선 미디어가 포털사이트 공략에 신경을 곤두세울 수밖에 없다.

벌점 늪에 빠진 언론계

여기서 문제가 발생한다. 기자들은 자신의 언론사 모바일 앱이 아니라 다른 언론사 기사와 함께 노출되는 네이버와 카카오 홈페이지에서 독자의 클릭을 받아야 하기에 시선을 끌기 위해 갖은 방법을 동원한다. 언론사 자체 사이트는 해당 언론사가 편집, 운영권을 갖는다. 따라서 기사가 자극적이지 않아도 보도 가치가 있다고 인정되면 얼마든 중요한 위치에 배치돼 독자들에게 우선적으로 노출된다. 이에 비해 포털사이트는 주요 페이지에 배치되는 '인링크' 언론사만 해도 100개 안팎이다. 기자가 기사를 네이버나 카카오로 보내면 해당 기사는 다른 언론사 100곳에서 쏟아내는 기사들 안으로 들어간다. 잘 보이는 자리에 배치될 확률은 극히 낮다. 만약 좋은 자리에 노출된다면 그 많은 기사들 틈바구니에서 독자의 시선을 잡아채야 한다.

모바일 비중이 강화하면서 이런 경향은 더 심해졌다. 이런 상황에서 포털사이트는 주요 화면에 최대한 많은 기사를 노출하기 위해 대부분 기사는 제목 한 줄만 보여준다. 이 제목으로 다른 경쟁자들을 물리치고 독자의 선택을 받아야 하기 때문에 자극적인 표현이 쏟아진다. '헉', '허걱', '충격', '최후' 같은 단어들이 제목에 단골로 등장하는 까닭이다. 기사 제목에 [단독]이라는 표시가 자주 등장하는 것도 같은 이유다.

너도나도 이런 경쟁에 뛰어들면서 결국 포털의 뉴스 페이지는 과장과 선정의 각축장으로 변했다.

포털 뉴스의 지위는 언론계의 지형을 바꿀 정도로 막강한 영향력을 행사하고 있지만, 포털 뉴스의 품질이 떨어져 기사의 생산자와 이용자, 유통자 간의 불신은 극에 달했다 . 이와 같은 문제점을 개선하기 위한 노력의 일환으로 제평위가 탄생했다.

디지털 뉴스의 품질을 제고하기 위한 노력이 세계 미디어 업계 전반의 과제임은 켈리 맥브라이드와 톰 로젠스틸의 언급에서도 확인된다.

"미디어에서는 체계적이고 구조적인 변화가 전개되고, 뉴스 소비자는 점점 더 변덕스럽고 냉소적으로 되어가며, 광범위한 비평가들의 예리한 감시에 시달려야 하지만, 저널리즘에 종사하는 사람이라면 그러한 변화와 상관없이 탁월성을 유지하도록 애쓰고 고도의 윤리적 기준을 목표로 삼아야 한다는 지상명령은 계속 유효하다."

이런 인식을 근간으로 출범한 제평위의 참여자들과 포털 사무국은 언론사의 어떤 행위를 부정행위로 간주해 제재를 가할지 논의했다. 이 과정에서 기상천외한 수법이 드러났다. 상당수는 포털의 검색 노출 및 기사 배열 알고리즘을 겨냥한 행위였다.

최근 네이버가 실시간 급상승 검색어를 폐지했지만 시민단체와 언론계, 학계의 강력한 문제 제기에도 불구하고 양대 포털은 오랜 기간 실시간 검색어를 띄웠다. 포털 이용자들은 앞 다퉈 특정 단어가 검색어에 오른 이유가 궁금해 검색했고 이런 클릭이 몰리면서 실시간 검색어와 연관된 기사를 쓰면 엄청난 조회수를 올리곤 했다. 이를 알아차린 각 언론사들이 실시간 검색어가 바뀔 때마다 해당 키워드가 포함된 기사들을 쏟아냈다. 이런 검색 기사를 써서 포털에 제공할 수 있는 제휴 언론사는 1,000곳이 넘는다. 막대한 숫자의 언론사가 해당 키워드 기사를 퍼붓자 이젠 검색어 기사를 써도 검색에서 자신이 쓴 기사가 좋은 위치에 진열될 가능성이 낮아졌다. 기자들이 포털의 알고리즘 파악에 나서기 시작했다. 포털 측은 검색 노출 알고리즘을 상세히 공개하지 않는다. 기자들은 다양한 시도를 하면서 홈페이지 주요 위치에 배치할 최적의 기사를 찾아내는 알고리즘 분석을 시작했다.

2. 포털 퇴출 부르는 낯선 제재

배경과 같은 색깔의 글씨?

배경과 같은 색깔을 써서 보이지 않게 삽입한 경우. 언론사의 부정행위를 제재하는 규정에 나오는 항목이다. 벌점을 부과하고, 반복 적발될 경우 네이버와 카카오에서 해당 매체가 퇴출될 수 있는 사안이다. 이 문구는 네이버·카카오 뉴스 제휴 및 제재 심사 규정에 포함돼 있다. 구체적으로는 "2. 추천 검색어 또는 특정 키워드 남용 ① 트래픽 유입을 목적으로 추천 검색어나 자극적 단어를 제목 또는 본문에 삽입하여 남용하는 것을 의미하며 통상 아래와 같은 형태를 포함한다"는 항목의 세부 조항이다.

이 조항이 마련된 과정을 추론하면 다음과 같다. 실시간 검색어를 키워드로 기사를 쓰는 기자들이 포털 검색 결과 상단에 기사가 노출되는 방법을 찾아내려 다양한 시도를 했다. 기사를 길게도 써보고 짧게도 써본다. 그러다 해당 키워드를 기사에 많이 반복할수록 검색 결과창 상단에 많이 걸린다는 생각을 갖게 된다. 이에 최대한 검색어를 여러 번 등장시켜 알고리즘을 공략한다. 그런데 이렇게 하다 보니 문맥에 맞춰 같은 단어를 계속 등장시키기가 쉽지 않다. 또 너무 같은 단어가 자주 나오다 보니 보기에도 거슬린다. 거기서 바탕화면색인 흰 글씨로 검색어를 기사 곳곳에 넣으면 눈으로는 아무것도 보이지 않지만 포털 서버에선 해당 검색어의 코드가 읽힌다. 기사마다 이런 식으로 검색어를 무차별적으로 포함시킨다.

과연 이런 추측이 사실일까. 언제든 포털에서 주요 검색어 키워드를 입력하면 검색어를 반복해 언급한 기사들을 많이 발견한다. 다음과 같은 것이 한 사례다.

> "조세호, 30kg 감량하더니 자신감 폭발"
>
> 조세호가 다이어트 후 물오른 미모를 과시했다. 조세호는 3월 29일 자신의 인스타그램엔 ㅇㅇ라고 적었다. 사진 속엔 … 방송국을 찾은 조세호 모습이 담겨 있다. … 멋을 낸 조세호는 … 패션 센스를 보여줬다. … 한편 30kg 감량에 성공한 조세호는 … 브랜드를 론칭했다. 특히 조세호의 패션 브랜드는 … 화제를 모으기도. 이에 조세호는 "많은 분들의 응원을 …"고 전했다. (사진 = 조세호 인스타그램)

개그맨 조세호와 관련해 포털에 송출된 기사다. 짧은 기사에 '조세호'가 무려 9번 등장한다.

무너지는 글쓰기 원칙

포털 검색 결과 상단에 오르려는 노력이 글쓰기의 원칙을 파괴한다. 같은 단어를 반복적으로 사용하지 말라는 것은 좋은 글쓰기의 기본이다.

이런 원칙은 검색 알고리즘을 공략하려는 시도 앞에선 맥없이 무너진다. 실제로 필자가 디지털에디터를 하던 시기에 검색 기사 노출 실험을 해본 적이 있다. 실시간 검색어 공략을 잘하던 후배 기자의 기사는 검색어로 뜬 단어를 반복적으로 사용해 기사 문장으로선 엉망이었다. 후배에게 언론 문장을 연습시킨다는 생각으로 같은 검색어를 기준으로 정성껏 기사를 썼다. 사회부장 등을 거치며 후배 기사들의 데스킹을 많이 한 이후라서 나름 기사를 개선시킬 수 있다는 자신감이 있었다. 그런데 결과는 머쓱했다. 동어 반복을 피하고 과거 자료를 찾아 정성껏 길게 쓴 필자의 기사는 검색을 해도 전혀 상단에 노출이 안 됐다. 반면 별다른 고민 없이 검색어를 무수히 반복한 후배 기자의 기사는 검색어를 입력하면 최상단에 나왔다.

디지털 기사를 담당한 기자들은 어떻게든 자신이 쓴 기사가 높은 페이지뷰(PV)를 올리기 위해 노력한다. 엉뚱한 방식의 기사 작성이 트래픽을 높이는 효과가 나타난다면 기꺼이 그 길로 간다. 이런 꼼수가 알음알음으로 기자들 사이에 퍼지기 시작하면 금세 많은 언론사에서 같은 행태가 나타난다. 네이버 및 카카오와 검색제휴를 맺은 언론사가 1,000개가 넘기 때문에 이들 중 상당수가 같은 방식으로 검색어 공략에 나서면 이것이 제재규정에 오르게 된다.

포털 공간에서 벌어지는 미디어 행태에 대한 불신이 높아졌고 '배경과 같은 색깔을 써서 보이지 않게 삽입한 경우' 같은 문구들이 제재 조항에 오르는 지경에 이른 것이다.

언론사 간부의 입장에서 이런 제재 조항이 자칫 큰 피해를 야기할 수 있다는 사실을 모르면 이와 같은 방법으로 트래픽을 끌어오는 후배 기자가 기특하게만 보일 수 있다. 그러나 이런 행위가 반복되고 어느 날 뉴스제휴평가위에서 대량 벌점을 받게 된다면 작은 언론사의 경우 매체 자체가 존폐의 기로에 놓일 수 있다.

따라서 제재 조항에 해당하는 양태가 나타나면 바로 중단하도록 하는 편이 현명하다. 현장 기자의 경우 제평위의 제재 조항을 모르는 경우가 많아 실수를 반복하기 쉽다. 기자들이 포털로 보내는 기사를 간부들이 전부 스크린하지 못하는 데서 비롯된 것으로 추정되는 양태도 있다. 아래와 같은 특정 키워드 남용 기사는 문장을 얘기하기도 민망한 사례다.

중도금대출, 계약금대출, 새아파트 집 살 때 입주자금대출, 집대출, 아파트 구입자금대출, 새아파트 입주시 입주금대출, 주담대금리, 주택담보대출신용등급, 가능한곳 주택담보대출금리문의 조건 한도 이자율 추천, 한도조회조건, 특판, 아파트담보대출필요서류 구비서류 거치기간, 신축빌라담보대출한도 최저금리, 연립주택담보대출, 단독주택대출조건, 오피스텔담보대출, 상가대출, 기대출자 과다자 추가대출, 과대출자추가대출, 경락잔금대출, 주택 아파트공동명의대출, 다주택자대출, 직장인담보대출, 내생애첫주택담보대출, 자영업자대출자격, 개인사업자담보대출방법, 일반 신규사업자대출이자, 주택임대사업자대출, 사업자담보대출, 전세보증금반환대출, 법인사업자대출, 저금리채무통합대출, 중금리고금리전환대출 대환대출, 카드론 저금리대환대출, 생활자금대출, 신규개인사업대출, 공동명의주택지분대출, 신탁담보대출, 고금리채무통합조건, 채무통합대환대출, 자동차담보대환대출, 주택담보대출 갈아타기, 상호저축은행, 개인자영업자대출, 자영업자대출, 창업대출, 저축은행담보대출, 아파트추가담보대출, 영세사업자대출, 개인 임대사업자대출, 일용직 직장인부채통합대출, 개인신용대출, 제1금융권 제2금융권 직장인신용대출한도, 여성무직자 무소득자 추가담보대출, 저금리신용대출, 저축은행 신용대출 신용대출조건, 전업주부 가정주부신용대출, 공인인증서 무서류 간편 대출 무설정아파트론대출, 무설정하우스론, 제3자(배우자 남편 와이프 공동)명의 아파트담보대출, 저축은행환승론, 빌라론, 카드론, 자산론, 주택론, 레이디론, 3금융대출 4금융대출 대부업체대출

실제로 포털 뉴스로 송출된 기사에서 발췌한 내용이다. '대출'이라는 키워드 검색을 노린 행태로 추정된다. 이런 어뷰징에 대한 근본적인 개선이 필요하다는 지적은 계속 나오고 있다.

많은 언론사들이 어뷰징과 무관한 기사로 승부를 거는 시도와 실험을 해봤지만 성과가 잘 나오지 않는다. 잠시 인내를 하다가 트래픽이 줄면 다시 어뷰징으로 돌아가는 양태로 귀결된다. 제평위 제재가 그나마 어뷰징 감소에 가장 약효가 셌다. 각각의 언론사가 제재규정의 변화를 주시하면서 위반하지 않도록 노력하는 방법 외에 특효약이 없다.

타임머신 탄 기사

"동일 URL 기사 전면 수정." 제재규정에 포함된 항목이다. 이 역시 많은 언론사 간부들이 이해하기 어려운 행위다. 쉽게 설명하면 특정한 기사 페이지에 있는 기사 내용을 전부 다른 문장으로 교체하는 것이다. 왜 이런 행동을 할까.

원래 URL 전면 교체는 기사가 잘못됐거나 관련자의 항의가 있을 때 취하는 방식이다. 기사 URL을 그대로 둔 채 내용만 삭제하면 이용자가 클릭했을 때 페이지에 오류가 있는 것처럼 보인다. 따라서 새로운 기사를 해당 페이지에 올려 항의에 대응하면서도 기사 페이지가 정상적으로 보이는 효과를 노려 취해온 방식이다.

그런데 기자들이 검색어 노출용 기사를 작성하는 과정에서 새로운 방식을 찾아냈다. 검색 기사 열람 방식 중에 '최신 순', '오래된 순'이라는 메

뉴도 있지만 검색어를 넣었을 때 노출되는 순서 중 최초에 작성된 기사를 상단에 올라오게 하는 현상을 발견한 것이다. 즉 해당 검색어를 포함한 기사 중에 가장 먼저 올라온 기사가 '특종 보도'일 것이라는 상식에 근거해 구성한 알고리즘일 가능성이 크다.

물론 이런 노출 방식이 나오게 된 데에는 언론사가 포털에 가진 불만의 영향이 크다. 많은 언론사들이 "이 기사는 우리가 특종을 했는데 네이버나 카카오에서 검색을 하면 우리 기사는 보이지 않고 우리 기사를 베껴 쓴 타 언론사의 기사가 상단에 노출된다. 특종의 가치를 떨어뜨리고 베껴 쓴 표절 기사를 우대하는 포털의 알고리즘은 부당하다"는 불만을 터뜨리곤 한다. 실제로 디지털 기사 유통에 관심을 가진 사람이라면 이런 현상이 수시로 나타나는 것을 느낄 수 있다.

해당 검색어를 포함한 기사 중에 가장 먼저 올라온 기사를 검색 결과 상단에 배치하도록 한 방식은 이 같은 언론사의 불만을 고려한 선택일 수 있다. 문제는 이런 논리를 악용하는 기자들이 나오면서 시작됐다.

독자들의 검색이 활발한 파괴력 있는 검색어가 나타나면 수십 개, 수백 개의 언론사가 같은 검색어를 포함한 기사들을 쏟아낸다. 이 와중에서 검색 결과 상단에 노출되기는 쉽지 않다. 이미 다른 기사들이 나온 상황에서 뒤늦게 작성한 기사로 경쟁하는 것도 여의치 않다. 그래서 몇 시간 전에 작성된 기사 가운데 내용이 사라져도 큰 문제가 없는 단신 기사나 안내 기사 등을 선택해 URL 전면 교체를 감행한다. 이렇게 할 경우 뒤늦게 작성했음에도 포털 서버에서는 이 기사를 가장 먼저 작성한 기사로 인식할 수 있다. 실제로 이런 현상이 나타났다. 몇몇 언론사들이 이런 방법을 통해 검색어 상단을 차지했다.

이런 과정에서 웃지 못 할 일들이 벌어진다. 가령 큰 사고가 오후 10시

30분에 발생했는데 일부 언론사가 이전에 출고된 기사의 URL을 교체하는 바람에 사고를 보도한 기사는 10시 10분에 올라온 것으로 나타난다. 이런 행태에 대한 비난이 잇따르자 제재 조항에 포함된 것이다.

URL 전면 교체의 경우 검색어를 입력해서 찾아봐야만 확인이 가능하기 때문에 데스크나 간부들은 이를 인지하지 못할 가능성이 크다. 따라서 이런 행위가 벌점을 받을 수 있다는 사실을 수시로 알려주고 요주의 항목들을 주기적으로 점검할 필요가 있다. 디지털에 기사를 내보내는 기자들은 이런 행위로 페이지뷰를 올리는 것이 회사에 도움을 준다고 생각하기 쉽다.

이런 황당한 일들이 포털 뉴스에서 벌어지는 이유는 포털 뉴스서비스가 원인을 제공했기 때문이라는 의견이 사법부에서도 나온다. 이 모든 책임을 언론사에 넘기는 것이 타당한지 고민하게 하는 헌법재판소의 분석을 참고해보자. 물론 사건의 내용은 다르지만 포털 뉴스에 대한 헌재의 분석을 눈여겨볼 필요가 있다.

신문법 인터넷신문 관련 규제 위헌 결정 (헌법재판소 2016. 10. 27. 선고 2015헌마1206)

국내 전산망을 통한 언론 구조의 특징은 네이버나 다음과 같은 주요 포털 뉴스서비스가 인터넷뉴스 이용의 관문으로 뉴스기사를 유통시키고 있다는 점이다. 특히, 포털 뉴스서비스가 제공하는 '인기검색어'나 '실시간검색어' 등이 이용자의 기사 선택 기준이 되고 있다.

한편, 인터넷신문사는 그 수익을 광고에 절대적으로 의존하고 있고, 광고 수익은 기사를 읽는 독자 수에 의하여 결정되고 있다. 이에 따라 짧은 기간 동안 사실상 같은 내용의 기사를 제목이나 내용을 조금 바꿔 반복 전송하는 사례가 급증하고, 선정적이고 자극적인 기사 제목이나 각종 쟁점에 대한 지엽적이고 신변잡기적 보도를 집중 생산하는 것 등이 인터넷신문의 폐해로 지적되고 있다. 인터넷신문 시장은 진입장벽이 거의 존재하지 않기 때문에 여기에서 살아남기 위해서는 포털과 제휴사업자가 되어야 하고, 수익을 올리기 위해서는 포털에서 노출 빈도를 높일 수 있는 자극적 기사를 양산해 낼 가능성이 큰 것은 사실이다.

그러나 이와 같은 인터넷신문 기사의 품질 저하 및 그로 인한 폐해는 인터넷신문의 취재 및 편집 인력이 부족하여 발생하는 문제라고 단정하기 어렵다. 오히려 이런 폐해는 주요 포털사이트의 검색에 의존하는 인터넷신문의 유통구조로 인한 것이므로, 인터넷신문이 포털사이트에 의존하지 않고 독자적으로 유통될 수 있는 방안을 마련하는 것이 이런 문제를 해결하기 위한 더 근원적인 방법이다.

인터넷신문의 부정확한 보도로 인한 폐해를 규제할 필요가 있다고 하더라도 다른 덜 제약적인 방법들이 신문법, 언론중재법 등에 이미 충분히 존재한다. 그런데 고용조항과 확인조항에 따라 소규모 인터넷신문이 신문법 적용대상에서 제외되면 신문법상 언론사의 의무를 전혀 부담하지 않게 될 뿐만 아니라, 언론중재법에 따른 구제절차 대상에서도 제외된다. 또 소규모 인터넷신문의 대표자나 임직원은 '부정청탁 및 금품 등 수수의 금지에 관한 법률'상 공직자등에도 포함되지 않게 되어, 소규모 인터넷신문의 언론활동으로 인한 폐해를 예방하거나 이를 구제하는 법률의 테두리에서 완전히 벗어나는 결과를 초래한다.

인터넷신문이 거짓 보도나 부실한 보도 또는 공중도덕이나 사회윤리에 어긋나는 보도를 한다면 결국 독자로부터 외면 받아 퇴출될 수밖에 없다. 인터넷의 특성상 독자들은 수동적으로 인터넷신문을 받아 읽는 데 그치지 아니하고 적극적으로 기사를 선택하여 읽고 판단하며 반응한다. 부정확한 보도로 인한 폐해를 막기 위하여 이미 마련되어 있는 여러 법적 장치 이외에 인터넷신문만을 위한 별도의 추가 장치를 마련할 필요성은 찾아보기 어렵다. 인터넷신문 독자를 다른 언론매체 독자보다 더 보호하여야 할 당위성도 찾기 어렵다.

또한, 인터넷신문 기사의 품질 저하 및 그로 인한 폐해가 인터넷신문의 취재 및 편집 인력이 부족하여 발생하는 문제라고 단정하기 어렵다. 오히려 이런 폐해는 주요 포털사이트의 검색에 의존하는 인터넷신문의 유통구조로 인한 것이므로, 인터넷신문이 포털사이트에 의존하지 않고 독자적으로 유통될 수 있는 방안을 마련하는 것이 이런 문제를 해결하기 위한 더 근원적인 방법이다. 또한, 급변하는 인터넷 환경과 기술 발전, 매체의 다양화 및 신규 또는 대안 매체의 수요 등을 감안하더라도, 취재 및 편집 인력을 상시 일정 인원 이상 고용하도록 강제하는 것이 인터넷신문의 언론으로서의 신뢰성을 제고하기 위해 반드시 필요하다고 보기도 어렵다.

기사와 광고의 전쟁 1 - 기사 위장 광고

포털 제평위 출범 초기에는 어뷰징에 대한 제재가 강했다. 이후 어뷰징이 크게 줄면서 제재의 판도가 달라졌다. 최근 가장 많은 제재가 가해지는 분야가 기사로 위장한 광고이다. 거의 매년 이와 관련한 태스크포스가 꾸려져 광고성 기사에 대한 제재가 날로 강화되고 있다.

상황이 이렇게 된 데에는 물론 국내 언론이 디지털 분야에서 수익을 창출하는데 성공하지 못하는 현실이 작용한다. 이런 위기가 비단 국내만의 얘기는 아니다. 캘리 맥브라이드와 톰 로젠스틸의 진단도 유사하다.

"저널리즘 사업의 전통적인 경제 모델은 심하게 망가졌고 때로는 파산에 이르기도 했다. 새로운 모델이 부상하고 있지만 안정되려면 여전히 여러 해가 걸릴 것이다. 몇몇 접근 방식은 재정적으로는 유망하면서 도윤리적이고 탁월한 저널리즘을 존중한다. 하지만 비즈니스 차원에서 잘못된 여러 가지 다른 결정은 윤리적, 저널리즘적 필수 가치를 황폐화하고 공익에도 도움을 주지 못하고 있다."

이를 타개하기 위한 기술 개발이 활발해진다. 애드 테크의 진보로 광고 기술이 발전하는 데 비례해 제재 항목도 계속 늘고 있다. 포털사가 집중적으로 감시하는 분야여서 언론사에서 반드시 숙지하지 않으면 큰 곤경에 처할 수 있다.

여러 차례 수정, 추가돼 만들어진 조항은 다음과 같다.

① 기사로 위장한 광고 전송: 기사로 위장한 광고는 외견상 기사 형식을 띠고 있으나, 특정 상품이나 서비스의 구매를 유도하는 이미지, 가격, 판매처 등의 관련 정보 전달을 주목적으로 하는 콘텐츠로 아래 각호에 하나 이상 해당하는 것을 말한다.

　(ㄱ) 업체의 판매정보 전화번호, 이메일 주소, 계좌번호, 홈페이지 주소 등 이 구체적으로 명시된 경우

　(ㄴ) 식품, 의약품, 의료서비스 등 국민의 건강과 밀접히 관련되는 상품 및 서비스에 대하여 객관적 근거나 언론사의 비교, 평가, 분석 없이 해당 업체가 제공하는 정보만을 일방적으로 전달하는 경우

(ㄷ) 기사 본문 외 영역의 내용이 실제로는 광고이나 해당 기사의 일부인 것처럼 오도하는 행위. 특히 상호명, 상품명 등을 게재하거나 이와 관련된 광고, 광고성 키워드 동영상 이미지 등 관련 정보를 기사로 위장해 노출하는 경우

② 신뢰성 훼손: 기사를 보기 위해 링크를 클릭하거나 웹브라우저의 뒤로가기를 했을 때 그 결과가 이용자의 일반적 기대와 달리 나타나는 것을 의미하며, 통상 다음과 같은 경우를 말한다.

(ㄱ) 링크 클릭했을 때 미리보기 영역에서 보여진 내용과 다른 페이지로 이동하는 경우

(ㄴ) 기사 제목 또는 본문 안에 기사와 무관한 페이지로 이동하는 링크를 삽입하는 경우

(ㄷ) 이용자 동의 없이 웹브라우저 히스토리를 조작하여 다른 페이지로 이동하는 경우

(ㄹ) 기타 이용자에게 과도한 불편함을 주는 경우

③ 가독성 훼손 광고 전송: 기사를 보기 위해 링크를 클릭했을 때, 제휴매체 페이지로 이동 후 광고가 기사의 본문을 가리는 경우를 의미하며, 통상 아래와 같은 경우를 포함한다.

(ㄱ) 광고가 기사의 본문을 모두 가리는 경우

(ㄴ) 기사의 본문을 가리는 광고의 제거가 복잡하거나 불가능한 경우

(ㄷ) 기사 스크롤 시 광고가 기사를 따라다니며 가독성을 현저히 저해하는 경우

(ㄹ) 과도한 팝업 또는 팝언더 광고

(ㅁ) 기타 광고가 기사의 본문 가독성을 현저히 저해하는 경우

이 조항은 제재회의에서 모호한 기준과 명확하지 않은 위반 여부 때문에 논쟁이 많이 일어났다. 특히 언론사 소속 위원들은 지나치게 악의적인 예단이 많다는 우려를 많이 했다. 네이버와 카카오가 가장 많은 제재를 올리는 사안이기도 하다. 여기서 우리는 형벌의 엄밀성에 대한 판례들을 생각해볼 필요가 있다.

형벌법규는 문언에 따라 엄격하게 해석·적용하여야 하고 피고인에게 불리한 방향으로 지나치게 확장해석하거나 유추해석해서는 안 된다. 그러나 형벌법규의 해석에서도 문언의 가능한 의미 안에서 입법 취지와 목적 등을 고려한 법률 규정의 체계적 연관성에 따라 문언의 논리적 의미를 분명히 밝히는 체계적·논리적 해석방법은 규정의 본질적 내용에 가장 접근한 해석을 위한 것으로서 죄형법정주의의 원칙에 부합한다. (대법원 2018. 5. 11. 선고 2018도2844 판결)

우리 헌법 제12조 제1항 후문은 "누구든지 법률에 의하지 아니하고는 체포·구속·압수·수색 또는 심문을 받지 아니하며, 법률과 적법한 절차에 의하지 아니하고는 처벌·보안처분 또는 강제노역을 받지 아니한다"고 규정하고 있다.

위 헌법조항은 죄형법정주의를 선언한 것으로서, 어떠한 행위가 금지되어 있고 그에 위반한 경우 어떠한 형벌이 부과되는가를 미리 알려 자신의 행위를 그에 맞출 수 있도록 예측가능성을 확보하자는 데에 그 뜻이 있다. 따라서 형벌법규는 일반인이 범죄와 형벌의 내용을 미리 알 수 있도록 구체적으로 명백하게 규정하여야 하며 자의적으로 확장하거나 유추할 수 있는 개념을 사용하여서는 아니된다.

이러한 명확성의 원칙을 구현하기 위한 가장 이상적인 형벌법규는 순수하게 기술적 요소만으로 범죄구성요건을 만드는 것이지만, 이는 입법기술상 불가능하다. 또한 실제로 발생하는 범죄의 내용은 매우 다양하여서 범죄구성요건을 지나치게 구체적으로 기술하면 실제 범죄에 대하여 법률을 적용할 수 없는 상황에 처할 우려가 있다. 따라서 형벌법규의 구성요건을 규정함에 있어서는 가치개념을 포함하는 일반적, 규범적 개념을 사용하지 않을 수 없다.

범죄구성요건에 일반적, 규범적 개념을 사용하더라도 법률의 규정에 의하여 그 해석이 가능하고 또한 일반인이 금지된 행위와 허용된 행위를 구분하여 인식할 수 있다면 죄형법정주의에 위반한 것은 아니라고 보아야 한다. (헌법재판소 1996. 8. 29. 결정 94헌바15)

기사와 광고의 전쟁 2 - 전화번호 · 홈피 주소는 극약

항목을 들여다보면 기자 생활을 오래한 사람들에겐 의아한 내용이 적지 않다. "업체의 판매정보 전화번호, 이메일 주소, 계좌번호, 홈페이지 주소 등이 구체적으로 명시된 경우"가 대표적이다.

필자가 현장 기자로 일하던 1990년대에 강조된 내용은 '친절한 기사'다. 독자들이 기사를 읽으면서 궁금해할만 한 정보를 선제적으로 제공하라는 얘기다. 특정 업체나 기관에 관련된 기사를 쓰면 추가로 정보를 얻을 수 있는 전화번호를 병기하라고 데스크가 지시했다. 당시에는 인터넷이 많이 보급되지 않았기 때문에 해당 정보를 얻으려면 114에 문의하거나 전화번호부 상호편을 찾아야 했다. 기자가 이런 수고를 덜어주는 것이 미덕으로 여겨졌다.

2000년대 들어서자 많은 기관이나 업체가 홈페이지 운영을 시작했다.

인터넷 이용자가 늘면서 기사에 해당 기관의 홈페이지 주소를 병기하라는 지침이 나왔다. 이를 소홀히 하면 선배 기자에게 야단을 맞기도 했다.

그러나 이젠 이런 정보를 제공하는 행위가 기사를 가장한 광고로 간주되는 상황이 됐다. 실제로 제재 심의를 해보면 정보성 기사라기보다는 광고에 가까운 내용에 전화번호와 홈페이지 주소가 적힌 경우가 많다. 포털에 전송된 사례 중 아래와 같은 형태다.

> 은행별 주택 아파트담보대출금리비교 사이트 ○○○○○(www.○○○○
> ○.co.kr 1544-○○○○) 관계자는 대출에 적용하는 기준금리가 상승하고,
> 신 DTI, DSR 시행으로 대출심사가 까다로워지고 있어 은행 및 보험사 등 모
> 든 금융기관의 대출금리와 조건을 꼼꼼히 비교하여 대출상품을 선택하는 것
> 이 중요하다고 설명하고 …

과거부터 기사를 써온 언론사 간부는 이런 내용에 별 문제를 느끼지 못할 수 있다. 그러나 심의 규정에 따라 벌점을 받을 가능성이 크다. 기사에 대한 심의는 건별로 진행된다. 어떤 기사가 광고성이냐를 두고 심의위원들 사이에서 종종 논란이 벌어진다. 타협점이 도출되지 않으면 투표로 결론을 낸다. 이때 위와 같이 인터넷 홈페이지 주소가 있거나 전화번호를 포함한 기사는 벌점이 부과될 가능성이 매우 크다. 규정에 이 같은 내용이 명시됐기 때문이다.

기사와 광고의 전쟁 3 - 홈피 주소 안 적어도 유죄

홈페이지와 전화번호를 적지 않았다고 기사를 가장한 광고 처벌을 빠져나가는 건 아니다. "식품, 의약품, 의료서비스 등 국민의 건강과 밀접히

관련되는 상품 및 서비스에 대하여 객관적 근거나 언론사의 비교, 평가, 분석 없이 해당 업체가 제공하는 정보만을 일방적으로 전달하는 경우"의 항목으로 적발되는 일이 빈번하다.

> ○○○○○ 치료는 통증 부위에 충격파를 가해 아프고 노화된 세포를 자극해 활성화시켜 조직 재생을 유도하는 방법이다. ○○○○ ○○○○통증의학과 ○○○○ 원장은 "… 팔꿈치를 많이 사용했을 경우에는 충분한 휴식을 취하는 것이 좋다"고 조언했다.

이 기사는 얼핏 보면 일반 통증 치료에 관한 정보로 보일 수도 있다. 병원의 홈페이지와 전화번호가 적혀 있는 것도 아니다. 그러나 규정에 명시된 '의료서비스'에 관한 내용이기 때문에 벌점이 부과될 가능성이 크다. 물론 의학에 관한 내용이라고 무조건 제재를 받는 것은 아니다. 기사 전체를 읽어봤을 때 병원 홍보의 느낌이 강하면 제재소위 심의위원들이 기사를 가장한 광고로 판정하게 된다. 이런 형태의 기사는 포털 뉴스에서 흔히 발견된다. 가장 빈번하게 적발되는 유형이다.

> ○○○○○주사효과는 사용되는 약물이나 성분의 배합에 따라 달리질 수 있어 시술을 결정하기 전 다양한 지방분해주사후기를 꼼꼼히 살펴보는 것이 중요하다. ○○○○클리닉 ○○○○ 원장은 "… 일반 직장인 및 학생들, 면접이나 웨딩, 여행을 앞둔 분들도 부담 없이 시술을 받을 수 있다"고 전했다.

이런 유형의 기사가 특히 위험한 이유는 대개 이를 보도하는 미디어는 짧은 기간에 여러 건을 내보내는 경우가 많기 때문이다. 실제로 광고주로부터 돈을 받고 기사가 나간 경우 편집국에서는 모를 수도 있다. 회사에서는 위험한 기사가 한꺼번에 나간다는 사실을 인지하지 못한 상태에서 갑자기 대량 벌점을 맞게 된다. 이럴 경우 관련 기사를 중단하는 등 긴급 대응에 나서도 이미 시기가 늦어 포털과의 계약이 해지될 수 있다. 기사를 가장한 광고가 언론 윤리에서 가장 위험한 항목으로 떠올랐다. 당초 제평위가 출발할 때 앞세운 취지는 '어뷰징 근절'에 방점이 있었지만 현재는 광고에 대한 제재가 가장 엄격하다.

이 대목에서 2021년 3월 제정된 행정기본법을 생각해볼 필요가 있다. 행정작용으로 국민의 권리를 제한하거나 의무를 부과하는 경우 엄밀한 조건이 필요함을 강조한다.

행정기본법 (2021. 3. 23. 제정)

제8조 (법치행정의 원칙)
행정작용은 법률에 위반되어서는 아니 되며, 국민의 권리를 제한하거나 의무를 부과하는 경우와 그 밖에 국민생활에 중요한 영향을 미치는 경우에는 법률에 근거하여야 한다.

제9조 (평등의 원칙)
행정청은 합리적 이유 없이 국민을 차별하여서는 아니 된다.

제10조 (비례의 원칙)
행정작용은 다음 각 호의 원칙에 따라야 한다.
1. 행정목적을 달성하는 데 유효하고 적절할 것 (=적합성)

2. 행정목적을 달성하는 데 필요한 최소한도에 그칠 것 (=필요성)

3. 행정작용으로 인한 국민의 이익 침해가 그 행정작용이 의도하는 공익보다 크지 아니할 것 (=상당성)

제11조 (성실의무 및 권한남용금지의 원칙)

① 행정청은 법령등에 따른 의무를 성실히 수행하여야 한다. (=신의성실의 원칙)

② 행정청은 행정권한을 남용하거나 그 권한의 범위를 넘어서는 아니 된다. (=권리/권한남용 금지 원칙)

제12조 (신뢰보호의 원칙)

① 행정청은 공익 또는 제3자의 이익을 현저히 해칠 우려가 있는 경우를 제외하고는 행정에 대한 국민의 정당하고 합리적인 신뢰를 보호하여야 한다.

② 행정청은 권한 행사의 기회가 있음에도 불구하고 장기간 권한을 행사하지 아니하여 국민이 그 권한이 행사되지 아니할 것으로 믿을 만한 정당한 사유가 있는 경우에는 그 권한을 행사해서는 아니 된다. 다만, 공익 또는 제3자의 이익을 현저히 해칠 우려가 있는 경우는 예외로 한다.

제13조 (부당결부금지의 원칙)

행정청은 행정작용을 할 때 상대방에게 해당 행정작용과 실질적인 관련이 없는 의무를 부과해서는 아니 된다.

제22조 (제재처분의 기준)

① 제재처분의 근거가 되는 법률에는 제재처분의 주체, 사유, 유형 및 상한을

명확하게 규정하여야 한다. 이 경우 제재처분의 유형 및 상한을 정할 때에는 해당 위반행위의 특수성 및 유사한 위반행위와의 형평성 등을 종합적으로 고려하여야 한다.

② 행정청은 재량이 있는 제재처분을 할 때에는 다음 각 호의 사항을 고려하여야 한다.

1. 위반행위의 동기, 목적 및 방법

2. 위반행위의 결과

3. 위반행위의 횟수

4. 그 밖에 제1호부터 제3호까지에 준하는 사항으로서 대통령령으로 정하는 사항

기사와 광고의 전쟁 4 - 애드버토리얼

포털사와 제평위원들, 특히 언론계 위원과의 대립이 가장 심한 사안이다. 포털이 디지털 뉴스 소비의 대부분을 차지하면서 언론사들이 경영적으로 어려움에 직면했다. 이에 비해 언론사가 제공하는 기사로 이용자를 유입시킨 포털사들은 매출이 고속 성장 중이다.

애드버토리얼은 특정 기업이나 단체의 후원을 받아 기사로 작성하는 콘텐츠를 지칭한다. 기업이나 단체로부터 비용을 받는다는 점에서는 광고와 유사하지만 기사 내용이 독자에게 유익한 내용으로 작성돼 일반 기획기사와 내용적으로 차이가 별로 없다. 콘텐츠를 만드는 과정에 특정 기업이나 단체의 후원을 받았다는 사실을 명시하기 때문에 독자의 오인 가능성도 낮다.

애드버토리얼은 미국의 디지털 매체인 버즈피드를 비롯해 여러 혁신적인 디지털 미디어가 도입해 큰 성공을 거뒀다. 나이키의 후원을 받아

미국 미식축구 스타들과 고향을 찾아가 후배들과 함께 운동을 하는 시리즈 등 사회적으로 반향을 일으킨 콘텐츠가 다수 제작됐다.

국내에서도 애드버토리얼은 경영난에 직면한 언론사들에게 새로운 수입원이 되리라는 기대가 나온다. 문제는 포털사들이 언론사의 애드버토리얼을 허용할 수 없다는 입장을 견지하면서 발생했다. 언론사들은 독자들에게 혼란을 주지 않는다면 선진 언론처럼 애드버토리얼을 적극 유통해야 한다고 주장하는 반면, 포털사 측은 돈을 받고 제작한 기사는 포털에서 허용할 수 없다는 입장이다.

이 문제를 놓고 제평위원들 사이에서도 첨예하게 입장이 대립했다. 해당 논의는 태스크포스팀을 꾸려가면서 학계 위원의 연구를 병행해 2년간 진행됐다.

당시 나왔던 각계의 의견을 정리하면 다음과 같다.

▷ 언론계(긍정적 입장) - 애드버토리얼은 최근에 많은 기법들이 나왔다. 네이티브 애드도 세계적으로 활성화됐다. 보도자료라고 하는 것도 공익적 보도자료가 있고 상품을 마케팅하려는 보도자료도 있다. 어디까지를 광고 영역으로 볼지, 기사 영역으로 볼지 가르기가 쉽지 않다. 독자가 애드버토리얼은 일반 기사와 다르다는 사실을 분명이 알 수 있다면 포털에서 이런 유형의 콘텐츠를 볼 수 있도록 허용해야 한다.

▷ 포털(부정적 입장) - 각 언론사와 포털사 간에 계약이 있다. 여기에 외부 업체 제휴 및 광고 홍보성 콘텐츠는 제공이 불가하다고 돼 있다. 콘텐츠 제휴사들과 계약에 합의하고 기사를 제공받는 것이다. 이를 어기면 계약 위반이다. 언론사에서는 "포털이 요구하는 계약서에 서명을 안 할

매체가 어디 있느냐"는 얘기를 하지만 엄연히 계약인 만큼 받아들이기 어렵다.

▷ 학계(유보적 입장) - 현실적으로 언론사에서는 애드버토리얼 형태의 콘텐츠 전송이 필요하다고 말한다. 또한 전통적인 광고하고는 다른 성격이 있다. 기사하고 분명한 차이가 있다. 제3의 영역이라고 규정할 수 있다. 이것이 전부 광고라고 자르는 것도 곤란하고 모두 받아주는 방안은 계약 원칙의 문제가 생긴다. 제3의 안을 찾는 방안이 현실적이다.

▷ 시민단체(부정적 입장) - 기사를 보내지 광고를 보내지 말라는 거다. 그래서 광고성 기사라는 말이 나오게 된 거다. 광고성 기사를 허용해달라는 것이 매체의 이야기다. 그런데 광고는 보내지 않기로 협약을 맺은 상태에서 광고를 보내고 있다. 그걸 광고성 기사로 해서 피해간다. 이런 논란이 지속되면서 전화번호를 규제했다. 그런데 본질적으로 보면 애드버토리얼은 광고지 기사가 아니다. 형식이 에드버토리얼이라고 해도 허용하는 것은 무리다.

▷ 시민단체(유보적 입장) - 소비자들이 선택을 할 수 있게 해야 한다. 그런데 과연 언론사들이 그렇게 할지는 확신이 안 된다. 언론사가 자율적으로 광고라는 표시를 해서 광고형 기사를 포털에 보내면, 이를 허용하고 대신 광고성 기사임이 명백한데도 표시를 안 하면 현재보다 더 엄격하게 제재해야 한다. 소비자 입장에서 오인 가능성이 없고 원하는 사람만 보도록 선택할 수 있다면 나쁘지 않을 수도 있다.

▷ 언론유관기관(유보적 입장) - 애드버토리얼이나 네이티브 애드가 보도자료와 조금 결은 다르다. 이를 기존 신문에 비교한다면 삽지와 비슷한 개념이다. 신문을 독자들에게 배달할 때 그것만 빼서 배달하지는 않는다. 유통의 측면에서 볼 때 별도의 애드버토리얼 섹션을 만드는 등 투명성을 갖춘다면 허용할 수도 있다. 하지만 포털의 입장도 있다. 분명히 기사 콘텐츠를 공급하기로 계약을 해놓고 광고 홍보성 기사를 보내는 것에 대해 문제 제기를 할 수 있다고 본다. 양측이 합의할 수 있는 선을 찾는 게 바람직하다.

결국 합의에 이르지 못하고 전체 위원 표결을 거쳐 포털에 애드버토리얼 전용 공간을 만들어 뉴스 코너가 아닌, 애드버토리얼 코너에 언론사들이 만든 애드버토리얼을 게재하는 방안을 의결했다.

그러나 포털사 측은 제평위의 의결 사항을 거부했다. 제평위 출범 이후 포털사가 제평위의 의결 사항을 거부한 것은 처음이다. 그만큼 수입을 둘러싼 문제는 민감하다.

제평위의 의결사항을 포털 측이 거부하면서 애드버토리얼 문제는 어정쩡한 상태가 됐다. 이렇게 되면 해당 사안이 발생할 때마다 개별적으로 제재위원들이 제재 여부를 결정한다. 애드버토리얼이 기업이나 단체의 후원을 받는다는 점에서 제재를 받을 가능성이 크다.

재평가에서 살아남기

　제휴 언론사들에게 가장 두려운 일은 재평가 대상이 되는 것이다. 가장 흔한 재평가 사유는 제재규정을 위반해 쌓인 벌점이 6점 이상이 되는 경우다.

　재평가를 받게 되면 뉴스 제휴 신청절차와 마찬가지로 매체소개서와 관련 서류들을 제출해야 한다. 통상적으로 네이버, 카카오 사무국에서는 해당 매체가 재평가에 이르게 된 벌점 내역과 과정 등을 설명한다. 입점을 결정하는 평가는 9명 이상의 위원이 하도록 돼 있어 통상적으로 10명 정도가 평가하는 것에 비해 재평가는 파급력이 워낙 크기 때문에 30명 평가위원 전원이 평가에 참여하는 경우가 많다. 물론 평가위원들에게 부담은 늘어나지만 재평가 대상 매체의 숫자가 그리 많지 않고 재평가 결과는 언론사의 사활이 걸린 문제여서 평가위원들도 가장 신중하게 평가한다고 볼 수 있다.

　재평가 대상이 되면 매체소개서 이외에도 재평가에 이르게 된 과정에 대한 경위서와 언론사 사정에 대한 설명 그리고 앞으로 같은 잘못을 반복하지 않겠다는 일종의 반성문을 함께 제출하는 경우가 많다. 재평가 대상이 됐다는 통보를 받기 전까지는 언론사 고위층에서 사안의 심각성을 인지하지 못하는 경우가 많다.

일단 관련 사실을 보고받으면서 재평가라고 하니 잘 대응해서 합격하면 되지 않을까라고 생각할 수 있지만 선례를 보면 대부분 탈락한다. 오히려 탈락이 기본이고 극히 일부를 구제하는 조치가 재평가라고 생각하는 편이 마음 편하다. 또한 진실에 가깝다. 재평가에서 탈락하면 콘텐츠 제휴사는 인링크 서비스가 중단되기 때문에 네이버와 카카오에서 기사가 사라지는 것 같은 상황을 맞게 된다. 해당 언론사가 보도하는 기사의 영향력도 추락하게 된다. 검색제휴가 재평가에서 탈락하면 아예 네이버와 카카오에서 기사가 사라지게 된다. 뒤늦게 심각성을 깨달은 임원진은 어떻게든 재평가를 통과하기 위해 최선을 다해야 한다는 사실을 알게 되고 장황한 해명과 반성의 글을 평가위원 등에게 보내게 된다.

그러나 이런 노력에도 불구하고 대부분 재평가에서 탈락하는 좌절을 겪게 된다. 재평가에서 탈락한 언론사는 이와 관련한 문책이 단행되는 경우도 많다. 따라서 재평가 대상이 되면 일반적인 입점 심사보다 훨씬 공들여 매체소개서를 작성해야 하고 평가기간 중 PC와 모바일 홈페이지 운영에도 최선을 다해야 한다. 벌점 과다자라는 평가위원들의 부정적 선입견을 극복하고 정성평가에서 높은 점수를 받으려면 가용한 모든 역량을 쏟아 부어도 부족하게 마련이다.

재평가 넘겨도 또 재평가

(나) 재평가를 통과한 '제휴매체'가 '누적벌점 계산기간' 내에 추가 벌점을 부여 받은 경우로서 본 규정 〈별표 8〉 5. 벌점과 제재에서 재평가 대상으로 정한 경우

(다) 매년 3월 1일을 기준으로 직전 2기의 '누적벌점 계산기간' 동안 부여 받은 벌점('누적벌점 계산기간' 말일에 삭제된 벌점 포함)의 합계가 8점 이상인 경우

준비를 잘 해서 재평가에 탈락하지 않았다면 절체절명의 고비를 넘긴 것이다. 하지만 방심하기엔 이르다. 자칫하면 금세 재차 재평가를 받을 수 있다.

〈별표 8〉의 5항에서 보듯이 재평가 점수 6점을 한번 넘기면 그 이후로는 노출 중단과 재평가를 2점마다 반복한다. 대부분 재평가에서 탈락하기 때문에 그런 사례는 드물지만 운이 나쁘면 한 해에 두 번 이상 재평가를 받을 수도 있는 시스템이다. 재평가를 받게 되면 기사뿐 아니라 광고 등 모든 부문에서 상당한 심적 압박을 받기 때문에 기자들이나 언론사 간부들이 받는 스트레스는 엄청나다. 재평가를 무사히 통과해도 추가 벌점을 맞지 않도록 최선을 다해야 한다.

최근 신설된 조항은 2년간의 벌점을 누적하는 재평가 규정이다. 얼마 전까지만 해도 언론사가 받는 벌점은 매년 3월 1일부터 누적해서 이듬해 2월 말이 지나면 0점으로 리셋됐다. 설사 벌점을 실수로 많이 받았다 해도 3월 1일이 지나면 새로운 마음으로 새 출발을 할 수 있었다. 그러나 일부 언론사가 이런 규정을 악용한다는 문제 제기가 나왔다. 벌점이 별

〈별표 8〉 5. 벌점과 제재에서 재평가 대상으로 정한 경우

누적 벌점	제재	비고
2점 미만	시정 요청	
2점 이상	경고 처분	
4점 이상	'포털사' 내 모든 서비스 최소 24시간 노출 중단	
6점 이상	재평가	
8점 이상	'포털사' 내 모든 서비스 최소 48시간 노출 중단	
10점 이상	재평가	이후 추가 벌점 누적 시 2점 단위로 노출 중단(24시간씩 추가)과 재평가 반복

로 없는 상태에서 3월에 가까워지면 조만간 리셋된다는 계산으로 부정행위를 저지른다는 것이다. 언제 어떤 기사가 벌점을 받을지 알기 어려운 상황에서 리셋을 겨냥해 부정행위를 자행한다는 것은 실제로 언론사를 이끌어 보면 쉽지 않은 모험이다. 그럼에도 이런 문제 제기에 일리가 있다고 생각하는 의견이 많아 이런 조항이 신설됐다. 언론사에 대한 포털 뉴스제휴평가위원회의 제재가 강화되는 건 늘 이런 흐름이다. 소수의 언론사가 일탈 행동을 보이면 이를 이유로 언론사 전체에 대한 압박과 규제를 강화한다. 나쁜 의도 없이 운영해온 언론사들이 덩달아 재평가 대상에 오르지는 않을지, 강화된 제재규정에 떤다.

3월 1일 리셋 조항을 악용하는 소수 언론사 때문에 생겨난 새로운 제재 항목은, 3월이 되면 벌점이 0점으로 리셋되는 것은 맞지만, 2년 치를 누적해 벌점이 8점에 이르면 해당 매체를 재평가 대상으로 올린다는 것이다. 뉴스제휴평가 기준은 출범 이후 지속적으로 강화되는 경향이 뚜렷

했다. 포털 뉴스에 문제가 제기되어 제재규정이 생기면 언론사는 이를 준수하기 위해 노력한다. 그 결과로 적발이 줄어든다. 이렇게 적발과 벌점이 줄어들면 또 새로운 제재 조항을 만들어 언론사를 압박하는 식이다. 물론 이런 악순환에는 편법을 일삼는 일부 몰지각한 언론의 책임도 크다. 하지만 일부 몰지각한 언론을 이유로 대다수의 성실한 언론사가 나날이 심해지는 압박에 고통 받는 현상이 바람직한지는 생각해볼 필요가 있다.

한번 재평가 대상에 이름을 올리면 탈락을 모면하기도 어렵지만 열심히 대응해 살아남는다고 해도 그 이전에 비해 다시 재평가 대상이 될 가능성이 훨씬 커진다. 따라서 한번 재평가를 받은 언론사는 더더욱 각별한 노력을 해야 한다.

벌점 없이도 재평가

(라) 다음 각 목의 요건을 모두 충족하는 경우
 (ㄱ) '제휴매체'와 '포털사' 간 최초 제휴 계약 당시의 제휴 기준과 현재의 제휴 기준 사이에 변경이 있거나, 또는 제휴 내용이나 매체의 성격에 변경(제호·상호·법인명·도메인 변경, 매체양도, 영업양도, 지배구 조 변동, 기타 이에 준하는 사유 발생)이 있고, '제1소위'가 재평가 대상 '제휴매체'로 의결한 경우 〈개정 2021. 02. 23〉
 (ㄴ) 전호의 '제휴매체'의 재평가 진행에 관하여 전원회의에서 찬성 의결한 경우 〈개정 2017. 02. 17, 일부개정 2021. 02. 23〉

이 부분은 언론사 소속 제휴평가위원과 언론사에 근무하지 않는 평가위원 사이에 가장 시각차가 큰 항목이다. 이 내용은 언론사가 규칙을 잘 준수해 재평가 대상인 벌점 6점이 미치지 않아도 재평가에 올릴 수 있다는 해석이 가능하다. 물론 여러 가지 조건을 달긴 했다.

제휴평가위원회가 출범한 이후 과거의 어뷰징이나 키워드 남용 등의 관행이 많이 개선됐다. 언론사들은 벌점을 받고 재평가에 몰리는 사태를 방지하기 위해 과거부터 문제점으로 지적되어온 어뷰징 등을 많이 줄였다. 특히 대형 언론사들은 실시간 검색어 대응 기사 등 포털 뉴스를 둘러싸고 가장 비판이 쏟아졌던 부분들을 많이 고쳐 나갔다.

그러다 보니 제휴평가위원회가 출범한 지 5년이 넘었지만 뉴스콘텐츠 제휴사인 주요 신문, 방송, 통신사들이 재평가 대상이 되는 경우가 극히 드물었다.

언론사 소속이 아닌 평가위원들을 중심으로 이 부분에 대해 문제를 제기하기 시작했다. 제휴평가위원회가 출범한 이후에 네이버, 카카오와 제휴를 맺은 언론사들은 제휴평가위원들의 심사를 거쳤지만 그 이전에 제휴를 맺은 언론사들은 제휴평가위원들의 평가를 받지 않고 포털과 제휴 계약을 맺었기 때문에 이제라도 제휴평가위원들의 재평가를 받아야 한다는 주장이었다.

이런 주장을 바탕으로 제휴평가위원회 출범 이전의 계약을 맺은 모든 언론사들을 재평가해야 한다는 이른바 '전수 재평가' 주장이 나오기 시작했다. 여기에 대상이 되는 언론사들은 대부분 대형 신문사, 방송사, 통신사 등이다. 이들은 네이버, 카카오가 생기는 초기부터 계약을 맺고 뉴스를 공급해왔고 상당수는 네이버와 카카오 측에서 뉴스를 제공해달라고 먼저 요청한 경우다. 그런데 이제 와서 뒤늦게 출범한 제휴평가위원회의 평가를 거치지 않았다는 이유로 전수 재평가를 해야 한다는 주장이 나오자 언론사 소속 위원들은 강하게 반발했다.

애당초 뉴스제휴평가위원회가 출범할 당시에는 네이버와 카카오 측에서 포털 뉴스의 품질을 높이기 위해 함께 노력하자는 취지로 언론 단체들에게 뉴스제휴평가위원회 운영을 요청했다. 그런데 시간이 지나자 오래 전부터 뉴스콘텐츠제휴를 맺고 큰 마찰 없이 기사를 공급해온 대형 언론사들이 졸지에 재평가를 받으라는 논의에 휩싸인 것이다. 언론사 소속 위원들이 재평가 주장에 민감할 수밖에 없는 이유는 실제로 재평가에서 탈락을 면하는 경우가 매우 드물기 때문이다. 평가점수 산출 방법을 보더라도 소수의 평가위원이 크게 낮은 점수를 주면 나머지 위원들이 합격점을 줘도 떨어지는 위험이 상존한다. 따라서 어떤 매체도 재평가를 통과할 수 있다고 자신하기 힘든 상황이다. 방송에 비유하자면 방송통신위원회가 일정한 주기로 방송 허가를 해주는 재평가와 비슷하다고 볼 수 있다. 차이점은 방송의 재평가는 정부기관이 방송의 공공성을 고려해 진행하는 반면 포털 뉴스제휴평가위원회의 재평가는 민간기업인 네이버와 카카오가 운영하는 위원회가 특정 언론사를 포털에서 퇴출시킬지를 결정하는 절차로서 진행한다는 사실이다. 디지털 뉴스의 유통이 포털에 집중된 우리나라 뉴스 환경에서 네이버, 카카오 뉴스 제휴의 재평가에서 탈락한다면 해당 언론사는 엄청난 타격을 입을 수밖에 없다.

방송 재평가 등에 많이 참가한 언론학자들은 전수 재평가의 위력을 알기 때문에 반대하는 의견을 표하기도 한다. 하지만 뉴스 평가위원회의 흐름상 언론사에 대한 압박은 계속될 가능성이 크다. 결국 규정을 위반하거나 제재를 받을 만한 행위를 하지 않아 누적된 벌점에 따라 재평가 받는 일을 피한다고 해도, 언젠가 어떤 형태로 재평가 대상이 돼 탈락 위기에 몰릴지 예상하기 힘든 상황이다. 향후 우리나라 특유의 디지털 뉴스 흐름에 대해 지식이나 경험이 부족한 인사들이 뉴스제휴평가위원으로 많이 참가하게 된다면 전수 재평가가 실제로 진행될 가능성도 배제할 수 없다.

일단 최초 네이버, 카카오와 계약할 당시의 제휴 기준과 현재 제휴 기준 사이에 차이가 있는 언론사는 벌점 6점을 안 받아도 재평가 대상이 될 수 있는 가능성이 생겼다. 뉴스제휴평가위원들의 찬성 의견이 있어야 한다는 단서를 달았지만, 이 단서 조항이 어느 정도의 억제 효과가 있을지는 미지수다.

재평가 결과는 네 갈래길

③ '제휴매체'의 재평가 결과에 따른 점수가 제10조 제3항에 의할 때 기존 제휴 영역을 유지할 수 없는 경우, '포털사'는 제10조 제3항에 부합하도록 '제휴매체'의 제휴 영역을 변경하여야 한다. 단, 재평가 점수가 60점 미만인 경우에는 제16조 제4항 (다)호에 따른다. 〈개정 2017. 08. 11, 2018. 03. 01〉

④ '포털사'는 재평가를 시행하려는 경우 재평가 대상 '제휴매체'에 재평가 사유를 사전에 고지해야 하며, 해당 '제휴매체'는 '뉴스제휴평가위'에 재평가에 대한 소명자료(재평가 사유에 대한 소명자료, 향후 운영 계획 등 '제휴매체'에 유리한 내용을 포함할 수 있음)를 제출할 수 있다. 〈개정 2017 08. 11〉

재평가 결과 제휴 기준점수를 넘긴다면 제휴 위상이 떨어지거나 네이버, 카카오에서 퇴출되는 일은 피하게 된다. 현실적으로 재평가에서 이전 지위를 유지하는 경우는 소수에 불과하다. 훨씬 많은 매체들이 제휴 기준 점수를 못 맞춘다.

이럴 경우 해당 매체는 득점 상황에 따라 제휴 수준이 조정된다. 예를 들어 뉴스콘텐츠제휴사라면 평균 80점 이상을 확보해야 계속 뉴스콘텐츠제휴사로서 남게 된다. 하지만 평균 80점 밑이면 더 이상 뉴스콘텐츠제휴사가 될 수 없다. 이후의 위상은 평균점수가 몇 점이냐에 따라 달라진다. 70점 이상이면 뉴스스탠드제휴사로 된다. 평균점수가 70점에 못 미쳐 60점대를 기록한다면 뉴스검색제휴사로 강등된다. 60점 이하의 평균 점수를 받는다면 결국 네이버, 카카오에서 퇴출된다. 해당 언론사는 모든 기사가 포털에서 사라지게 된다.

몇 년 전까지는 재평가에서 기존 제휴 수준의 기준 점수에 못 미치면 무조건 퇴출됐다. 예를 들어 콘텐츠 제휴사가 재평가에서 79점을 맞으면 뉴스스탠드로 내려가는 것이 아니라 아예 포털과 계약이 해지되는 방식이었다. 그러나 정말로 그런 사례가 발생하자 지나치게 가혹하다는 의견이 많아졌다. 재평가에서 받는 점수에 따라 제휴 수준을 조정하는 방식으로 변경됐다.

재평가에서 탈락하거나 위상이 하락한 매체는 이후 입점 심사를 거쳐 다시 한 단계 한 단계 올라가야 한다. 한번 탈락한 언론사가 원래 자리로 돌아가기까지는 상당한 기간이 소요되는 게 일반적이다. 오랜 기간 각고의 노력을 해야 가능하다.

재평가를 받는 언론사는 네이버와 카카오 사무국으로부터 재평가 대상이 됐다는 사실과 그 이유를 통보받는다. 그렇게 되면 재평가에 대응하기 위해 일반적인 입점 과정에서 제출하는 매체소개서 등과 함께 재평가를 받게 된 과정에 대한 소명자료를 제출할 수 있다. 또한 앞으로 어떻게 매체를 운영해 나가겠다는 내용도 제출할 수 있다. 재평가에서 탈락하는 것은 언론사로서는 상당히 치명적인 조치기 때문에 최대한 반론권을 보장한다는 취지다. 여기서 최대한 성심껏 소명을 하는 것이 제휴평가위원들에게 영향을 줄 수 있다.

네이버 카카오가 검사다

제12조 ('제휴매체' 제공 콘텐츠 모니터링)

① '뉴스제휴평가위'는 제15조에 명시된 부정행위를 규명하기 위한 직접 모니터링 및 이용자 신고를 기초로 한 간접 모니터링을 실시한다.

② 직접 모니터링은 모니터링 기준에 의해 설계된 알고리즘 또는 모니터링 요원이 모니터링하는 방식으로 수행한다.

③ 간접 모니터링은 이용자들이 신고하는 사항에 대한 사실관계를 확인하는 등의 방식으로 수행한다.

④ '뉴스제휴평가위'는 직접 모니터링 및 간접 모니터링 외에 필요하다고 판단되는 방식의 모니터링을 수행할 수 있다. 또 평가위원은 위반 의심 사례를 인지한 경우 '포털사'에 사실 여부 확인을 요청할 수 있으며, '포털사'는 그 결과를 정기/수시 보고에 포함시켜야 한다.

제13조 (모니터링의 위탁)

'뉴스제휴평가위'는 모니터링의 전부 또는 일부를 '포털사'에 위탁할 수 있다. 위탁받은 '포털사'는 '제휴매체'들의 송고기사를 상시적으로 모니터하는 시스템을 구축하고, 월 일(1)회 모니터링 보고서를 '뉴스제휴평가위'에 제출하여야 한다.

언론사들에 대한 제재조치는 모니터링을 통한 벌점 부과에서 시작된다. 네이버와 카카오 사무국에서는 모니터링을 진행해 제재규정을 위반한 언론사의 기사들을 적발한다. 모니터링 기준에 의해 설계된 알고리즘을 통해 제재규정을 위반한 기사를 골라내거나 시민들의 신고가 접수된 기사를 검토하는 두 가지 방식으로 진행한다. 제휴평가위원들이 직접 위반이 의심되는 기사를 신고하는 경우도 있다.

모니터링에 의해 제재규정 위반 기사가 적발되면 네이버, 카카오 사무국에서는 수시로 해당 언론사로 제재규정 위반사실을 알리고 해당 기사와 벌점 내역 등을 보내준다. 규정 위반 사실을 통보받은 언론사는 이를 받아들이거나 벌점 부과에 동의하지 못할 경우 소명서를 작성해 포털 사무국으로 보낸다. 언론사에서 작성한 반론 주장은 한 달에 한 번 열리는 뉴스제휴평가위원회 제재회의에서 해당 기사의 적발 내용과 함께 제재 소위 위원들에게 열람된다.

네이버, 카카오 사무국에서 언론사에는 수시로 규정 위반 기사를 보내지만 실제로 벌점이 부과되는 것은 제재회의에서 제재위원들의 벌점 부과가 확정된 이후다. 제재회의에서는 언론사가 보낸 반론을 보면서 기사를 놓고 위원들 사이에서 벌점 부과에 대한 찬반양론이 벌어진다. 언론사 소속이거나 언론사 출신 평가위원들은 언론의 여건을 잘 알기 때문에 규정 위반에 가까운 행위가 일어날 수밖에 없는 상황에 대해 비교적 이해하는 경우가 많다. 반면 시민단체나 전문가 단체는 언론사의 규정 위반에 대해 엄격하게 바라보려는 경향이 있다.

따라서 반론서를 쓸 때는 언론사의 기사 생산 구조나 디지털 보도의 한계 등을 잘 모르는 제재위원들을 설득한다는 마음으로 최대한 쉽고 논점이 명확하게 작성하는 것이 좋다. 제재위원 간 토론을 통해 이견이 좁혀지면 벌점 부과 여부가 간단히 정리되지만 의견대립이 좁혀지지 않으면 시간 제약상 투표를 하게 된다. 투표는 당일 현장에서 배포하는 태블릿 PC를 통해 주로 진행한다. 과반수 투표와 다수결에 따른 의사결정이 이루어진다.

언론사의 벌점 부과 과정을 살펴보면 네이버와 카카오가 검찰과 비슷하다는 사실을 알게 된다. 바로 모니터링 시스템 때문이다. 물론 제재위원들이 직접 고발하거나 이용자의 신고로 벌점이 부과되기도 하지만 기본적으로는 알고리즘을 통한 모니터링을 통해 제재 대상 기사를 걸러낸다. 이렇게 나온 기사 중 사무국이 제재 소위원회에 올리는 기사들을 심의하게 된다. 만약 네이버, 카카오 사무국에서 제재회의에 올리지 않는다면 해당 기사는 벌점을 부과 받지 않는다. 따라서 검찰이 기소해야 재판이 이루어지고 형사처벌 하듯이 네이버, 카카오 사무국이 제재할 기사를 제재회의 올려야 제재 여부를 결정하고 벌점을 부과할 수 있다.

신고한 기사를 제재하는 것을 둘러싼 논란도 있다. 가령 경쟁사가 집중적으로 모니터링해 신고하는 경우 등 당혹스러운 상황들이 발생한다.

디지털 기사를 둘러싼 복잡한 변수들이 있고 오랫동안 유지해온 디지털 뉴스의 관행이 일반인의 시각에서는 이상해 보일 수 있는 요소들이 많은 것이 현실이다. 제휴평가위원회가 출범하고 제재규정을 만들면서 바람직한 기사의 기준을 상정하고 여기에서 벗어난 기사들을 제재하고 벌점을 부과하기 시작했지만 우리나라 디지털 뉴스 현실에서는 이런 제재규정이 지나치게 가혹하게 적용되는 경향이 없지 않다. 알고리즘을 통한 적발이나 모니터링도 혼란스럽지만 신고에 의한 벌점 부과는 더 많은 요소를 고려해 정책을 만들어가야 할 사안이다.

육성 공격, 서면 방어

제14조 (모니터링결과에 따른 평가)

① '뉴스제휴평가위'는 제13조 모니터링 결과에 따른 제재 조치를 위하여 정기 평가와 수시평가를 실시한다.

② 정기평가는 매월 일(1)회 실시한다.

③ 수시평가는 '뉴스제휴평가위' 위원장 또는 위원 3인 이상의 요청이 있는 경우, 요청일로부터 영업일 기준 칠(7)일 이내에 실시한다.

한 달에 한 번씩 열리는 제재회의에는 엄청나게 많은 숫자의 제재 기사가 올라온다. 2시간 정도에 수백 건의 기사를 꼼꼼히 심의하는 일은 물리적으로 무리다. 언론사 입장에서는 다소 억울한 측면이 있겠지만 일단 제재 기사로 네이버, 카카오에서 제재회의에 올리면 벌점을 피하는 경우는 매우 드물다.

뉴스제휴평가위원회 제재는 어떤 과거 규제보다 언론사에게 심대한 타격을 준다. 예를 들어 방송통신심의위원회 중징계를 받아 방송사 재평가에서 감점을 당하더라도 최소 3년에 한 번씩 돌아오는 재평가 주기에 영향을 받는다. 방송사의 허가가 취소되는 사례는 극히 드물며 특히 보도 내용으로 인해 벌점이 누적돼 퇴출되는 경우는 본 적이 없다.

하지만 뉴스제휴평가위원회에서 벌점을 대거 받으면 곧바로 포털에서 뉴스가 사라질 수 있다. 재평가에서 탈락하면 네이버와 카카오에서 모든 기사가 사라지게 된다. 우리나라 인터넷에서 소비되는 뉴스 대부분이 네이버와 카카오 포털사이트에 집중된 현실을 고려하면 사실상 해당 언론사의 디지털 뉴스에 사형선고를 내리는 셈이다. 따라서 네이버, 카카오 뉴스제휴평가위원회의 제재규정에 따라 언론사가 포털에서 퇴출당하는 엄청난 타격을 입는 사태를 피하려면 뉴스제휴평가위원회의 제재 시스템에 대해 잘 알고 미리 대비할 필요가 있다. 안타까운 것은 대부분 언론사 간부들이 네이버, 카카오 퇴출이라는 끔찍한 사태가 벌어질 때까지 그 심각성을 모른다는 것이다.

2021년 9월 국가기간뉴스통신사인 연합뉴스의 기사가 네이버와 카카오에서 사라지는 초유의 사태가 벌어졌다. 대형 언론사가 제재규정에 따라 엄청난 타격을 입은 전형적인 사례다. 기자 수만 600명에 이르는, 국내 최대 미디어 회사 중 하나로 꼽히는 연합뉴스가 뉴스제휴평가위원회의 대량 벌점을 한 번에 받아 네이버와 카카오에서 사라지는 사태는 회사 내부에서도 상상도 못 했을 것이다. 당시 연합뉴스에게 적용된 제재규정은 '등록된 카테고리 외 기사 전송'이다. 기존 신문윤리위원회나 방송통신심의위원회 등 뉴스기사의 문제점을 지적하고 제재를 하는 각종 심의 시스템에서는 잘 들어 보지도 못한 죄명이다. 그러니 디지털 뉴스, 그중에서도 네이버와 카카오에 특화된 영역을 평소에 주시했을 가능성이 거의 없는 언론사 간부나 임원진이 이런 항목의 위험성을 미리 알고 대비했을 가능성은 매우 낮다.

언론사 입장에서 더 끔찍한 것은 네이버, 카카오 뉴스제휴평가위원회에서는 제재를 받게 돼도 해당 언론사가 회의에 출석해 위원들 앞에서 직접 소명하기 어렵다는 점이다. 제재나 형벌을 가할 때 벌을 받는 사람에게 충분한 소명의 기회를 주는 것이 민주주의 사회에서는 기본이다. 방송통신심의위원회의 경우도 방송사에게 실질적 불이익이 갈 수 있는 중징계를 할 때는 기사를 보도한 관련 부서장 등이 심의위원회에 출석해 위원들의 질문에 답하면서 최대한 소명할 수 있는 기회를 부여한다. 구체적인 분위기는 다음과 같다.

"의견 진술을 통지받으면 대표이사의 위임을 받은 사람이 출석하거나 서면으로 의견을 제출할 수 있다. 정해진 날짜에 출석하기 어려울 경우 1회에 한해 날짜를 바꿔달라고 요청할 수 있다. 정당한 사유 없이 의견진술에 응하지 않으면 그 기회를 포기한 것으로 본다"(김상우, 2020).

필자의 경우도 JTBC 사회2부장으로 일할 당시 몇 차례 방송통신심의위원회 불려 간 적이 있다. 방송통신심의위원회에서는 언론사 기사에 문제가 많다며 중징계를 내리려 하지만 기사를 보도한 입장에서는 여러 가지 복합적인 사정이 있을 수 있다. 언론사에서는 보도국 간부가 심의위원회에 출석해 억울한 부분을 최대한 어필한다. 심의위원들은 징계의 정당성을 주장하기 위해 날카로운 질문을 던진다. 여기에 대응해 최대한 방어를 하려고 심의위원들이 생각하지 못했던 부분들을 설명한다. 처음 지적했던 사안에서 가지를 쳐 다른 쟁점들로 옮겨가면서 질의하는 경우도 많다. 새로 제기된 쟁점에 대해서도 성심껏 소명할 수 있다. 직접 출석해서 해명한 결과 몇 차례 중징계를 면할 수 있었다. 해당 뉴스가 나가게 된 경위가 온전히 JTBC 보도국만의 독자적 판단이 아니라 정부의 설명, 취재원의 요청 등이 복합적으로 작용한 결과라는 점을 상세히 설명해 억울한 징계를 피할 수 있었다. 구체적으로 기억나는 사례로 금고 절도에 관한 리포트가 모방 범죄를 유도할 수 있다며 중징계 대상에 오른 적이 있다. 그런데 해당 기사는 경찰이 시민의 경각심을 일깨운다는 취지로 발표한 보도자료를 근거로 작성했고 리포트에 등장한 금고 등도 경찰서에서 카메라 기자들을 위해 준비해둔 것이었다. 정부의 취지에 공감해 제작한 리포트를 처벌하면 방송사 입장에서는 매우 억울하다는 항변과 만약 모방범죄 우려가 있다면 범죄 예방 활동의 전문가인 경찰이 모방 범죄 가능성을 경시했다는 얘기가 되는데 언론사로서 정부 담당기관의 판단을 존중하는 보도가 비난 받을 일이 아니라고 생각한다는 반론을 폈다. 심의 위원 중 일부가 흔쾌히 이런 주장에 수긍하고 앞으로는 범죄보도에 있어 모방 범죄 가능성을 고려해 제작에 주의해달라고 당부했다. 징계는 경감돼 감점 요인이 없는 경징계로 마무리됐다.

만약 같은 사안이 네이버, 카카오 뉴스제휴평가위원회의 제재회의에 올라갔어도 선처를 받았을까. 열심히 답변서를 작성했다고 해도 사무국 요청대로 벌점이 부과됐을 가능성이 훨씬 크다고 생각한다. 서면으로 설명하는 것과 직접 출석해 상황에 맞춰 설명하는 것은 효과의 측면에서 매우 차이가 크다. 수사 기관 등에서 서면 진술보다 직접 출석을 원하는 것도 같은 이유다. 벌점을 받는 언론사 입장에서 제휴평가위원회는 반론 기회를 제대로 제공하지 않는다는 불만을 갖기에 충분하다.

언론중재위원회에서도 중재 신청이 접수되면 항상 출석을 요구한다. 중재를 요청한 상대방이 있어서이기도 하지만 현직 판사인 중재부장이 직권으로 징벌적 조치 등을 결정할 수 있음을 고려하면 언론사에서 출석해 항변할 기회를 주는 것이 당연하다. 중재위원회에도 여러 번 출석해 봤지만 현장에서 나오는 중재위원들의 다양한 질문에 어떻게 대답하느냐에 따라 결과가 달라질 수 있다는 사실을 여러 번 체험했다.

이렇게 징벌적 조치를 당할 수 있는 당사자가 직접 출석해 나름대로 소명을 하고 나면 설사 제재를 당하는 경우에도 결과에 승복하기 쉽다.

하지만 네이버, 카카오 뉴스제휴평가위원회에서는 제재회의에 제재 대상이 된 당사자가 직접 출석하는 것을 거의 허용하지 않는다. 출석하면 안 된다는 조항이 있는 것은 아니지만 필자가 뉴스제휴평가위원으로 활동한 3년 동안 단 한 번도 제재를 받는 언론사의 출석 및 소명을 허용한 것을 본 적이 없다. 단순한 벌점 부과 차원을 넘어 한 번에 대량 벌점을 받아 곧바로 퇴출될 위기에 놓인 경우에도 직접 출석해 소명하거나 제휴평가위원들과 논쟁할 수 있는 기회를 부여하지 않는다.

이런 상황은 벌점이 부과되는 언론사에게 훨씬 고통스런 준비 작업을 요구한다. 시민단체, 법조계, 학계, 언론계 등 소속 기관이 다양한 15명의 제재소위 위원들에게 서면으로 반론을 펴야 한다. 매우 이례적인 결정이 나지 않는 한 재반론은 불가능하다.

제재를 받는 언론사에서는 제재위원회 출석을 할 수 없으니 추가로 제기되는 의문에 대해 대답하기 어렵지만 제재를 요구한 네이버, 카카오 사무국에서는 항상 직원들이 제재위원회에 참석하기 때문에 관련 질문이 나올 때마다 즉시 대답할 수 있다. 제재를 받는 언론사 입장에서 근본적으로 불리한 절차다.

이런 한계를 감안해 네이버, 카카오 사무국에서 통보받은 위반 사항에 이의가 있을 경우 다양한 특성을 가진 제재위원들에게 최대한 소명할 수 있도록 상세히 쓰고 근거를 제시하는 것이 좋다. 제재 대상이 된 기사보다 훨씬 심한데도 제재 대상이 되지 않은 다수의 기사들을 첨부하는 등 할 수 있는 모든 것을 준비하는 게 유리하다.

그러나 분량이 많아질 경우에 언론사가 전달하고자 하는 주장이 제재위원들에게 명확히 전달되기 어려울 수 있다. 언론사가 제출한 소명을 제재위원들은 태블릿 PC를 통해 열람하게 되는데 태블릿 PC 화면의 크기가 제한되어 있고 분량이 많을 경우 넘기면서 보는 것도 편하지 않아 충분히 검토하기 어려운 한계가 존재한다. 더욱이 제재위원들은 한 달에 한 번 열리는 제재회의에서 수백 개의 기사를 검토해야 되기 때문에 한 기사에 오랜 시간을 쏟기 어려운 형편이다. 제재 대상이 된 언론사는 한편으로는 상세히 소명을 해야 하고 한편으로는 간명하게 정리를 해야 하기 때문에 진퇴양난의 기로에 선 꼴이다. 그럼에도 최적의 균형을 찾는 것은 언론사의 몫이다. 빈도는 적지만 가끔씩 구제되는 기사가 있기 때문에 언론사로서는 최대한 소명을 위해 노력하는 것이 바람직하다.

네이버, 카카오 뉴스제휴평가위원회가 제재 대상이 되는 언론사의 제재회의 출석 및 소명 기회를 부여하는 것은 진지하게 검토할 필요가 있다고 생각한다. 어떠한 경우라도 치명적인 형벌권을 행사할 때는 대상자의 목소리에 충분히 귀를 기울일 필요가 있다. 뉴스제휴평가위원회의 제재는 언론사에게 있어 방송통신심의위원회나 언론중재위원회 같은 정부기관 제재보다 실질적인 타격이 훨씬 크다. 언론사가 당하는 불이익과 언론사 임직원에게 가해지는 고통 및 실질적 피해를 고려할 때 충분한 소명의 기회를 부여하는 것이 제휴평가위원들에게도 도움이 된다고 생각한다. 방송통신심의위원회와 언론중재위원회에 여러 번 출석해본 입장에서 볼 때 뉴스제휴평가위원회 제재회의는 정부기관의 징계 절차보다 훨씬 일방적이고 반론 기회 제공에 인색하다. 이런 부분에 있어 제도개선이 이루어지길 바란다. 각 언론사 입장에서는 이런 현실을 고려해 제재 대상이 됐을 때 최대한 서면으로 방어하는 방법밖에 없다는 현실을 직시하고 철저히 대비할 수밖에 없다.

디지털 뉴스를 담당하는 간부들의 고통을 가중시키는 요소는, 기존 언론사 제재와는 판이한 내용이 많은 네이버, 카카오 뉴스제휴평가위원회의 제재규정에 대해 회사 임원들이 내용을 잘 모를 뿐더러 심각성조차 인식하지 못하는 경우가 대부분이라는 사실이다. 언론사 임원이 디지털 뉴스 실무에 대해 잘 모르는 것이 평소 디지털 뉴스를 운영하는 데는 편한 요소가 되지만 대량 벌점으로 퇴출 위기에 몰리면 디지털 뉴스 간부가 모든 책임을 감당하는 원인이 된다. 평소에 제재 사항이나 위반 사항으로 벌점이 발생할 때마다 수시로 보고를 하는 것이 소속 언론사 전반에 경각심을 일깨우는 데 도움이 된다.

때로 제재 대상이 되는 기사 건수가 너무 많거나 특별한 형태의 기사를 집중적으로 제재해야 하는 상황이 생기면 수시 평가가 열린다. 매달 열리는 정기 평가와 별도로 따로 날을 정해 제재 평가위원들이 모여 제재회의를 진행하는 것이다.

여기가 급소다 1 - 쓰고 또 쓰고

제15조 (부정행위 등)

① 다음 각호의 행위를 저널리즘 가치를 훼손하거나 검색품질을 떨어 뜨려 이용자에게 불편을 초래하는 조치대상 행위(이하 '부정행위')로 본다. 부정행위에 대한 유형과 평가기준은 〈별표 7〉에서 정한 바에 따른다.

〈별표 7〉 부정행위의 유형

1. 중복·반복 기사 전송

① 동일 기사 중복·반복 전송: 원천기사의 일부만 변경해 반복적으로 전송하는 것을 의미하며 아래와 같은 형태를 포함한다.

(ㄱ) 동일한 기사에 제목만 바꾼 경우

(ㄴ) 동일한 기사에 문구를 일부 추가하거나 문장 순서만 바꾼 경우

(ㄷ) 동일한 기사에 방송 캡처화면 등 사진이나 이미지 일부만 바꾼 경우

② 카테고리 중복 전송: 사실상 동일한 기사를 각 포털의 서로 다른 포털 내 뉴스 카테고리로 전송하는 것을 의미한다.

네이버, 카카오 뉴스제휴평가위원회가 출범할 당시 언론사들이 가장 많이 지적받았던 문제가 바로 이 중복, 반복 기사 전송이다. 여기에 대한 비판은 제휴평가위원회가 출범하기 전부터 지속돼왔다. 디지털 뉴스에 익숙지 않은 사람들은 왜 이런 행동을 하는지 의아하게 생각할 것이다. 기사를 하나 보도한 뒤 같은 내용을 제목만 바꿔서 다시 출고하거나 같은 기사에 단어 몇 개를 추가하고 문장 순서를 앞뒤로 바꾸는 등 의미 없는 변화를 준 뒤 다시 출고하는 행위도 해당된다. 또한 내용이 거의 같은 기사를 다시 내보내면서 사진이나 이미지를 추가하거나 방송 화면에서 캡처한 이미지 등을 올리는 등 사진만 변화를 준 기사도 여기에 해당한다.

거의 같은 기사를 두 번 내보내는 이유가 무엇일까. 일반인들도 이해하기 어려울 것이며 아마 외국 언론이나 외국 독자들도 왜 이런 일이 벌어지는지 어리둥절해 할 것이다.

중복, 반복 기사전송은 기본적으로 포털사이트의 실시간 급상승 검색어와 연관되어 있다. 앞서 설명했듯이 뉴스 제휴 단계가 뉴스콘텐츠 단계인 회사들은 그나마 포털사이트의 뉴스 페이지에 인링크 기사가 노출되지만, 뉴스검색제휴사는 포털사이트에 기본적으로 기사가 전시되지 않는다. 다만 포털사이트 이용자가 특정 단어를 검색할 때 나오는 검색 기사 리스트에는 검색제휴의 기사도 함께 노출된다.

포털사이트가 실시간 급상승 검색어를 띄우면 해당 단어를 검색하는 사람이 폭주한다. 만약 이용자가 해당 검색어를 클릭하면 네이버나 카카오 사이트에는 관련 콘텐츠가 줄줄이 전시된다. 이 중 뉴스 항목에 각 언론사들이 보내는 기사들이 정렬된다. 네이버나 카카오 사이트에서 뉴스 기사를 검색하면 관련도순으로 정렬되기도 하지만 최신순으로 정렬할 수도 있다. 이용자가 클릭하는 순간 그 시점에서 가장 최근 기사부터 올라오는 것이다. 네이버는 수백 곳, 카카오는 1,000개가 넘는 뉴스검색제휴 언론사들은 이렇게 검색 결과로 노출되는 기사를 생산하기 위해 안간힘을 쓴다. 검색제휴 매체의 경우 이 방법이 유일하게 네이버와 카카오에서 독자를 만날 수 있는 방법이다.

따라서 특정 키워드가 실시간 급상승 검색어로 뜨게 되면 해당 키워드가 올라온 이유를 파악해 각 언론사들은 집중적으로 관련 기사를 작성해 출고한다. 다른 언론사가 쓴 기사를 베껴 쓰는 경우도 허다하다.

문제는 모든 언론사들이 포털이 전시하는 실시간 급상승 검색어에 맞춰 기사를 쓰다 보니 쉴 새 없이 기사가 쏟아져 자사가 출고한 기사가 순식간에 리스트 아래쪽으로 내려가는 것이다. 이에 언론사들은 비슷한 기사를 재차 작성해 출고한다. 이렇게 실시간 검색어와 관련된 기사 리스트에서 최신순 정렬의 상위를 차지하기 위해 많게는 1,000개 언론사가 흡사한 기사를 계속 반복 작성하는 촌극을 빚어낸 것이다.

이 중복, 반복 기사 전송은 애당초 제휴평가위원회 출범의 주된 명분이기도 했다. 초기에는 이 부분에 대해서 집중적으로 제재를 해서 실제로 중복, 반복 기사 전송의 폐해는 네이버, 카카오 뉴스제휴평가위원회가 출범한 이후 크게 줄었다. 중복, 반복 기사전송의 가장 큰 문제는 이용자가 특정 사항을 검색할 때 내용이 대동소이한 기사가 검색 결과 리스트 수십 페이지가 넘어가도록 계속 나오는 등 네이버, 카카오의 검색 질을 떨어뜨린다는 사실이다. 네이버, 카카오는 검색의 질을 향상하기 위해 어뷰징에 대한 제재의 필요성을 역설했다. 제휴평가위원회도 이 부분을 집중 단속했다. 그 결과로 어뷰징이 줄어든 것은 뉴스제휴평가위원회의 가장 큰 실적으로 평가된다.

중복, 반복 기사 전송의 양태는 똑같은 기사를 똑같은 제목으로 내보내긴 어려우니 이전에 출고된 기사를 그대로 복사한 뒤 제목만 바꿔 다시 출고하는 형태, 이전 기사에 한두 문장만 추가하거나 문장의 순서를 바꿔 출고하는 형태, 내용은 똑같이 하면서 사진이나 이미지를 추가해 달리 보이게 하는 기사 형태 등이 빈발했다.

그런데 기존에 나간 기사에 한두 문장을 추가해 내보내는 행위가 과연 제재 대상이 맞는가에 대해서 많은 논쟁이 벌어졌다. 연합뉴스를 비롯한 통신사 기사의 경우 사건이 벌어지면 우선 제목만으로 1보를 송출하고 한두 문장으로 2보, 또 한두 문장을 더해서 3보, 이런 식으로 계속 속보를 내보내는 경우가 많다. 그리고 나중엔 종합이라는 이름으로 기존에 나갔던 기사들을 합쳐서 하나로 쓰기도 한다. 이는 최대한 신속하게 속보를 전달한다는 의미에서 독자들에게 크게 도움이 될 수 있는 보도 형태다. 그런데 제재규정에 따르면 중복, 반복 기사로 처벌을 받을 수 있는 상황이다.

뉴스제휴평가위원들은 논쟁 끝에 몇 가지의 잠정적인 가이드라인을 공유했다. 대개 문제가 되는 중복, 반복 기사는 연예인과 관련한 실시간 급상승 검색어에서 비롯되는 경우가 많기 때문에 이 항목의 경우 연예 관련 기사를 집중적으로 단속한다. 사건 사고 기사나 정치 관련 기사, 국제적인 이슈가 터졌을 때 쓰는 기사는 1보, 2보, 3보 형태나 기존 기사에 한두 문장을 추가해 다시 출고하는 형태라 해도 벌점 대상에서 제외하는 쪽으로 의견이 모아졌다. 일반 사회, 정치, 경제 등과 관련한 기사는 어뷰징과 거리가 있다고 판단해 특별한 경우가 아니면 중복, 반복 기사 전송으로 적발하지 않는다. 물론 그렇다고 해도 누가 봐도 필요 이상의 비정상적인 중복 기사 전송이 이뤄졌다면 분야를 불문하고 벌점 대상이 될 수 있다. 언론사에서 소명 가능한 수준의 사회, 정치, 경제, 국제 등의 반복 기사는 크게 걱정하지 않아도 된다.

또 하나의 논란은 출입처가 여러 곳에 걸쳐 있는 기사의 경우 비슷한 기사가 동시다발적으로 같은 언론사에서 출고될 수 있다는 점이다. 정부가 발표하는 기사도 여러 부처가 함께 보도자료를 내는 경우가 있다. 이런 경우 보도자료 내용을 위주로 하여 기사를 쓰면 같은 언론사에서 거의 비슷한 기사 두세 개가 동시에 출고되는 상황이 발생한다. 중복, 반복 기사전송 조항에서 규정한 제재 대상이 될 수 있는 것이다. 이 역시 네이버, 카카오 뉴스제휴평가위원회에서 여러 번 논의 대상에 올랐다. 연예 기사나 실시간 검색어 등 고질적인 어뷰징 대상이 아닌 한 여러 부처에 걸려 있거나 디지털부서와 취재부서에서 거의 동시에 기사를 작성해 출고 하는 등의 정상적 상황에 대해서는 제재를 하지 않는 방향으로 의견이 모아졌다.

언론사가 지면 중심에서 디지털 중심으로 방향을 바꿔 나가게 되면 필연적으로 똑같은 기사를 두 개 부서에서 작성해 출고하는 상황에 맞닥뜨리게 된다. 이럴 경우 어떻게 조율해야 하느냐를 두고 많은 논쟁이 벌어진다. 디지털 뉴스를 강화해 속보성 기사를 많이 쓰다 보면 출고하는 모든 기사를 작성 전에 모든 관련 부서원과 공유하면서 조율하는 일은 현실적으로 불가능에 가깝다. 한참 기사를 쓰던 중 다른 곳에서도 같은 기사를 쓰고 있다는 사실을 알게 되는 경우가 흔히 발생한다. 이럴 때 기자라면 누구나 자신이 공들여 쓰던 기사를 갑자기 포기하는 선택은 상당한 낭비라고 생각하게 마련이다. 기사를 쓰던 두 기자가 서로 같은 생각을 하기 때문에 이런 상황이 발생하면 자칫 부서 간 갈등으로까지 비화될 수도 있다.

필자의 경우 두 개 부서에서 같은 내용으로 기사를 쓰다가 뒤늦게 이 사실을 알게 되면 부서장과 기자가 원하는 대로 하라고 했다. 기사를 마무리해 출고하고 싶으면 출고하고, 다른 부서에서 쓰고 있으니 굳이 기사를 완성할 필요가 없다고 판단하면 중간에 멈춰도 된다. 비슷한 기사가 두세 개 나가면 이상할 수도 있지만 디지털에서는 그런 일이 비일비재하다. 더욱이 중복, 반복 기사 전송이 주요 제재 조항으로 올랐을 만큼 포털이 제공하는 뉴스에서는 더더욱 비슷한 기사가 반복 전송되는 사례가 빈번하다.

따라서 억지로 한 기사를 중단시키기보다는 기자들이 원한다면 둘 다 내보내도록 하는 것이 낫다. 또한 포털 뉴스의 메커니즘상 기사를 두 개 내보내면 하나를 출고하는 것보다 유리하다. 물론 같은 기사를 두 개 내보내는 것이 차별화된 기사 두 개를 쓰는 것보다는 바람직하지 않다는 데에는 두말할 나위가 없다. 이런 현상을 줄여나가려면 같은 기사를 쓸 확률이 큰 부서들끼리 서로 소통하는 방안을 마련해 수시로 작성 중인 기사를 초반에 공유하면 중복 가능성을 줄일 수 있다. 비슷한 기사를 두 개 출고하도록 허용한다는 것은 연예 기사 등 어뷰징 성격의 기사에는 해당하지 않는다. 이런 기사를 복수로 출고하면 벌점을 받을 수 있다. 어뷰징과 무관한 분야의 기사에만 해당하는 얘기다.

또 하나 조심해야 할 부분은 어떤 이슈가 등장했을 때 관련 기사를 많이 쓰기 위해서 과거에 있었던 일이나 과거 사진을 덧붙여서 전송하면 이 조항으로 처벌받을 수 있다는 점을 유념해야 한다. 실제로 그런 제재 사례가 많이 발생했다. 이것 역시 기자 생활을 오래한 사람들에게도 혼란스러운 부분이다. 어떤 사건이 발생하면 그와 관련 있는 과거 일들을 모아서 기사를 쓰는 것은 굉장히 의미 있는 작업이라고 배우며 기자 생활을 해왔다. 그런데 이런 것이 네이버, 카카오 제휴평가위원회에서는 처벌 대상이 될 수 있는 것이다. 뉴욕타임스 혁신 보고서에서도 에버그린 콘텐츠를 강조했다. 어떤 기사들은 언제 다시 써서 내보내도 항상 인기가 있다는 내용이다. 어떤 상황이 발생하면 이와 관련 있는 과거 얘기들, 언제 들어도 다시 흥미가 가는 과거 얘기들을 디지털에서 잘 활용하는 방법을 강조한 부분이다. 그런데 뉴스제휴평가위원회 심의규정에 따르면 특정 사안에 대해 과거에 있었던 일을 덧붙여서 추가로 출고하면 벌점을 받을 수 있다. 물론 대부분 연예인 관련 기사일 때 제재회의에 올라온다. 그렇다고 방심할 수 없으며 벌점을 부과한다면 제재를 받는 언론사만 억울할 따름이다.

연예인 관련 기사가 트래픽이 높다는 것은 그만큼 일반인들의 관심이 많다는 얘기다. 네이버, 카카오의 실시간 검색어에 연예인이 단골로 올라온 영향도 크다. 언론의 입장에서 일반인의 관심이 많은 이슈를 따라가는 행동은 자연스러운 현상이다. 과도한 중복, 반복 전송이 제재 대상이 되는 것은 이해할 수 있지만 기자들이 나름의 노력을 해서 과거 사례와 과거 사진을 찾아서 추가로 출고하는 것까지 처벌하는 것은 기자 생활을 오래 해온 입장에서 지나치다는 생각이다. 그러나 실제 제재회의에서는 벌점이 부과되는 경우가 많다. 언론사 소속 위원들은 벌점 부과에 문제가 있다는 반론을 펴기도 하지만 소수이다 보니 결국 투표를 통해 벌점이 부과되고 만다. 특히 특정 연예인과 관련해 이슈가 불거졌을 때 과거 해당 연예인 관련 내용이나 사진을 추가해서 재차 출고하면 벌점 대상이 될 수 있다는 사실을 염두에 두어야 한다.

똑같은 기사를 여러 카테고리로 전송하는 것도 벌점 대상이다. 이것 역시 연예 관련 기사 등 트래픽을 노린 낚시성 기사와 관련해 많이 벌어지는 일이어서 제재회의에 올라오면 벌점을 피하기 어렵다.

여기가 급소다 2 - 아웃링크 함정

3. 관련뉴스·실시간뉴스 영역 남용

① '포털사'가 '뉴스콘텐츠제휴' '제휴매체'의 기사나 기사하단에 제공하는 관련 뉴스 또는 실시간뉴스 영역을 남용하는 것을 의미하며 통상 아래와 같은 형태를 포함한다. 〈개정 2016. 06. 01〉

(ㄱ) 해당 영역에 기사로 위장된 광고를 노출한 경우 〈일부개정 2017. 11. 03〉

(ㄴ) 해당 영역에 기사와 무관한 추천검색어 또는 선정적 단어가 포함된 기사를 노출한 경우

뉴스콘텐츠제휴사가 네이버, 카카오에 전송한 기사는 두 포털사이트에서 인링크 기사로 소비된다. 즉 언론사 자체 사이트로 넘어오는 것이 아니라 네이버와 카카오 사이트에서 조회가 이뤄지는 것이다. 이럴 경우 해당 기사 내용이 독자에게 전달되는 의미는 있지만 소비 자체는 포털사이트 내부에서 이뤄지기 때문에 언론사로서는 자체 사이트 활성화에 별 도움이 되지 않는다. 하지만 이런 기사 하단에는 5~10개 정도 관련 기사나 실시간 뉴스를 싣도록 허용한 공간이 있다. 여기서 소비되는 기사는 클릭을 하면 포털 안에서 소비되는 것이 아니라 링크를 타고 언론사 자체 페이지로 넘어온다. 이 때문에 해당 페이지에 광고가 있을 수도 있고 언론사 자체적으로 활용할 수 있는 여지가 많다. 그러나 뉴스제휴평가위원회는 이 공간을 철저하게 관련 뉴스와 실시간 뉴스로만 채우도록 하고 광고성이나 언론사 홍보 등에 활용하는 것을 금지하고 있다. 따라서 이 영역에 자사 홍보성 기사나 기타 제재규정에 어긋나는 기사를 올릴 경우에 비록 해당 기사

를 포털에 전송하지 않았다고 하더라도 벌점을 부과 받을 수 있다.

자칫하면 벌점을 받을 수 있는 영역이지만 여기를 잘 활용하면 자체 홈페이지를 활성화하는 데 큰 도움이 될 수 있다. 언론사가 독자와의 쌍방형 소통을 전제로 만든 인터랙티브 콘텐츠와 스토리텔링형 콘텐츠는 네이버나 카카오에 올라가는 인링크 기사에서는 구현이 잘 안 된다. 네이버와 카카오는 인링크 기사에서 텍스트, 사진, 영상 등만 허용할 뿐 인터렉티브한 콘텐츠의 기능은 작동하지 못하게 한다.

이런 쌍방향 성격의 디지털 콘텐츠를 효율적으로 확산시키려면 이 영역을 집중적으로 활용하는 것이 유리하다. 다만 주의할 점은 광고성 기사에 대한 제재가 있기 때문에 이 영역에 애드버토리얼이나 네이티브 애드, 브랜디드 콘텐트같이 협찬 성격의 콘텐츠를 올릴 경우 벌점이 부과될 수 있다. 이 영역은 해당 시간대 네이버와 카카오에서 노출되는 모든 인링크 기사에 공통적으로 게시되기 때문에 클릭을 받을 확률이 상당히 높고 자사 사이트로 유입돼 인터넷 특유의 기능들이 전부 살아날 수 있기 때문에 적극적으로 활용할 필요가 있다. 기사 내부의 링크가 작동하지 않으면 별의미가 없는 인터렉티브 기사의 경우 포털에 전송해봐야 제대로 작동하지 않는다. 따라서 포털에 전송할 필요가 없다. 그러나 포털에 전송을 하지 않더라도 이 영역에는 배치할 수 있기 때문에 많은 인력을 투입한 디지털 네이티브 콘텐츠를 싣기에 적합한 장소다. 이 영역의 특징상 기사 하단에서 독자의 눈길을 잡아야 하기 때문에 다소 자극적이거나 낚시성 기사를 올리는 경우도 흔하다. 이를 특별히 적발하는 경우가 많지는 않지만 실시간 검색어 대응용이나 선정적인 제목의 기사를 실으면 벌점을 받을 수 있다.

선정적 기사 및 광고는 상당히 주관적인 요소가 많아 평가위원들의 성향에 따라 벌점 부과 여부가 많이 달라진다. 선정적 기사에 대해서 엄격

2. 폭력 관련 콘텐츠 〈일부개정 2019. 03. 01〉

구분		상세 내용
살해 상해	적극적 차단	- 인간, 동물, 인간·동물 등을 형상화한 캐릭터의 피와 출혈을 동반한 절단, 손괴 등 상해와 살해 - 인간, 동물, 인간·동물 등을 형상화한 캐릭터에게 행해지는 고문 등 내용 묘사
	사안별 검토	- 인간, 동물, 공상(실존 생명체인 인간, 동물 등을 형상화한) 캐릭터의 상해 - 지나친 폭력행위

〈별표 9〉 선정성 판단 정책

1. 성 관련 콘텐츠 〈일부개정 2019. 03. 01〉

구분		상세 내용
노출	적극적 차단	- 성기 노출(바디페인팅, 타투 등이 포함된 경우에도 동 일함) - 사람과 유사하게 묘사된 인형의 성기, 음모, 항문, 유두를 노출한 경우 - 여성의 유두/유륜 노출된 경우 - 유두, 성기, 항문, 둔부 등 주요 부위의 노출이 없는(모자이크, 블러 처리 포함) 전신 전라
	사안별 검토	- 성기가 하의 위로 선명하게 드러나는 경우 - 옷 위로 유두의 모양(형태)이 비치거나 도드라진 경우 - 유두, 성기, 항문, 둔부 등 주요 부위의 노출은 없으나, 상의 혹은 하의를 탈의한 경우 - 둔부가 비쳐 보이거나 노출되는 경우 - 특정 신체 부분을 클로즈업(부각) 한 경우
성행위	적극적 차단	- 성기, 음모, 항문이 노출되지 않은 성행위 - 성기구를 이용한 행위 - 성기/둔부 등의 신체노출에 관계없이 성적 체벌 이미지 또는 체벌 관련한 행위(이를 암시하는 모자이크, 블러 처리된 콘텐츠 포함) - 옷이 벗겨진 상태에서 상대방의 가슴, 둔부, 성기에 입 또는 손 등을 이용하는 행위 - 성기 부분에 직접적인 접촉을 하는 행위 - 옷 속으로 가슴이나 성기를 만지는 행위.
	사안별 검토	- 유사성행위를 포함한 성행위를 암시하거나 연상되게 표현하는 콘텐츠

한 잣대를 적용하는 위원들이 많으면 통상적으로 생각하기에 충분히 허용될 수 있는 범주라 생각하는 기사도 벌점을 받을 수 있다.

선정성 기사에 대한 제재 여부를 논의할 때 위원들의 의견이 상당히 많이 엇갈리는 편이며 표결이 빈번하게 일어나는 기사 유형이다. 일단 안전하게 가려면 사진이나 영상에 특히 주의하는 것이 벌점을 피하는 길이다. 일단 〈별표 9〉의 기준을 숙지할 필요가 있다.

3. 언어 관련 콘텐츠 〈일부개정 2016. 11. 09, 2019. 03. 01〉

현장을 전달하는 기사의 경우 저널리즘적 목적으로 현장어를 전달하는 경우가 있으므로 기사 맥락을 고려하여 판단한다.

구분		상세 내용
제목 및 내용	적극적 차단	- 성적행동의 구체적 사실적 표현 등 - 노골적인 성교 및 성기 묘사 등 - 신체 훼손 등 엽기적 표현

광고 선정성의 경우 기사에 비해서는 위원들이 다소 관대한 편이다. 하지만 요즘 들어 외설적이거나 저속한 내용을 다룬 웹툰 등의 광고가 많아지고 있어 자칫 대량 벌점을 받을 우려도 있다. 경험 상 정도가 심한 매체가 시범 케이스로 대량 벌점을 받을 가능성은 상존한다고 생각한다.

디지털 광고에 관해 회사 간부들이 잘 모르는 것 중 하나는 디지털 광고는 특정 기업과 1대 1로 계약하는 경우도 있지만 아예 일정 영역을 디지털 광고업체에게 할당해 해당 영역 운영을 알아서 하도록 맡기는 경우가 많다는 것이다. 이런 네트워크 광고는 조회가 많이 될수록 돈을 벌기 때문에 낚시성 제목이나 선정적인 문구를 담는 경우가 많다. 이미지도 상당히 심각한 편인 경우도 많다. 저속한 내용의 움짤 등도 흔히 눈에 띈다. 이 영역 역시 벌점을 부과 받을 위험성이 늘 도사리는 셈이다.

언론사가 보기에 특정 영역에 민망한 광고가 지나치게 많다면 해당 업체에 문제를 제기하기도 한다. 그렇게 하면 선정적인 광고가 일시적으로 줄어들곤 한다. 하지만 언론사 간부들이 잘 접속하지 않는 심야 시간대나 휴일에 집중적으로 벌점을 받을 만한 광고를 올리는 경우가 종종 발생한다. 디지털 뉴스를 운영하다 보면 네트워크 광고의 품질을 유지하는 것이 얼마나 어려운 일인지 절감하게 된다. 아무리 얘기해도 선정성 광고를 지속하는 업체의 경우 일찌감치 계약을 해지하는 편이 훗날 엄청난 참사를 피하는 길이다. 제재회의에 2년간 들어가며 얻은 감으로는, 만약 선정적 광고가 이슈로 떠올라 특정 언론사를 시범 케이스로 잡게 되면 재평가를 받아야 할 수준의 벌점을 부과하는 것은 그리 어렵지 않아 보인다.

여기가 급소다 3 - 언론사 페이지에도 벌점

② 신뢰성 훼손: 기사를 보기 위해 링크를 클릭하거나 웹브라우저의 뒤로가기를 했을 때 그 결과가 이용자의 일반적 기대와 달리 나타나는 것을 의미하며, 통상 다음과 같은 경우를 말한다.

(ㄱ) 링크 클릭했을 때 미리보기 영역에서 보여진 내용과 다른 페이지로 이동하는 경우

(ㄴ) 기사 제목 또는 본문 안에 기사와 무관한 페이지로 이동하는 링크를 삽입하는 경우

(ㄷ) 이용자 동의 없이 웹브라우저 히스토리를 조작하여 다른 페이지로 이동하는 경우

(ㄹ) 기타 이용자에게 과도한 불편함을 주는 경우

언론사 소속 위원들이나 디지털 운영을 하는 부서에서 가장 반감이 큰 것 중 하나가 네이버, 카카오 제휴평가위원회에서 언론사 자체 사이트의 문제까지 관여하고 벌점을 부과한다는 사실이다.

언론사 소속 위원들은 네이버나 카카오가 포털사이트에 전송된 기사에 대해서 문제를 삼는 것까지는 이해할 수 있다고 쳐도 언론사 자체 페이지에서 벌어지는 사안까지 징계하겠다는 것은 부당하다는 반론을 폈다. 여기에 대해 징계에 찬성하는 위원들은 포털에 방문한 이용자가 포털에서 클릭한 기사로 언론사 사이트에 들어간 뒤 그다음 클릭까지는 제재규정을 적용해야 한다고 반박한다. 이를 두고 격론이 오갔으나 결국 처벌하기로 했다. 대부분 처벌을 하느냐 마느냐를 두고 투표를 하면 처벌을 하는 쪽으로 결론이 나는 것이 뉴스제휴평가위원회의 경향이다. 물론 가끔씩 처벌하지 말자는 의견이 표결로 통과될 때도 있지만 대부분의 경우 처벌하자는 쪽이 우세하며 한번 부결이 되어도 이후에 재차 안건으로 상정돼 처벌하는 쪽으로 결론날 수 있다.

우선 링크를 클릭할 때 미리보기 영역과 다른 페이지로 이동하는 광고성 기사를 처벌하는 것은 납득이 간다. 기사나 정보인 것처럼 링크를 만들어 놓고 막상 가보면 광고인 경우는 독자에게 불편을 야기하는 행위다.

기사 제목 또는 본문 안에 기사와 무관한 페이지로 이동하는 링크를 넣어 광고로 유도하는 행위도 제재 대상이다. 이 항목은 엄격하게 적용해 처벌하고 있지는 않지만 만약 규정대로 처벌을 진행하겠다고 나서면 한 번에 대량 벌점이 가능한 항목으로 판단된다.

규정 문구만 놓고 보면 본문 안에 광고로 연결되는 링크를 삽입할 경우 처벌한다는 것인데, 이것이 포털 페이지 내부에서가 아니고, 언론사 자체 페이지에까지 적용할 수 있다는 점에서 유념할 필요가 있다. 어차피 포털 페이지 내부에서는 본문이나 제목에 광고로 연결되는 링크를 넣기 어렵다. 콘텐츠 제휴사가 포털 페이지 내부에서 기사를 소비시킬 수 있지만 포털의 인링크 페이지에서는 기사의 본문에 언론사에서 걸어놓은 링크는 비활성화되기 때문에 원천적으로 이 조항을 적용할 이유가 없다. 따라서 이 조항은 언론사 내부의 자체 페이지에 적용된다고 봐야 한다. 이 조항의 규정을 본문 영역 안으로 해석한다면 많은 언론사들이 벌점 위기에 몰린다. 대부분 언론사가 기사 페이지 안에 광고를 삽입한다. 물론 해당 광고에 관련 표시를 해 기사로 오인하지 않도록 조치하는 경우가 많다. 그렇다고 해도 이 조항을 엄격하게 해석해서 벌점을 부과해야 한다는 주장은 나올 수 있다. 격론이 일겠지만 표결을 거친다면 어떤 결과가 나올지 장담하기 어렵다. 따라서 이런 조항은 디지털 미디어의 현실과 이용자의 오인 가능성 등을 종합해 명확하게 규정할 필요가 있다.

이용자 동의 없이 웹 브라우저 히스토리를 조작하여 다른 페이지로 이동하는 경우가 언론사 자체 사이트 내부에서의 이동을 제재할 수 있는 조항이다. 예를 들어 어떤 기사를 조회한 뒤 백 버튼을 눌렀을 때 광고가 나오는 경우가 전형적인 제재 대상이다. 모든 광고는 독자나 시청자의 콘텐츠 소비 흐름 속에서 광고를 노출시키는 방식으로 표출된다. 방송의 중간광고가 지상파에서도 허용해야 한다는 주장에 찬성하는 의견이 상당하듯이 언론사가 뉴스 제작에 필요한 비용을 마련하기 위해 광고를 해야 한다는 것은 누구나 아는 사실이다. 특히 우리나라 디지털 언론처럼 구독료 모델이 자리 잡지 못한 상황에서는 절대적으로 광고의 수입에 의존할 수밖에 없다.

백 버튼 광고는 여러 가지 광고 기법 중의 하나로 독자가 기사를 읽는 과정에서 광고가 노출되는 방식 중 하나다. 그런데 여기에 벌점을 부과

함에 따라 언론사 입장에서는 광고를 할 수 있는 또 하나의 루트를 잃은 셈이다. 해외에서 열리는 디지털 미디어 관련 전시회나 엑스포에 가보면 미디어와 관련해 가장 활발한 기술 개발이 일어나는 분야가 광고다. 애드 테크는 갈수록 고도화해 정말로 다양한 광고 기법이 발달하고 있다. 애드 테크 자체가 중요한 기술이자 산업으로 각광받고 있다. 광고는 본질적인 성격상 이를 원하지 않는 독자들에게도 노출되곤 하는데 이에 대한 불편을 줄이기 위한 기술도 나날이 발전하고 있다. 애드 블록 같은 프로그램이 언론사가 노출하는 광고를 막는 것이 대표적이다. 이렇게 쫓고 쫓기는 기술 경쟁을 통해 광고의 시장원리가 작동해왔다. 하지만 제휴평가위원회에서는 이렇게 특정한 형태의 광고에 벌점을 부과함으로써 언론사의 광고 활동을 제약한다. 방송 클립을 볼 때 본 영상에 앞서 광고 영상이 나오거나 유튜브를 볼 때 광고가 먼저 노출되는 일은 흔하다. 이런 프리롤(pre-roll) 광고야말로 시청 흐름을 완전히 차단하지만 영상을 내보내는 업체도 수익을 올려야 한다는 사실을 다들 인정한다. IPTV 영화를 보기 위해서도 짧지 않은 시간 동안 광고를 봐야 한다. 이제 지상파에서도 중간 광고가 활성화할 분위기가 형성되고 있다. 하지만 네이버, 카카오 뉴스제휴평가위원회는 언론사들이 기사를 포털에 전송한다는 이유만으로 각종 광고를 처벌한다. 내용에 유해성이 없는 광고도 벌점을 부과한다. 이런 부분이 과도하게 네이버와 카카오의 입장만 반영한 것은 아닐지 고민해볼 필요가 있다. 네이버와 카카오도 엄청나게 많은 광고를 내보내고 있다.

그 외 '기타 이용자에게 과도한 불편함을 주는 경우'라는 막연한 문구로 어떤 형태의 광고든지 제재할 수 있는 길을 열어 놨다. 뉴스콘텐츠제휴사들은 네이버와 카카오로부터 전재료를 받는다. 물론 포털에서 받는 전재료 액수는 디지털 뉴스 생산에 들어가는 비용과 비교하면 턱없이 적다. 하지만 일부라도 비용을 받는다는 점에서 광고에 대한 규제에 최소한의 근거는 있다. 그러나 뉴스검색제휴사는 네이버와 카카오로부터 아무런 재정적 지원이나 대가를 받지 못한다. 언론사의 규모도 영세한 곳이 대부분이다. 그런데도 자체 페이지에서 노출하는 광고에 대해서도 많은 규제와 압박을 받고 있다. 이런 규정이 공정한가에 대해서 지속적인 논의가 필요하다.

물론 애드 테크의 발달이 과도하게 이용자의 불편을 초래하는 경우도 많다. 가령 기사 페이지의 작동 자체를 어렵게 하거나 특정 광고에서 벗어나기 어렵게 하는 등 불편함이 큰 경우도 많다. 이런 새로운 기법의 광고가 나올 때마다 명확하게 특징을 세분화해 극심하게 방해하는 광고에 한해 제재 대상으로 삼는 방법이 바람직하다. 이렇게 과도하고 포괄적인 규제 조항을 만들어놓을 경우 뉴스제휴평가위원 성향에 따라 예상하기 어려운 벌점을 부과하는 사례가 발생할 수 있다. 추천 검색어 또는 특정 키워드 남용 조항에서 '배경과 같은 색깔을 써서 보이지 않게 삽입한 경우'라고 특정했듯이 새로운 광고 기법 중 제재가 필요한 사항은 구체적인 논의를 거쳐 명확하게 제재 조항 만드는 것이 죄형 법정주의 원칙에도 부합한다.

불행히도 현재의 제재 조항은 이용자에게 과도한 불편함을 주는 경우라는 막연한 문구가 포함되어 있어 어떤 형태의 광고든 제휴평가위원들이 다수결로 벌점을 부과하겠다고 의결하면 벌점을 받을 수밖에 없다. 언론사의 입장에선 몸을 사리는 것이 상책이다. 경영이 어려워지더라도 새로운 광고 기법에 대해서는 소극적으로 받아들이는 편이 안전하다. 그것이 네이버, 카카오 제휴평가위원회가 가하는 제재에서 살아남는 방식이다.

여기가 급소다 4 - 건전 광고도 안심 금물

③ 가독성 훼손 광고 전송: 기사를 보기 위해 링크를 클릭했을 때, '제휴매체' 페이지로 이동 후 광고가 기사의 본문을 가리는 경우를 의미하며, 통상 아래와 같은 경우를 포함한다.

(ㄱ) 광고가 기사의 본문을 모두 가리는 경우

(ㄴ) 기사의 본문을 가리는 광고의 제거가 복잡하거나 불가능한 경우

(ㄷ) 기사 스크롤 시 광고가 기사를 따라다니며 가독성을 현저히 저해하는 경우

(ㄹ) 과도한 팝업 또는 팝언더 광고

(ㅁ) 기타 광고가 기사의 본문 가독성을 현저히 저해하는 경우

이 항목은 제재를 하는 조항의 명칭이 기사로 위장한 광고 전송이지만 기사 위장과 무관하게 언론사가 하는 아티클 광고 자체가 바로 제재 대상이 되는 부분이다. 뉴스제휴평가위원회가 출범할 당시 중복, 반복 전송 등 어뷰징에 대한 문제점이 제휴평가위원회 출범의 당위성으로 여겨졌고 실제로 제휴평가위원회 초기 활동은 어뷰징 제재 등에 비중이 컸다. 그러나 시간이 갈수록 언론사 광고 관련 규제가 점점 많아지고 있다. 이젠 제휴평가위원회의 주된 존재 이유가 언론사의 광고를 규제하는 것처럼 느껴질 정도다. 네이버나 카카오 역시 광고가 수입의 상당 부분을 차지한다는 점에서 언론사 광고를 경쟁으로 간주할 수도 있다. 물론 네이버나 카카오의 주장이나, 많은 뉴스제휴평가위원들의 견해처럼 독자의 편의를 고려한 방향일 수도 있다. 그러나 디지털 환경에서 생존하는 것 자체가 쉽지 않은 언론사 입장에서는 네이버나 카카오에 기사를 전송한다

는 이유로 광고에 대한 광범위하고 포괄적인 규제를 받는 것이 상당히 고통스러운 일이다. 실제로 언론사들이 네이버와 카카오로부터 제재를 받고 위기에 몰린 사유도 대부분 광고에 대한 처벌 때문이다. 모든 기사가 한 달 넘게 네이버와 카카오에서 사라지는 철퇴를 맞은 연합뉴스 제재를 받은 조항의 이름은 '등록된 카테고리 이외 기사 전송'이었지만 이것 역시 내용적으로는 광고에 대한 처벌이다. 광고성 콘텐츠를 보도자료가 아닌 기사 영역에 송출했다는 이유였다.

제휴평가위원으로 3년 동안 활동하면서 든 생각은 제휴평가위원회의 제재가 갈수록 광고 쪽에 집중하는 이유는 제휴평가위원들의 의지라기보다는 네이버, 카카오의 뜻이 반영됐다고 판단한다. 왜냐하면 언론사에 대한 벌점 부과는 검찰의 역할을 하는 네이버, 카카오 사무국이 벌점을 달라고 올리는 기사들을 심의하는 구조이기 때문이다. 네이버, 카카오 사무국에서 어뷰징 기사를 많이 올리면 어뷰징에 대한 벌점이 늘어나는 것이고 가짜 뉴스에 대한 제재를 많이 요청한다면 가짜 뉴스가 심의의 중심에 서게 된다. 제휴평가위원회 운영 기간이 길어질수록 광고에 대한 규제 요청이 많아진다는 느낌이 들었다. 제평위 제재가 유독 광고에 심하게 편중된다는 사실은 다른 윤리 제재와 비교하면 확연하게 드러난다.

한국신문윤리위원회가 주요 제재 사항을 게재하는 〈신문윤리〉 2021년 9월호를 보면 1면에 백신 접종 관련 과장 기사 제재를 소개하는 등 여중생 유서 보도, 여론조사 문제, 청소년 유해 음란만화 노출 등을 주요 기사로 다뤘다. 광고 제재에 집중하는 포털 제평위 제재와 확연한 차이가 난다. 네이버와 카카오 사무국에서 광고 관련 기사를 제재회의에 집중적으로 올리면 뉴스제휴평가위원들은 언론사 광고 관련 사안이 굉장히 심각하다는 생각에 흐르게 된다. 그러나 실제로 이용자들은 네이버, 카카오 사무국이 제재를 해달라며 올리는 광고 관련 적발 기사들이 어디에 나오는지도 모르는 경우가 대부분이다. 이런 기사를 네이버나 카카오가 뉴스 사이트에 편집해서 올릴 리가 없을 뿐더러 실수로라도 그런 경우는 보지 못했다. 따라서 현실에서 이용자들이 접할 가능성이 거의 없는 기사들을 집중적으로 적발해서 벌점을 요청하는 것이다. 물론 해당 기사들은 관련 키워드로 검색을 하면 기사 리스트에 나타난다. 그런데 기사뿐 아니라 네이버나 카카오에 광고비를 내고 검색을 신청한 포털 광고 콘텐츠들 역시 페이지 최상단에 줄지어 나타난다. 그렇다고 해서 네이버나 카카오가 정부든 민간이든 어디서도 제재나 벌점을 받았다는 얘기를 들어보지 못했다. 이 때문에 궁지에 몰리거나 고통스러워 한다는 것도 본 적이 없다.

언론사가 자체 사이트에 게재하는 광고들이 네이버나 카카오 입장에서는 같은 시장을 놓고 경쟁한다는 생각을 가질 수 있다. 앞으로 큰 변화가 없는 한 네이버, 카카오는 점점 더 광고 홍보성 기사를 집중적으로 모니터링할 가능성이 크다. 네이버, 카카오가 뉴스제휴평가위원회에 이런 기사들을 집중적으로 제재해달라고 올리게 되면 뉴스제휴평가위원들도 어쩔 수 없이 광고나 홍보와 관련된 기사를 논의하는 데 대부분의 시간을 쏟게 된다. 언론사 제재의 어젠다 세팅을 사실상 네이버와 카카오가 하는 셈이다.

언론사 소속 위원들은 이런 구조에 커다란 문제의식을 갖고 여러 차례 문제 제기를 했다. 한 언론사 위원은 뉴스제휴평가위원들이 네이버와 카카오에서 보수를 받으며 활동하기 때문에 이런 불균형이 갈수록 심해진다고 공개적으로 문제를 제기하기도 했다. 보수를 없애야만 언론사와 포털의 균형 있는 논의가 가능하다는 건의를 하기도 했다. 적지 않은 언론사 소속 위원들이 공감했지만 공허한 주장으로 끝났다. 이런 구조가 바꿔지 않는 한 네이버, 카카오에 대한 언론사의 피해의식은 심화할 가능성이 크다. 뉴스제휴평가위원회의 당초 출범 취지가 '인터넷 생태계가 저널리즘의 가치를 바탕으로 건전하게 육성 발전할 수 있도록 이바지하는 것을 목표로 한다'는 것이었지만 '인터넷 생태계', '육성', '발전', '이바지' 같은 문구는 추구 대상에서 제외되고 '건전'이라는 한 가지 항목만 강화돼 왔다. 그것도 네이버, 카카오의 건전은 논외가 됐고 오로지 언론사의 건전과 일탈만 감시하는 형태가 됐다.

네이버, 카카오와 언론사간의 바람직한 상생을 모색하자는 취지였기에 언론 단체들도 뉴스제휴평가위원회 출범에 동의했던 것임을 고려할 때 제휴평가위원들은 물론, 네이버와 카카오도 여기에 대한 고민을 지속해야 할 책임이 있다. 가령 뉴스제휴평가위원들에게 지급하는 보수를 네이버와 카카오가 전부 지급하는 것이 아니라 언론 관련 단체들도 분담한다든가 하는 대안을 고민할 필요가 있다. 기울어진 운동장을 개선하지 않으면 언론사의 피해의식은 계속 커질 것이고 네이버, 카카오와 언론사의 갈등은 증폭될 가능성이 크다. 물론 이 과정에서 네이버나 카카오가 받을 피해나 위험은 별로 없다. 이에 반해 언론사는 포털에서 기사가 전부 사라지거나 최대 디지털 소비처인 네이버, 카카오에서 퇴출당하는 등 치명적인 조치를 당할 우려가 상존한다.

네이버나 카카오페이지에서 소비되는 인링크 기사가 아니라 언론사 자체 페이지로 이동해서 열람하는 기사 페이지의 광고까지 벌점을 부과하는 것은 부당하다는 주장이 여러 차례 나왔다. 이에 대해 비록 언론사 홈페이지에서 벌어지는 일이라 하더라도 네이버와 카카오페이지를 거쳐 접속할 경우엔 제재 대상이 돼야 한다는 의견이 맞섰다. 결국 언론사 자체 페이지의 광고도 벌점 부과 대상으로 하는 규정이 유지되고 있다.

언론사 자체 페이지 광고에 대한 제재 조항은 상당히 모호하다. 기사의 본문을 가리는 광고의 제거가 복잡하거나 불가능한 경우가 어느 정도를 말하는지 판단하기 쉽지 않다. 모바일의 경우 정상적인 기사를 열람하고자 할 때도 위아래 기사가 클릭되거나 옆에 있는 항목이 눌러지는 경우가 흔히 발생한다. 기사의 일부를 가리는 팝업 광고를 제거할 때 실수를 하는 경우도 발생할 수밖에 없다. 그렇다면 어느 정도가 돼야 복잡한 것일까. 거기에 대하여 딱 부러지게 답을 하기 어렵다. 필자가 뉴스제휴평가위원으로 활동하는 동안에는 이 부분에 대한 제재 요구가 많이 올라오지 않았다. 그렇다고 해서 앞으로도 안 올라올 것이냐는 전혀 다른 차원의 문제다. 제재의 흐름은 계속 변한다. 네이버와 카카오가 올리는 제재 기사들은 시간 흐름에 따라 변해왔다. 필자가 활동하는 동안에는 광고 관련 제재가 계속 강화했다. 주로 기사에 대한 내용들이 많았는데 기사가 개선되고 나면 광고 자체로 제재가 옮겨갈 가능성이 충분하다.

한 번에 집중적으로 벌점을 부과해 퇴출시킬 위험은 누구에게나 있다. 연합뉴스가 한 번에 대량 벌점을 받고 네이버, 카카오에서 기사가 장기간 완전히 사라졌듯이 작은 언론사는 물론 거대 언론사도 원샷 퇴출 위험에 항상 노출돼 있다고 보면 크게 틀리지 않다.

필자의 경험상 네이버, 카카오와 수입 경쟁이 생길 수 있는 광고 관련 항목은 상당히 언론사에게 위험한 부분이라고 생각한다. '기사 스크롤 시 광고가 기사를 따라다니며 가독성을 현저히 저해하는 경우'도 애매하긴 마찬가지다. 기사 스크롤에 따라 화면에서 일정 위치에 배치하는 기법은 스티키라는 표현으로 모바일에서 많이 활용되는 기술이다. 광고뿐 아니라 기사를 열람할 때 주요 메뉴로 이동하는 지름길을 담은 내비게이션이라든가, 자주 쓰는 기능을 찾기 쉽게 하기 위한 방법으로도 스티키 기법이 널리 활용된다. 광고주에게는 당연히 노출 효과가 커질 수 있고 이에 따라 언론사에서는 더 많은 광고비를 받을 수 있는 기법이다. 그러나 이 항목이 규제 대상이 되면서 가독성을 현저히 저해하는 경우가 어느 정도를 말하는지 필자도 판단하기 어렵다. 물론 뉴스제휴평가위원 대부분이 상당한 합리성을 기반으로 의사결정을 하기 때문에 적정선을 찾아 가리라는 기대는 있다. 문제는 디지털 미디어에서 벌어지는 일, 특히 포털과의 접점에서 벌어지는 현상과 언론사가 생존을 위해 택한 고육지책의 디테일을 알기 어렵기 때문에 네이버나 카카오가 심각하게 보이는 사안만 골라내 제재회의에 올리면 제휴평가위원들은 언론사를 맹비난하기 쉽다. 도마에 오른 언론사에선 출석해 해명할 기회도 갖지 못한다. 이런 사례를 근거로 새로운 규제 조항이 만들어지고 시행되면 돌을 맞는 언론사들은 모든 연관 활동이 위축되고 수익에 막대한 차질이 빚어질 수밖에 없다. 어떤 언론사든, 지금까지 많은 미디어가 오래 전부터 해온 관행이라며 설마 하는 생각에 기존 광고 방식을 지속하다가는 어느 날 갑자기 대량 벌점을 맞고 퇴출될 수 있다.

요즘 잦아지는 언론사 퇴출 패턴이 있다. 언론사들이 오래 전부터 관행적으로 해왔지만 네이버, 카카오 뉴스제휴평가규정에는 맞지 않는 특정 사안을 일부 매체가 대대적으로 보도한다. 이 기사를 근거로 네이버, 카카오 뉴스제휴평가위원회가 특정 언론사에 대량으로 벌점을 부과해 퇴출시키는 형태다.

형식적으로는 문제 제기 자체가 네이버, 카카오 사무국이 아닌 외부 매체에서 이루어졌으므로 해당 언론사는 누구를 원망할 틈도 없이 네이버, 카카오에서 사라질 위기에 직면한다. 제재를 받는 언론사 입장에서는 반론을 펼 수 있는 경로가 극히 제한되어 있다. 단 한 번의 대량 벌점으로 퇴출이 가능한 현행 뉴스제휴평가규정이 빚어낸 현상이다.

과도한 팝업 또는 팝언더 광고 역시 애매하다. 언론사들은 다른 언론사들이 어느 정도로 팝업 광고를 하는지 눈치를 살피면서 적절한 수위를 조정해가는 방법 이외에는 없을 것이다. 물론 팝업 광고를 없애면 가장 마음이 편하다. 기사를 가리는 팝업 광고가 좋아서 하는 언론사는 없을 것이다. 기자들이 공들여 쓴 기사가 광고에 덮이는 것을 볼 때마다 기자들은 물론 경영진 입장에서도 마음이 좋을 리 없다. 그러나 생존해야 하기 때문에 기사를 일부 가리는 팝업 광고를 받아들였을 것이다. 그런데 이제 그런 팝업 광고가 언제 대량 벌점을 안겨줄 폭탄으로 둔갑할지 모른다. 팝업 광고는 하나의 기사에만 뜨는 것이 아니라 해당 언론사가 내보내는 대부분의 기사에 나타난다. 만약 팝업 광고가 뜬 특정 언론사의 기사 수백 개를 제재회의에 올린다면 어떤 일이 벌어질까. 네이버, 카카오 뉴스제휴평가위원들이 여러 가지 상황을 고려해 원샷 퇴출에 이르는 벌점만은 피할 가능성이 크다고 생각한다. 그러나 제휴평가위원들의 성향이나 분위기에 따라 대량 벌점을 부과할 가능성도 배제할 수 없다. 이런 위기에 몰리면 대개들 "다른 언론사들도 비슷한 상황"이라고 항변하지만, 이 같은 주장이 받아들여지는 경우는 흔하지 않다는 사실을 미리 알아둘 필요가 있다. 칼자루를 쥔 쪽에선 설마 치명상을 입히겠느냐며 안심하라고 말하지만 칼끝에 놓인 사람은 불안에 떨 수밖에 없다.

'기타 광고가 기사의 본문 가독성을 현저히 저해하는 경우' 역시 애매하다. 광고의 특성상 관심 있는 콘텐츠의 주변 효과에 기대는 경우가 대부분이다. TV 광고의 경우도 시청률이 높은 프로그램에 광고주가 몰린다. 특히 프로그램을 보다가 내용을 중단하고 내보내는 중간광고가 효과도 크고 값 역시 비싸다. 디지털의 팝업 광고 등은 TV 중간 광고와 비슷한 콘셉트다. 인터넷 영상물 프리롤 광고 역시 강제로 일정 시간 동안 시청해야만 콘텐츠를 볼 수 있다. 여기에 벌점을 부과하지 않는다. 그것은 광고의 속성이 그럴 수밖에 없기 때문이다. 다만 제한을 둔다면 중간광고 등의 방식을 세밀하게 규정해 방송사가 기준을 지키는 한 마음 놓고 광고할 수 있도록 제도적 장치를 마련한다. 유튜브의 경우 프리롤 광고의 길이나 영상 도중 튀어나오는 광고의 길이를 이용자 흐름을 분석해 시장의 논리로 조절한다. 어떤 경우엔 5초 후 스킵이 가능하지만 다른 광고는 끝까지 봐야 한다. 이런 광고에 대한 규제가 필요하다면 정밀한 규정을 두어서 유튜브가 이를 준수하게끔 하면 된다. 그러나 네이버, 카카오 뉴스제휴평가규정처럼 추상적이고 애매한 문구로 광고를 규제하면 언론사 입장에서는 항상 벌점을 각오하면서 광고를 내보낼 수밖에 없다. 유일하게 기댈 수 있는 부분은 뉴스제휴평가위원들의 합리성이다. 실제로 뉴스제휴평가위원회에서 이루어지는 논의는 미디어나 법률 단체, 시민단체의 입장에서 합리적인 문제 제기와 이성적인 토론으로 이어지는 경우가 대부분이다. 그렇기 때문에 결정 사항도 상식의 선에서 크게 벗어나지 않는 경우가 많다. 문제는 언론사가 생존을 위해 디지털 미디어에서 적용해온 여러 관행들이 이를 오랫동안 자세히 관찰하지 않은 사람 입장에서 보면 상당히 불편하게 느껴지는 부분이 많다는 사실이다. 이것에 대해 설명하는 일조차도 쉽지 않다. 대표적인 예가 네이버, 카카오 뉴스제휴평가위원회 초기에 집중 논의된 어뷰징 기사다. 언론사가 똑같은 기사를 왜 반복 전송해서 뉴스 검색의 질을 떨어뜨릴까. 그런 기사를 쓰고 있는 언론사가 한심해 보이는 것은 부정하기 어렵다. 그러나 그런 한심한 행동을 유발한 더 근본적인 배경엔 네이버와 카카오가 내보내는 실시간 검색어가 주요한 원인이라는 것을 알아차리기란 쉽지 않은 일이다.

직접 실무를 해보지 않았다면 언론사 내부 사람들도 이해를 못하는 경우가 허다하다.

이 때문에 뉴스제휴평가위원회 출범 초기부터 언론사 소속 위원들은 네이버, 카카오의 실시간 검색어를 없애야 한다고 강력하게 주장했다. 이것이 사라지면 어뷰징 기사 대부분이 사라질 것이라고 여러 명이 역설했다. 그럼에도 이에 대해 수긍하지 못하는 위원들이 많았다. 이런 사실을 누구보다 잘 아는 네이버, 카카오지만 트래픽에 도움이 되는 실시간 검색어 서비스를 포기하려 하지 않았다. 네이버와 카카오 역시 자신들의 이해관계가 걸리면 어뷰징을 유발하는 서비스라도 포기하지 않는 모습을 보였다.

네이버는 결국 모바일에서 실시간 검색어를 없앴고 PC 버전에서도 실시간 급상승 검색어 서비스를 중단했다. 그렇게 되기까지 수년이 걸렸다. 카카오는 네이버, 카카오 뉴스제휴평가위원회 출범 5년이 지나도록 검색어를 포기하지 않았다.

네이버, 카카오 뉴스제휴평가위원들이 언론사의 디지털 뉴스 운영 실무에 대해 이해가 깊지 않은 점, 네이버, 카카오 뉴스제휴평가위원회가 포털사에는 아무런 불이익을 줄 수 없고 언론사만 처벌하는 일방통행식 구조인 점, 벌점을 받아 네이버, 카카오에서 사라질 위기에 처한 언론사조차 제대로 반론을 펼 수 있는 기회가 부족한 점 등이 복합적으로 작용해 언론사에게는 뉴스제휴평가위원회가 네이버, 카카오의 입장에 서서 언론사를 처벌하는 일방적 규제 기구로 인식할 수밖에 없는 여건이 조성됐다.

특히 광고 관련 부분이 언론사를 네이버, 카카오에서 퇴출시키는 가장 결정적 요소로 등장한 만큼 이 부문에 있어 포털의 일방 시각을 반영하기보다 언론사의 현실도 함께 고려하는 균형 감각이 절실하다. 언론사들이 흔쾌히 동의할 수 있는 규정 개정과 운용의 묘를 살리는 변화가 이뤄져 네이버, 카카오 뉴스제휴평가위원회가 언론계에서도 믿고 의지할 수 있는 존재로 자리매김하길 바랄 뿐이다.

여기가 급소다 5 - 제목도 처벌

5. 선정적 기사 및 광고 〈일부개정 2016. 11. 09, 2019. 03. 01〉

① 선정적 기사 및 광고라 함은 '포털사'의 청소년보호정책에 위반하는 문구와 이미지를 포함한 기사 및 광고를 말한다.

② 선정적 기사 및 광고는 아래의 각 사항을 포함한다.

   (ㄱ) '포털사'에 노출된 '제휴매체' 기사 제목 또는 '제휴매체' 페이지의 기사 제목이 내용과 무관하게 선정적인 경우

   (ㄴ) '포털사'에 노출된 기사의 '제휴매체' 첫 페이지에 선정적인 키워드, 동영상, 이미지 등이 게재된 경우

   (ㄷ) '포털사'에 노출된 기사의 '제휴매체' 첫 페이지에 선정적 광고가 게재된 경우

③ '포털사'의 청소년보호정책에 위반하는 문고와 이미지는 〈별표 9〉에 따른다.

선정적 기사 및 광고는 주관적 판단이 많이 개입되고 동일한 사안에 대한 뉴스제휴평가위원들의 견해가 많이 엇갈리는 분야다. 그런 만큼 실제 처벌 대상인 콘텐츠의 내용이 매우 구체적으로 적시돼 있다. 성과 관련된 콘텐츠뿐 아니라 폭력적인 내용 그리고 언어 폭력적인 요소에 대해

서도 벌점을 부과한다. 광고를 비롯한 여러 항목에서 구체성이 부족하고 지나치게 광범위한 표현을 벌칙 조항으로 만들어 언론사들이 어느 정도까지 허용되고 어디부터 제재를 받는지 판단하기 어려워 혼란을 겪는 것과 달리 이 조항들은 매우 구체적으로 제재를 가하는 행위가 적시돼 있다. 벌점이 언론사에게 치명적인 타격을 줄 수 있음을 고려하면 이렇게 구체적으로 위반 행위를 규정해주는 형식이 바람직하다.

그럼에도 불구하고 선정성에 대한 판단은 위원별로 너무 많이 차이가 난다. 필자는 2년간 제재위원으로 활동했는데 첫 번째와 두 번째 사이에 제재위원들의 선정성에 대한 판단 차이가 상당하다고 느꼈다. 어떤 위원은 청소년들에게 이런 콘텐츠를 노출하는 것이 말도 안 된다고 비판하는 기사에 대해 다른 위원은 이런 정도가 어떻게 벌점 대상이냐고 반박하는 일이 빈발했다. 서로의 견해가 좁혀지기 어려울 경우 결국 표결을 하게 되는데 투표 결과는 제재위원 구성에 따라 같은 해에는 대체로 비슷한 결론으로 이어진다. 즉 평가위원들의 성향이 엄격한 해는 성 관련 기사나 노출이 많은 사진 등에 대한 벌점이 많이 부과되고, 표현의 자유에 대해 관대한 위원들이 많으면 그해는 네이버, 카카오 사무국이 기사를 적발해 제재 소위에 올려도 벌점을 부과하지 않는 일이 많다.

이런 정황상 이 항목은 언론사가 가장 열심히 반론을 펴야 하는 제재 조항이라고 볼 수 있다. 노출이 심하게 보일 수 있어도 예술적 표현인 경우라든가 〈별표 9〉가 규정한 세부 항목에 해당하지 않는다고 생각될 경우 적극적으로 논리적 근거와 관련 자료를 찾아 어필할 필요가 있다.

디지털에서 가장 많은 관심을 받는 기사 중 하나가 사건 사고다. 특히 범죄와 관련된 기사는 트래픽에도 크게 도움이 되는 사례가 많다. 신문의 경우 지면에서는 사건 기사를 그리 많이 다루지 않는 추세가 정착돼

왔는데 디지털 퍼스트 시대가 도래하면서 다시 범죄나 사건 기사가 강화되고 있다. 범죄 기사는 시민들이 안전에 대한 관심이 많아지면서 항상 클릭을 많이 받는 경향이 뚜렷하다. 외국에서도 CSI처럼 범죄와 관련된 드라마가 큰 인기를 끌면서 다수 제작되는 흐름만 봐도 범죄에 대한 관심은 어느 나라에서나 보편적으로 나타나는 현상임을 알 수 있다.

문제는 범죄 기사를 다루다 보면 잔인한 묘사를 하거나 끔찍함을 유발하는 표현이 등장하기 쉽다. 네이버, 카카오 사무국에서 범죄 등과 관련한 기사를 제재해달라고 올리는 경우가 종종 발생한다. 이 역시 해당 제재회의 분위기에 따라 벌점 부과 여부가 결정되는 경향이 있어 운도 따라줘야 한다. 이렇게 위원 구성과 분위기에 따라 결과에 편차가 있는 제재 항목은 언론사에서 적극적으로 소명자료를 작성할 필요가 있다. 왜 그런 표현을 쓸 수밖에 없었는지, 왜 그렇게 묘사하는 것이 독자에게 더 유익하다고 생각했는지를 잘 고민해서 반론에 담으면 좋다. 같은 소재를 다루면서 훨씬 더 폭력적이거나 선정적으로 표현한 다른 언론사 기사를 많이 찾아내면 이를 첨부해서 제출하는 것이 도움이 될 수 있다. 비슷한 종류의 사건을 다룬 외국 주요 언론의 기사 등을 첨부해 비교한다든가 보도자료나 설명 자료에 포함된 표현을 참고했다는 사실을 잘 어필하면 벌점 부과가 취소될 수 있다.

사건 사고에 대한 기사가 많아지면서 위험 수위를 넘나드는 기사도 늘고 있다. 이런 사안은 한 번에 대량 벌점을 받을 가능성은 작지만 네이버, 카카오에 전송하는 빈도가 크고 네이버, 카카오에서 인링크로 소비되는 이 같은 유형의 기사가 많기 때문에 가랑비에 옷 젖듯 벌점이 쌓여갈 수 있으니 늘 조심해야 한다.

선정성 항목으로 한 번 벌점을 부과 받으면 그해 제휴평가위원의 성향을 짐작할 수 있다. 비슷한 성격의 기사에 재차 제재를 가할 가능성이 크므로 언론사에서 관련 기사를 쓰는 부서들은 물론, 다른 부서에도 적극적으로 알릴 필요가 있다. 요즘 들어 국제부에서도 외국의 사건 사고 관련 기사를 많이 보도하며, 현지 특파원들 역시 범죄 관련 기사를 상세히 보도하는 경우가 늘고 있다. 국제부 기자도 포털 제재가 익숙하지 않지만 특히 다른 나라에 주재하는 특파원들은 우리나라에서 벌어지는 포털 제재에 대해 감이 떨어질 수밖에 없기 때문에 항상 관련 사실을 공유해줄 필요가 있다. 국제부에서 벌점 부과 대상이 될 때는 현지 언론이나 다른 나라 보도를 참고자료로 제출해 제재를 피하는 방법도 권장할 만하다.

선정성 제재 항목의 구체적인 내용을 담은 〈별표 9〉는 사회 관련 부서는 물론이고 국제부를 비롯한 다른 팀에서도 내용을 공유해 미리 대비하는 것이 좋을 듯하다.

여기가 급소다 6 - 기사 1개에 벌점 5점?

7. '제휴매체' 기사 이외 기사 전송 〈개정 2020. 02. 14〉

① '제휴매체'가 '포털사'에 '제휴매체'가 아닌 매체(신문사업자, 정기간행물사업자, 방송사업자, 인터넷신문사업자, 뉴스통신사업자, 인터넷뉴스서비스사업자로 제호가 등록된 매체)의 기사(이하 '미제휴 매체 기사'라 한다)를 전송하는 것을 말한다.

② '제휴매체'인 A가 '포털사'와 제휴하거나 제휴하지 않은 B 또는 A의 자매회사 등의 '미제휴 매체 기사'를 A의 기사인 것처럼 우회 송고하여 '포털사' 뉴스에 노출하는 것이 이에 해당한다.

네이버, 카카오와 계약을 맺은 제휴 언론사가 다른 언론사의 기사를 전송할 경우 처벌하는 조항이다. 네이버, 카카오 제휴평가위원회의 제재 흐름을 잘 모르는 언론사 간부나 기자들이 실수로 큰 벌점을 받을 수 있는 조항이기도 하다.

이 행위가 무엇을 의미하는지를 이해하는 것부터가 쉽지 않다. 이 조항으로 제재를 받게 되는 상황은 다음과 같은 경우다. 예를 들어 한 언론사가 네이버, 카카오와 콘텐츠 제휴를 맺었다고 해보자. 원칙대로라면 해당 언론사의 기사만 네이버, 카카오에 전송하는 것이 당연하다. 그런데 이 언론사가 새로운 매체를 하나 창간하고 해당 매체 기사의 영향력을 높이기 위해 새로운 매체 기자가 쓴 기사를 제휴 언론사 기사로 송고해 네이버, 카카오에 싣는다고 해보자. 언론사 입장에서는 함께 입사해 같이 편집국에서 일하던 기자들이 조직을 분리해 새로운 매체를 만들었을 뿐이니 거기서 생산하는 기사의 질이 불과 얼마 전 함께 일할 때에 비해 떨어지는 것도 아니어서 원래 소속이던 매체에 송고하는 것이 뭐가 문제냐고 생각할 수 있다. 그러나 이를 부정적으로 보자면 새로 창간한 매체가 기존 매체와 수준이 비슷한지 알 수 없는 상황에서 네이버, 카카오를 제휴가 안 된 새로운 매체의 홍보수단으로 삼는 것은 부당하다고 생각할 수 있다. 특히 대형 언론사는 이런 방식으로 새로운 매체를 쉽게 늘려갈 수 있다. 네이버, 카카오와 제휴를 맺은 언론사라고 해서 새로 창간한 별도의 매체를 네이버, 카카오로 홍보하는 것은 부당하다는 인식에서 벌점을 부과하기로 한 것이다.

하지만 이런 규제가 언론사의 일반적인 관행과 맞지 않는 부분이 있다. 많은 언론사들은 자매 회사에서 보도한 특종이나 탐사 기사를 본지에 보도하는 경우가 흔하다. 그런데 이를 엄격하게 규제할 경우 오랫동안 유지해온 건전한 관행조차 가로막는 꼴이 된다. 이런 폐단을 막고자 하루에 일정 비율만큼은 타 매체 기사를 포털에 전송하는 것을 허용한다.

레거시 매체와 디지털 미디어의 본질적인 차이에서 발생하는 문제점도 있다. 신문이 호황기에는 일주일 내내 발간하기도 했지만 지금은 모든 신문에 휴간일이 있다. 네이버, 카카오 뉴스제휴평가위원회가 생기기 전까진 이런 휴간일에 자매 회사 기사를 게재해 뉴스 페이지를 찾아오는 독자들에게 유익한 기사를 제공했다. 디지털 뉴스는 일주일 내내 쉼 없이 독자들에게 노출되기 때문에 가능한 한 지속적으로 새로운 기사를 내보내는 것이 독자들에게도 유익하다.

그런데 이 규제 조항 때문에 기자들이 근무하지 않는 휴간일에 디지털 보도를 하는 것이 상당히 어려워졌다. 이는 디지털 뉴스를 보러 온 독자들에게도 불이익을 주는 셈이다.

결국 네이버, 카카오와 제휴를 했다는 이유로 언론사들이 휴간일에도 일부 기자들을 출근시켜 직접 자체 기사를 생산해야만 하는 상황에 놓인 것이다. 네이버, 카카오가 신문기자들의 휴간일 휴무를 앗아갔다고 해도 과언이 아니다.

이런 고충을 감안해 하루 기사 송고량 중 5%까지는 타 매체 기사를 전송해도 벌점을 부과하지 않는다. 가령 해당일에 기사를 100개 생산했다면 그중 4개까지는 자회사의 기사를 실을 수 있는 것이다. 하루에 100개의 기사를 생산하려면 상당히 많은 기자가 출근해야 한다. 이런 정도의 허용으로는 자사의 다른 매체 기사를 활용해 휴일 근무 부담을 덜려는 것에는 별로 도움이 되지 않는다는 사실을 알 수 있다.

이렇게 퍼센트를 기준으로 제재를 결정하기 때문에 뜻밖의 대량 벌점을 부과 받게 되는 웃지 못 할 상황이 생긴다. 근무자가 적은 휴일에 기사를 소량만 출고하는 상황에서 타 매체 기사 한두 개를 올렸다가 큰 낭패를 볼 수 있다. 해당 언론사 이외 매체의 기사를 전송한 비율이 25%를 넘으면 벌점 5점을 부과 받는다. 기존에 벌점 1점이 있었다면 곧바로 재평가 대상이 돼 퇴출 위기에 몰린다. 벌점이 없었다 해도 이 한 번으로 언제든지 재평가 대상이 될 수 있는 벼랑 끝에 서게 된다.

가령 휴일이어서 당번만 출근해 기사를 세 꼭지 썼는데 여기에 자회사 기사를 하나 전송한다면 제휴매체 기사 이외의 기사 전송 비율이 25%가 된다. 벌점 5점 부과 대상이다. 이렇게 비율로 벌점이 결정되는 항목들은 자칫하면 예상 못한 벌점 폭탄을 맞는다. 중복, 반복 기사 전송과 추천 검색어 또는 특정 키워드 남용의 경우도 위반 기사의 비율로 벌점이 결정된다.

여기가 급소다 7 - 제휴매체 기사 실을 수 있지만 …

③ 단, 지면 기고나 방송 보도로 인하여 불가피하게 '제휴매체'의 자매회사 등의 기사를 '제휴매체'에만 게재한 경우는 '제휴매체' 기사 이외 기사 전송에 해당하지 않는다.

이 제재 조항은 사실 언론사들에게 굉장한 불편함을 준다. 기존에 자유롭게 활용했던 자매 회사들의 기사를 철저하게 통제받으면서 파생되는 문제들이 상당하다.

대형 언론사의 경우 방송 뉴스나 지면 기사를 계열 언론사와 협력해 제작하는 경우가 흔하다. 여러 가지 효율성을 고려해 분사 형태로 가져가는 경우도 많다. 그런데 제휴 언론사 기사 이외의 자회사 기사 등을 엄격히 통제하면서 곤혹스러운 상황이 생긴다. 네이버, 카카오 때문에 회사의 계열사 전략마저 수정해야 하는지 고민에 봉착할 수 있다.

누가 봐도 이것은 과도한 규제이기 때문에 그런 문제점들에 대한 예외 조항을 마련했다. 이 항목이 대표적이다. 계열사나 자회사가 쓴 기사라도 제휴 언론사의 주요 기사로 게재한 경우라면 처벌을 피할 수 있다는 예외 규정이다. 예를 들어 광주 MBC에서 만든 리포트를 서울 MBC 메인뉴스에 썼다면 서울 MBC 기사로 네이버, 카카오에 전송해도 벌점을 부과하지 않는다는 것이다. 조선일보가 스포츠조선 소속 기자가 쓴 기사를 지면에 게재하고 이 기사를 네이버, 카카오에 전송해도 마찬가지로 벌점 부과 대상에서 제외한다. 단 해당 기사는 제휴매체 한 곳에만 올려야 벌점을 피할 수 있다. 만약 제휴매체도 쓰고 같은 기사를 원 소속 매체에도 썼다면 벌점 부과대상이 될 수 있다는 얘기다. 실제로 이런 이유로 처벌한 사례는 보지 못했지만 언제든 마음먹고 적발한다면 규정에 따라 벌점 부과가 가능한 부분으로 판단된다.

만약 원 소속 매체에 기사를 게재하고 제휴매체에도 기사를 올린다면 제휴매체 기사 이외 기사 전송 비율을 준수해 5% 미만을 유지해야만 벌점을 부과 받지 않는다.

다시 한 번 강조하지만 이 규제 조항은 의외로 큰 벌점을 부과 받을 수 있기 때문에 기사가 적게 출고되는 휴일 근무 책임자는 타 매체 기사를 싣게 될 경우 당일 기사 총량과 비교해 5%를 넘지 않는지 철저히 점검할 필요가 있다. 위반건수 별로 벌점을 받는 대부분 조항은 기사 1개 위반에 벌점 0.2점이 부과된다. 벌점 3점을 받으려면 15개의 기사가 적발돼야 한다. 이에 비해 이 항목은 기사 2, 3개로 벌점 3, 4점을 받을 수도 있다.

기사 출고량이 적은 소규모 언론사의 경우 이 항목이 치명타가 될 수 있으므로 항상 유의해야 한다.

여기가 급소다 8 - 베껴 쓴 기사의 경우

8. 뉴스 저작권 침해 기사 전송

① 베껴 쓰기: 타 매체사에서 보도한 기사의 전체 또는 일부를 출처를 밝히지 않고 무단으로 발췌해 작성한 것을 의미한다.

② 이미지 저작권 침해: 타인이 소유한 이미지를 협의 없이 사용하는 것을 의미한다.

우리나라 보도 관행상 가장 흔하게 벌어지는 위반이지만 막상 벌점을 받는 사례를 흔치 않다. 어느 한 언론사가 단독 기사를 보도하면 몇 분 지나지 않아 수많은 매체가 같은 내용을 내보낸다. 특종을 한 매체 이름을 넣어 출처를 밝히기도 하지만 명시적으로 인용하지 않고 내용만 따라 쓰는 경우도 부지기수다.

상황이 이렇다 보니 이 조항을 엄격히 적용해 벌점을 부과한다면 너무 많은 언론사가 제재를 피하기 어렵다. 매체들은 자신의 단독 기사를 다른 언론사가 베끼는 피해를 입기도 하지만 자신들이 타 매체의 기사를 따라서 쓰는 일도 많다. 누가 가해자고 피해자인지 구분하기도 쉽지 않다.

인터넷 표절의 논란은 해외에서도 마찬가지다. 『미디어의 윤리의 이론과 실제』(패터슨 등, 2013)에서는 "타이거 우즈의 결혼 파탄에 관한 모든 뉴스를 모아서 사이트에 올리는 행위를 인정해야 하는가? 이는 표절 행위와 마찬가지 아닌가?"라고 문제 제기를 한다.

정답을 찾기 힘든 이 조항은 특정 언론사에만 벌점을 부과하기보다는 점진적으로 개선해나갈 방안을 모색하는 모티브로 삼는 것이 바람직해 보인다. 다만 이 조항으로 처벌할 수 있는 상황도 있다. 베껴 쓰기 피해를 당한 언론사가 소송을 제기해 승소하거나 표절의 정도가 너무 심할 경우 뉴스제휴평가위원회에 신고를 한다면 벌점을 부과할 가능성이 있다고 판단한다.

여기가 급소다 9 - 카테고리 지뢰

9. 등록된 카테고리 외 기사 전송 〈일부개정 2020. 02. 14, 2021. 02. 23〉

① '제휴매체'가 '포털사' 최초 제휴 시 협의된 카테고리 외의 기사를 전송하는 것을 말한다.

예) 경제 카테고리로 등록된 '제휴매체'가 연예 카테고리 기사를 사전 협의 없이 전송하는 경우 등

예2) 보도자료, 자동생성기사(로봇기사 등)를 지정된 카테고리 외로 전송하는 경우 등. 단, 자동생성기사(로봇기사 등)임에도 사람의 관여도가 상당한 경우 하루 10건 이하를 전송할 수 있다.

처음 이 규정은 언론사가 특정 분야에 특화돼 있을 때 해당 카테고리로 입점을 신청하고 제휴에 통과하면 해당 카테고리에 집중해서 기사를 공급하라는 취지로 만들어졌다. 입점 심사 중 카테고리 변경 신청 조항이 있는 것에서 알 수 있듯이 전문 매체 등이 쉽게 진출하도록 배려해 포털 뉴스콘텐츠의 다양성을 확보하자는 차원이다.

그러나 이 조항이 전문지나 지역언론으로 제휴를 통과한 뒤 종합 매체나 경제 매체로 변경하는 우회 통로로 활용되는 현상이 잦아지면서 카테고리 변경 신청이 신규 입점 수준으로 평가가 강화됐다.

처음엔 이 조항의 위반은 주로 지역 언론사가 지역과 무관한 기사를

쓰는 형태로 이뤄졌다. 연예와 무관한 카테고리의 매체가 연예인 기사를 쓰는 것이 전형적인 적발 대상이었다. 그런데 여기에 보도자료성 기사를 일반 기사로 내보내는 것을 이 조항을 적용해 처벌하기 시작했다. 이런 경우 누적된 건수가 많아 한 번에 대량벌점을 받을 수 있다. 실제로 벌점 폭탄을 맞고 포털에서 기사가 사라진 대형 언론사에게 이 조항이 적용된 사례가 있다.

조항의 이름만 보면 무슨 말인지 알기 어려운 제재규정이 많다. 이런 항목이 언론사를 나락에 빠뜨리곤 한다. 낯선 용어가 제재규정에서 보이면 더 위험하다는 사실을 잊지 말아야 한다. 제재규정을 둔 건 다 이유가 있다.

다시 생각해보는 언론사 제재

많은 판례가 언론을 제재하는 것에 대한 우려와 고민을 표하고 있다. 미디어 가운데 가장 엄격한 윤리 규정의 준수가 요구되는 방송을 국가 차원에서 규제하는 것을 두고서도 사법부는 최소화하라고 말한다. 네이버, 카카오가 운영하는 포털뉴스제휴평가위원회의 규제가 어떠해야 하는지 신중하게 검토할 필요가 있다. 방송 심의 등에 대한 대법원과 헌법재판소의 의견을 읽어보자.

언론은 민주주의를 지탱하는 기둥이다. 자유로운 의사표현과 활발한 토론이 보장되지 않고서는 민주주의가 존립할 수 없다. 따라서 헌법 제21조 제1항이 보장하는 언론·출판의 자유는 "대한민국은 민주공화국이다."라는 헌법 제1조 제1항의 선언을 실현하기 위한 필수조건 중 하나이다(대법원 2018. 10. 30. 선고 2014다61654 전원합의체 판결 참조).

헌법 제21조 제1항의 언론·출판의 자유에는 방송의 자유가 포함되는데, 방송의 자유는 주관적인 자유권으로서의 특성을 가질 뿐 아니라 다양한 정보와 견해의 교환을 가능하게 함으로써 민주주의의 존립·발전을 위한 기초가 되는 언론의 자유의 실질적 보장에 기여한다는 특성을 함께 가지는 것으로서, 이러한 방송의 자유를 보장하기 위하여 국가권력은 물론 사회의 다양한 세력들로부터 방송편성의 자유와 독립은 보장되어야 한다(대법원 2012. 5. 10. 선고 2010다15660 판결 등 참조).

그러나 방송이 여론형성에 미치는 영향력이 크고, 이에 따라 사실을 왜곡하거나 특정 입장에 편파적인 방송이 초래하는 부정적 파급효과의 위험성을 고려하면, 방송내용을 규제할 필요가 있음은 부정할 수 없다. 다만 다양한 견해가 사상의 자유시장에서 경쟁할 때 비로소 올바른 여론이 형성될 수 있고, 사회는 자율적인 규제와 정화작용을 통하여 국가의 발전과 공공복리에 기여할 수 있으므로 국가는 방송내용에 대한 개입을 최대한 자제함으로써 방송의 본질적 역할을 부당하게 위축시켜서는 아니 된다.

방송법 등에서 규정하고 있는 이와 같은 방송심의제도는 민주사회에서 국민의 자유로운 의사형성을 가능하게 하는 방송의 역할을 실질적으로 보장하기 위해 필요한 제도이나, 방송사업자 등의 표현의 자유를 위축시켜 스스로 표현행위를 자제하게 만드는 부작용을 초래하고, 나아가 건강하고 올바른 여론형성을 저해함으로써 민주주의의 존립·발전에 중대한 장애를 가져올 수도 있다. 따라서 방송의 내용 심의를 규정하고 있는 방송법 등 관련 규정의 해석·적용은 언론의 자유에 미치는 영향을 고려하여 신중하게 이루어져야 한다.

방송법 제32조는 "방송통신심의위원회가 방송내용의 공정성과 공공성을 심의할 때 매체별·채널별 특성을 고려하여야 한다."고 명시하고 있다. 구 심의규정 제5조는 제1항에서 "위원회는 방송매체와 방송채널별 창의성, 자율성, 독립성을 존중하여야 한다."라고, 제2항에서 "위원회가 이 규정에 따라 심의를 할 때는 방송매체와 방송채널별 전문성과 다양성의 차이를 고려하여야 한다."라고 규정하고 있다.

또한 같은 매체 또는 채널이라고 하더라도 다양한 형태로 정보나 의견을 제시할 수 있고, 방송이 사회에 미치는 영향력의 정도는 매체별, 채널별로 차이가 있을 뿐만 아니라 방송프로그램별로도 차이가 있다.

방송이 사회에 미치는 영향력의 구체적인 차이를 고려하지 않은 채 일률적인 기준을 적용하여 객관성·공정성·균형성을 심사한다면, 방송법이 매체와 채널 및 방송분야를 구별하여 각 규율 내용을 달리하고, 각 방송프로그램을 통해 다양한 목적을 추구함으로써 국민생활의 질적 향상을 도모함과 동시에 방송의 다양성을 보장하고자 하는 취지 및 이로써 공정한 여론의 장을 형성하고자 하는 방송의 역할을 과도하게 제한할 우려가 있다. 따라서 방송내용이 공정성과 공공성을 유지하고 있는지 여부 등을 심의할 때에는 매체별, 채널별, 프로그램별 특성을 모두 고려하여야 한다.

표현의 자유와 명예보호 사이의 한계를 설정함에 있어서는, 당해 표현으로 인하여 명예를 훼손당하게 되는 피해자가 공적인 존재인지 사적인 존재인지, 그 표현이 공적인 관심 사안에 관한 것인지 순수한 사적인 영역에 속하는 사안에 관한 것인지 등에 따라 그 심사기준에 차이를 두어, 공공적·사회적인 의미를 가진 사안에 관한 표현의 경우에는 언론의 자유에 대한 제한이 완화되어야 한다(대법원 2003. 7. 22. 선고 2002다62494 판결 등 참조). 특히 적시된 사실이 역사적 사실인 경우 시간이 경과함에 따라 점차 사자의 명예보다는 역사적 사실에 대한 탐구 또는 표현의 자유가 보호되어야 하고, 또 진실 여부를 확인할 수 있는 객관적 자료에도 한계가 있어 진실 여부를 확인하는 것이 용이하지 아니한 점도 고려하여야 한다(대법원 2009. 1. 15. 선고 2007도8564 판결).

한편 형사상이나 민사상으로 타인의 명예를 훼손하는 행위를 한 경우 그것이 공공의 이해에 관한 사항으로서 그 목적이 오로지 공공의 이익을 위한 것일 때에는 진실한 사실이라는 증명이 있으면 그 행위에 위법성이 없으며 또한 그 증명이 없더라도 행위자가 그것을 진실이라고 믿을 상당한 이유가 있는 경우에는 위법성이 없다고 보아야 한다는 것이 대법원의 확립된 판례이다(대법원 1988. 10. 11. 선고 85다카29 판결, 대법원 2013. 2. 14. 선고 2010다10875 판결 등 참조).

사경제적·사법(私法)적 조직과 존립의 보장, 논조·경향·정치적 색채 또는 세계관에 있어 국가권력의 간섭과 검열을 받지 않는 독립적인 신문의 보장, 자유롭고 다양한 의사형성을 위한 상호 경쟁적인 다수 신문의 존재를 제도적 보장의 내용으로 하는 신문의 자유(헌법재판소 2006. 6. 29. 선고 2005헌마165 전원재판부 결정 참조).

방송심의제도 자체가 위헌이라고 볼 수는 없으나, 방송심의에 관한 규정들을 새로운 유형의 방송매체에 그대로 적용할 경우 위헌적 결과가 발생한다면 그것을 최대한 제거하는 방향으로 헌법합치적 해석을 해야 한다. 현행 방송심의제도는 행정기관인 방송통신위원회가 방송내용이 심의기준에 어긋난다는 이유로 행정제재 등 공권력을 행사함으로써 방송사업자의 기본권을 제한하는 방식으로 운용되고 있다. 그러나 민주주의 사회에서 표현행위, 특히 그 내용에 대하여 행정제재를 하는 것은 표현의 자유를 침해할 우려가 있으므로 가급적 억제되어야 하고, 궁극적으로는 정치적 영향력에서 자유로운 자율심의체계로 나아가는 것이 바람직하다(대법원 2019. 11. 21. 선고 2015두49474 다수의견에 대한 보충의견).

3. 네이버 카카오 제휴 관문의 열쇠

'저널리즘 품질요소'가 관건

기사를 생산하는 주체가 다양해지고 정치적 색깔을 뚜렷하게 드러내는 매체가 많아지면서 어떤 뉴스가 포털을 통해 시민들에게 전달돼야 할까 하는 언론계, 학계, 시민단체, 언론유관기관, 법조계의 고민이 입점 심사 규정에 녹아 있다.

입점 심사에 있어 가장 큰 비중은 '저널리즘 품질요소'다. 시대가 아무리 바뀌어도 저널리즘적 가치가 핵심이라는 인식에는 이견이 없다.

이는 ▶ 사회적 가치성과 ▶ 보도의 공정성, 정확성, 객관성 ▶ 보도의 전문성으로 다시 나뉜다.

이 중 강조되는 항목이 '기사의 출처와 취재원을 투명하게 밝히고 있는지'다. 투명성이 입점 심사의 채점에 직접적 영향을 크게 준다고는 할 수 없다. 그러나 원칙적으로 한번씩 새겨볼 필요가 있다. 최근 사회적으로 여러 차례 물의를 일으킨 '가짜뉴스'의 폐해에 대한 문제의식이 확산되면서 투명성 항목이 중요해졌다. 이는 해외에서도 마찬가지다. 켈리 맥브라이드와 톰 로젠스틸은 『언론인을 위한 지도 지침』에서 투명성의 준수

방안을 이렇게 제시한다.

- 어떻게 취재했으며, 왜 사람들이 신뢰해야 하는지를 보여주라. 취재원과 증거, 그리고 여러분이 내린 선택을 설명하라. 여러분이 알 수 없는 부분을 밝히라. 지적 정직성을 지침으로 삼고, (다 아는 체하기보다는) 겸손함을 자산으로 삼아라.
- 독립성을 추구하든, 정치적·철학적 관점에서 정보를 접근하든, 여러분의 저널리즘적 접근 방식을 뚜렷하게 밝히라. 여러분의 시각이 보도하는 정보에 어떤 영향을 미치는지 기술하라. 여기에는 여러분이 취재하는 주제, 작업의 바탕이 된 취재원을 어떻게 선택했는지도 포함된다.
- 실수와 오류를 인정하고 신속하게 교정하되, 진실을 알고자 하는 과정에서 잘못된 정보를 소비한 사람들을 격려하는 방식으로 하라.

투명성과 관련해 특히 정정보도의 필요성을 역설한다. "원칙적으로 투명성은 독립성과 달리 언론인에게 행동과 책임성을 요구할 것이다. 투명한 뉴스 조직이라면 더 철저한 자기 각성으로 작업에 임할 것이며, 스스로 뉴스로 간주하는 주제와 기사 유형에 자신의 비즈니스 모델이 어떤 영향을 미치는지 깨달을 것이다. 투명한 언론인이라면 모든 작업 단계에서 지적 정직성과 진실함을 위해 노력할 것이며, 어디서 아이디어를 얻고 관련성 있는 것과 없는 것을 어떻게 가려낼 것인지 인지할 수 있을 것이다. 투명한 언론인과 뉴스 조직이라면 플랫폼에 상관없이 정정 보도의 실행을 받아들일 것이다."

디지털 뉴스를 운영하다 보면 정정 보도를 한다는 게 결코 쉽지 않다는 사실을 깨닫게 된다. 통상적으로 디지털 뉴스의 가장 빠르고 확실한 정정 보도는 기사 내용을 고쳐놓는 것이라고 생각한다. 이미 기사를 읽고 간 사람을 찾아가서 수정해줄 수는 없는 노릇이니 기사를 정확히 바로잡으면 이후에 기사를 읽는 사람은 정확한 내용을 알게 되니 문제가 없다고 생각하기 쉽다.

현실에선 이런 대응이 더 큰 문제를 일으키기도 한다. 조금씩 고쳐서 다시 내보낸 내용을 수정될 때마다 화면 캡처를 하고 가짜 뉴스 의혹을 제기하는 일도 벌어진다. 언론사 입장에선 황당한 일이지만 우리나라처럼 언론사 간에 성향에 따라 적대적이고 공격적인 환경에선 의혹을 최대한 키우려는 움직임이 일어난다. 이런 일이 벌어지면 정정 보도를 한 것이 오히려 화가 돼 돌아오는 부작용이 생긴다.

뉴욕타임스를 비롯해 디지털 대응에 앞선 외국 매체들은 기사 하단에 수정 이력을 업데이트하는 방식을 채택했다. 이렇게 할 경우 불필요한 오해와 공격을 줄일 수 있다. 국내에서도 중앙일보가 이런 방식을 도입했다.

소셜미디어 정보의 유통이 늘면서 투명성의 가치는 더 높아지는 추세다.

소셜미디어에 오른 사진이나 비디오 등의 진실성을 검증해 비즈니스 모델로 삼은 미디어도 등장했다. 스토리풀이 대표적이다. 이 회사의 이안 마틴 홍콩지사장은 "트위터 등을 통해 유포되는 영상 등의 진실 여부를 확인해 언론사들을 대상으로 서비스하는 시도가 상당한 반응을 일으켰다"고 설명했다.

우리나라 포털 저널리즘의 가장 심각한 문제 중 하나로 지적되는 '기사 베껴 쓰기'는 투명성이 중시될수록 비난을 받을 가능성이 커진다. 포털 입점 심사 과정에서도 해당 매체가 얼마나 투명하게 기사를 보도하는지가 전체 인상에 영향을 줄 수 있다. 통신기사를 베껴 쓴 내용이나 보도자료 기사로 가득한 언론사는 좋은 점수를 받을 수 없다.

애드 테크를 조심하라

포털 입점 심사에서도 광고가 매체의 인상에 큰 영향을 미친다. 디지털 미디어 환경이 매체를 안정적으로 운영하도록 하는 수입원을 확보하기 어려운 상황이다 보니 언론사들은 편법적인 수단을 동원해서라도 수익을 창출하려 한다.

'신뢰성이 훼손된 링크.' 이 항목은 입점 심사의 정량평가 중 광고윤리의 한 조항이다. 광고윤리는 윤리적 요소 평가항목 중 하나다.

디지털 미디어가 발달하면서 가장 빠르게 전진한 분야가 애드 테크다. 세계신문협회(WAN-IFRA)가 주최하는 디지털 미디어 컨퍼런스와 엑스포 등에서는 애드 테크 업체들의 홍보 경쟁이 치열하다. 특히 이용자들이 모바일로 디지털 뉴스를 접하는 비중이 급속도로 늘면서 작은 휴대전화 화면에 광고를 노출시키기 위한 갖가지 아이디어가 등장한다.

그러나 이용자들은 기사를 읽는 데 방해가 되는 광고 노출을 싫어한다. 애드 블록 기술이 빠르게 진보하는 것은 이런 독자들의 심리를 반영한 결과다. 결국 광고를 내보내려는 테크놀로지와 광고를 막으려는 테크놀로지가 쫓고 쫓기는 현상이 디지털 미디어에서도 치열하게 전개된다.

이용자들이 원치 않는 광고의 노출은 큰 불만을 야기한다. 이런 광고에 대한 제재도 이뤄지지만 광고의 품질은 입점 심사 과정에서 매우 중요하다. 심사위원들이 평가를 하기 위해 해당 매체를 접속하는데 광고가 여기저기서 튀어나와 기사를 가린다면 좋은 점수를 받기 힘들다는 것은 상식이다. 따라서 입점을 신청한 매체들은 특히 심사기간에는 가급적 문제가 될 만한 광고를 노출하지 않는다.

그러나 이미 검색제휴나 뉴스스탠드제휴사가 되어 콘텐츠 제휴로 승격하려는 언론사들은 광고를 철저히 관리하기가 쉽지 않다. 포털에 기사가 나가면 광고가 늘고 그러다보면 선정적이거나 이용자의 불편을 야기하는 광고도 많아진다. 특히 일정 영역을 대행사에게 운영하도록 하는 네트워크 광고의 경우 성기능 강화제 등 눈쌀을 찌푸리게 하는 광고가 종종 올라온다.

신뢰가 훼손된 링크의 의미는 이용자가 기사 배치 흐름에 따라 콘텐츠를 열람하는 과정에서 전혀 예상치 못한 광고가 연결되는 경우 등을 말한다. 기사의 형태로 배치됐는데 클릭을 했더니 광고 페이지가 나오는 게 대표적이다. 애드 테크가 결합된 형태도 많아진다. 기사 페이지를 열람하고 이전 페이지로 돌아가기 위해 백 버튼을 클릭했는데 이전 페이지 대신 광고가 나오는 경우도 빈발한다. 이런 현상이 나타나면 입점 심사에서 매우 낮은 점수를 받을 가능성이 크다. 특히 입점 심사의 윤리적 요소의 경우 과락 점수가 적용되기 때문에 다른 부문에서 아무리 좋은 점수를 받아도 윤리적으로 낮은 점수를 받는다면 입점 심사에서 탈락한다.

문제는 언론사 간부들이 자사의 기사들을 모니터링할 때 대부분 자체 페이지에서만 보기 때문에 네이버나 카카오에 제공된 링크가 어떤 형태로 연결되는지 잘 모른다는 점이다. 광고 파트와 편집국이 소통이 부족한 경우가 많고 광고 파트에서는 광고 매출에 집중하기 때문에 뉴스제휴 평가위의 제재 및 입점 기준에 어두운 경우가 많다. 이 때문에 신뢰가 훼손된 광고로 인해 매체가 큰 타격을 입는 경우가 종종 발생한다.

언론사의 보도를 책임지고 기사를 관리하는 간부들은 수시로 광고를 점검해야 한다. 현장 기자들도 포털에 노출된 자사 기사 링크에서 예상치 못한 광고가 발견된다면 이런 사실을 다른 사람들과 공유하는 것이 안전하다.

암초로 떠오른 '자체 기사'

요즘 청와대를 비롯한 각 부처가 SNS를 통해 직접 기사 형태의 콘텐츠를 내보낸다. 동영상 뉴스 형태로 제작하는 일도 흔하다. 과거 보도자료 배포로 끝나던 일들을 이젠 정부 예산을 들여 직접 기사 형태로 만든다. 이럴 경우 언론사의 역할은 모호해진다. 이런 기사 형태의 콘텐츠를 그대로 내보낼지, 여기에 추가 가공을 해야 할지 딜레마가 될 수 있다.

이런 현상이 포털 저널리즘 영역으로 오면 비교적 명쾌해진다. 정부가 만든 콘텐츠를 개별 언론사가 전재할 수는 있겠지만 이를 포털로 재전송할 경우 동일한 기사가 무수히 포털에 공급되면서 가치를 인정받기 힘들게 된다. 따라서 정부나 기관, 기업이 제공한 원재료를 어느 정도로 가공하느냐에 따라 포털 입점의 가치가 달라진다. 이를 판단하는 기준이 자체 기사량 항목이다.

가. 자체 기사량

입점 심사에서 통과해 네이버나 다음에 자사 기사가 노출되게 하려면 우선 정량평가를 통과해야 한다. 특히 기사 생산량과 자체 기사량을 충족시키지 못하면 심사를 통과할 수 없다.

기사 생산량은 비교적 판단이 간단하다. 언론사가 제출한 기사의 수만 세면 된다. 매체별 기준은 다음과 같다.

● 매체 발행 주기별로 기사량 충족 요건

일간지 월 200건 이상

주간지 월 50건 이상

월간지 월 20건 이상

인터넷신문 월 100건 이상

전문지 월 20건 이상

방송사 월 200건 이상

그러나 자체 기사량은 판단이 쉽지 않다. 우선 매체별로 규정된 비율만큼 자체 기사를 생산해야만 한다. 비율은 아래와 같다.

나. 자체 기사 비율

일간지 및 방송사 , 인터넷신문 30% 이상

주간지 40% 이상

월간지 및 전문지 50% 이상

인터넷뉴스서비스사업자의 경우 본 매체의 기사도 자체 기사에 포함

문제는 어떤 기사를 자체 기사로 판단하느냐에서 발생한다. 이에 대해선 제평위원들 사이에서도 의견이 상충한다. 보도자료를 약간만 수정해도 자체 기사로 봐야 한다는 의견이 있는가 하면 발표된 내용을 근간으로 추가한 내용이 별로 없다면 자체 기사가 아니라는 견해도 나온다. 대체로 언론계 출신 위원들은 출입처와 보도자료에 상당 부분을 의존하는 우리나라 취재 현실을 고려해야 한다는 의견을 내는 반면 시민단체나 학계에서는 단순한 발표나 보도자료를 근간으로 쓴 기사를 자체 기사로 봐선 곤란하다는 원칙적 입장을 견지하는 경우가 많다.

제평위원들이 오랜 논의를 거쳐 도출해낸 자체 기사의 정의는 다음과 같다.

다. 자체 기사 세부 정의

자체 기사는 아래의 2가지로 정의한다.

- 언론사가 직접 기획하고, 취재해 생산한 기사
  - 다음 사항에 대하여 직접 분석 및 추가 취재, 평가, 비교, 의견 등을 담아 재생산한 기사
  - 정부 및 기관 , 단체 , 기업 등의 보도자료
  - 타 매체 기사
  - SNS 나 인터넷 등에 공개된 미디어 콘텐츠
  - 위 요건을 갖춰도 아래와 같은 경우에는 자체 기사로 인정하지 않는다.
  - 기사 작성자의 실명이나 필명이 적시되지 않은 무기명기사와 뉴스팀, 편집팀, 온라인뉴스팀 같은 형태로 기자를 특정하지 않은 기사
  - TV 프로그램이 방영된 이후 단순히 그 내용을 전하는 기사. 단 사실 여부 확인이나 파장 소개 등 추가취재를 한 경우 또는 사전 TV 프로그램 소개나 사후 비평은 자체 기사로 인정
  - 단순한 인사·동정·부고 기사나 행사소개 기사
  - 언론사의 자사 홍보기사
  - 자체적으로 제작하지 않은 동영상이나 기자의 객관적 보도가 빠진 단순한 행사 소개 동영상 사진기사 가운데 동일 소재를 동일 상황에서 연속적으로 촬영한 사진은 한 건으로만 인정. 단 기사의 맥락상 꼭 필요하다고 인정되는 경우는 예외

요약하면 언론사가 직접 기획하고 취재한 기사와 보도자료 및 발표 내용에 추가 팩트와 분석을 더한 기사만을 인정한다는 취지다. 제평위 출범 초기에만 해도 자체 기사의 요건을 충족시키는지는 꼼꼼히 따지지 않았다.

그러나 심사 경험이 축적되면서 보도자료를 거의 수정 없이 작성한 기사나 통신사가 제공한 기사를 일부만 바꿔 출고한 기사도 자체 기사로 분류해 비율을 맞추는 언론사가 적지 않다는 사실이 포착됐다. 이에 따라 포털 입점 심사 과정에서 진실성을 엄밀히 따져야 한다는 제평위 내부의 공감대가 형성됐다. 자체 기사 세부규정을 간과하고 요건에 못 미치는 기사들을 자체 기사로 분류해 제출할 경우에는 진실성에 의심을 받을 수 있다. 입점 심사에서 탈락한 매체들이 반복적으로 신청하는 추세이고 제평위원들은 포털사에 매체들의 제재 이력 등 히스토리 정보를 점차 상세히 요구하는 분위기다. 진실성에 위배되는 서류 제출은 자칫 두고두고 부담이 될 우려가 있다. 특히 지역 특별 심사 등 콘텐츠 제휴 시 철저한 점검이 예상된다.

정량평가의 기사 생산량과 자체 기사량은 연계성이 강하다. 많은 신생 매체들이 기사 생산량을 늘리기 위해 보도자료나 통신사 기사를 단순 수정한 기사를 양산한다. 이럴 경우 기사 생산량 기준은 충족시키기에 유리하다. 반면 자체 기사 비율을 맞추기가 어렵게 된다. 무턱대고 기사 생산량을 늘렸다가 입점 심사 과정에서 자체 기사 비율에 문제가 생겨 탈락하는 사례들이 속출하고 있다. 기자의 숫자 등 생산 능력을 고려해 기사 생산량과 자체 기사량의 조화를 이루는 것이 중요하다.

비단 포털 입점 평가를 위해서 뿐 아니라 신규 디지털 미디어의 경쟁력 측면에서도 이 비율을 고려하는 게 필요하다. 지역의 소도시만 해도 해당 지역 현안을 집중 보도하는 매체가 늘고 있다. 특히 광역 자치 단체 레벨로 올라가면 보도자료와 통신사 기사를 위주로 보도하는 매체는 콘텐츠 경쟁력을 인정받기 어렵다. 자체 기사의 요건을 충족시키고 관리하는 것이 포털 저널리즘 환경에서 살아남는 길이다.

얼리 버드가 유리하다

제5조 (제휴 대상)

② 제휴 대상은 신문사업자, 정기간행물사업자, 방송사업자, 인터넷신문사업
자 뉴스통신사업자, 인터넷뉴스서비스사업자로 한다. 즉 신문사나 방송사
통신사는 물론 잡지사나 인터넷 언론 모두 재료를 신청할 수 있다.

제6조 (제휴 요건)

포털사의 제휴매체가 되려면 다음 각 호의 요건을 충족해야 한다.

(가) 신문사업자, 정기간행물사업자, 방송사업자, 인터넷신문사업자, 뉴스통
신사업자, 인터넷뉴스서비스사업자로 인허가를 받은 후 일(1)년이 지난
매체 혹은 등록한 이후 일(1)년이 지난 매체

(나) 〈별표 1〉에서 규정한 전체 기사 생산량과 자체 기사 생산 비율을 유지

언론사가 네이버, 카카오와 뉴스 제휴를 신청하려면 반드시 갖춰야 할
조건이 있다. 새로 생긴 언론사라면 인허가를 받거나 매체를 등록한 시
점으로부터 1년이 지나야만 제휴 신청이 가능하다. 만약 기존 언론사가
새로운 매체를 창간해 네이버와 카카오 제휴를 신청하려면 새로운 매체
를 등록한 지 1년이 경과해야 검색제휴 신청이 가능해지는 것이다.

통상적으로 매체를 등록하거나 허가를 받을 때 사전 준비를 확실히 해
최상의 상태에서 신청하고자 하는 마음이 강하다. 물론 정부의 허가를
받는 방송사라면 만반의 대비를 해야 허가를 받을 수 있으니 면밀한 준비
가 필요한 것은 분명하다. 그러나 등록만으로 운영이 가능한 신문이나
인터넷 매체는 모든 것이 완벽하게 갖춰지지 않아도 어느 정도 준비가 됐

다면 일단 등록 절차를 밟는 것이 유리하다. 등록 후 1년이 지나야 네이버, 카카오 뉴스 제휴를 신청할 수 있다고 하지만 포털 제휴 신청은 1년에 두 번만 진행하기 때문에 시점을 정확하게 맞추지 않으면 등록한 뒤 1년 반이 지나야 신청할 수 있는 경우도 생긴다. 신청한 시점 이후 심사기간까지 고려하면 2년 가까이 걸릴 수 있다. 따라서 처음 매체를 창간할 때부터 포털 제휴를 고려해서 만든다면 일찌감치 매체를 등록해 실제 제휴가 이뤄지기까지 걸리는 시간을 줄이는 편이 훨씬 유리하다.

네이버, 카카오 제휴를 염두에 두고 창간한 매체가 2년 가까이 독자적으로 생존해야 한다면 경영적으로도 압박이 될 수 있다. 트래픽 측면에서도 고통스러운 시간이 길어질 가능성이 있다. 따라서 일단 어느 정도 준비가 되면 등록 절차를 밟아서 등록 시점을 일찌감치 확보해두는 방식이 도움이 될 수 있다. 만약 1년이 지났는데도 뉴스검색제휴를 신청하기에 미진함이 있다면 신청 시기를 늦추면 그만이다. 반대로 의외로 매체 안정이 잘돼 금세 검색제휴 통과가 가능한 수준에 도달했더라도 등록 시점이 1년에 못 미치면 제휴 신청을 하지 못한다.

그렇다고 등록만 해놓은 채 기사 생산을 소홀히 할 경우 입점 심사과정에서 정량지표를 맞추기가 어려울 수 있다. 그렇기 때문에 등록을 하고 나면 부지런히 기사 생산체계를 갖춰 생산을 시작하면 된다. 뉴스검색제휴를 신청하고 나면 먼저 정량지표를 확인하는 단계에서 신청 시점을 기준으로 일정한 기간을 정해 기사 생산 수와 자체 기사 수를 점검한다. 대략 예상되는 제휴 신청 시점에서 역산해 기사를 관리할 필요가 있다. 제휴 신청 시기는 과거 기사를 검색해보면 짐작이 가능하다.

정량지표의 경우 기사 수와 자체 기사 비율은 지표에서 제시한 기준만 통과하면 모두 15점 만점을 받게 된다. 반면 기사 수와 자체 기사 비율이 기준에 미치지 못하면 14점이나 13점을 받는 것이 아니라 아예 탈락하기 때문에 기사 수와 자체 기사 비율을 무조건 높이려고만 하는 것보다는 정량적 기준을 충족시키는 수준에서 질적인 관리에 집중하는 편이 유리하다. 특히 자체 기사 비율은 꼼꼼히 따지는 추세이기 때문에 무작정 기사 수를 늘리려다가 자체 기사 비율에서 펑크가 나는 사태가 빚어지지 않게 해야 한다.

수시로 전송 상태 점검해야

(다) 전송 안전성 등 기술적 안정성을 확보한 매체

입점 심사과정에서 전송 안전성이나 기술적 안정성을 점검하기는 어렵다. 특히 검색제휴를 신청하는 매체들은 아직 한 번도 포털에 기사를 전송한 적이 없기 때문에 기술적인 수준이나 전송 안전성이 확보될 수 있는지를 확인할 방법이 사실상 없다.

기존의 검색제휴거나 뉴스스탠드제휴를 맺고 있는 언론사는 기술적 안정성에 문제가 있다면 운영 과정에서 이미 벌점을 받거나 지적을 받았을 가능성이 크다. 따라서 입점 심사과정에서 기술적 안정성이 크게 문제가 되는 경우를 본 일은 기억나지 않는다.

하지만 운영을 하다 보면 이 문제로 언론사가 위기에 처하기도 한다. 가끔 네이버와 카카오에서는 제휴 언론사가 기사를 제대로 전송하지 않거나 기술적 안정성에 문제가 있다며 제휴평가위원회에 계약 해지 등을 건의하기도 한다. 뉴스콘텐츠제휴사라면 네이버나 다음 페이지에서 기사가 노출되고 특히 네이버의 경우 채널이나 뉴스스탠드를 통해 기사가 제대로 나가는 것을 실시간으로 확인할 수 있다. 그러나 검색제휴 언론사는 직접 기사가 포털에서 검색 리스트에 나타나는지 점검을 해보지 않으면 기사가 전송되지 않고 있어도 모르고 지나칠 수 있다. 이때 기사가 전송되지 않고 있다는 사실을 아무도 알려주지 않을 가능성도 크다. 네이버, 카카오에서 이 같은 상황이 파악되면 이메일 등으로만 문제를 지적하는 내용을 통보하고 계약 해지 절차를 밟는 경우도 있다.

제휴평가위원회 회의에서는 이런 문제를 두고 논란이 벌어지기도 한다. 필자의 경우 직접 디지털 뉴스를 운영해본 경험상 검색제휴는 자칫하면 기술상 에러나 전송 장애 에러를 놓칠 수 있다는 것을 알기 때문에 이런 문제가 발생한다는 것을 여러 경로로 해당 언론사에 충분히 알려야 한다고 주장했다. 언론사들이 뉴스검색제휴사가 되기 위해서 엄청나게 많은 노력과 준비를 하는데, 기술상의 오류 때문에 갑자기 검색제휴의 지위를 잃는다는 것은 너무 가혹하다는 생각이다. 직접 해당 회사 관계자에게 전화를 한다든가 등기우편을 보내는 등 통보 절차를 철저하게 해달라는 주장이 받아들여지기도 했다. 자칫 계약이 해지될 뻔했던 몇몇 언론사가 구제되는 일도 있었다.

해당 언론사들은 "전송이 안 되고 있는 줄 몰랐다. 바로 조치하겠다. 연락처는 변경돼 통보를 받지 못했다"는 해명을 했던 것으로 기억한다. 그러나 매번 이렇게 네이버, 카카오 사무국과 제휴평가위원들이 확인 절차를 거칠지는 단언하기 어렵다. 따라서 네이버, 카카오 제휴 언론사들은, 특히 그중에서도 검색제휴들의 경우는 가끔씩 제대로 전송이 되고 있는지를 스스로 기사를 검색해보는 방법 등으로 확인해야 한다. 한번 뉴스검색제휴가 해지되고 나면 고달픈 입점 심사를 다시 한 번 거쳐야 할지 모른다.

얼리 버드는 계속 한발 빠르다

(라) '뉴스콘텐츠제휴' 및 '뉴스스탠드제휴'의 경우 포털사에 '뉴스검색제휴'
'제휴매체'로 등록된 후 육(6)개월이 지난 매체

언론사가 뉴스검색제휴에 통과해 네이버, 카카오의 제휴매체가 되고
나면 6개월 뒤에는 뉴스스탠드제휴나 뉴스콘텐츠제휴를 신청할 수 있다.
이 부분 역시 6개월이라는 필수 경과기간이 있기 때문에 1년에 두 차례
인 제휴평가 주기를 고려하면 1년 넘는 시간이 필요하기도 한다.

언론사 입장에서는 뉴스검색제휴 심사에 통과된 직후부터 뉴스스탠드
제휴나 뉴스콘텐츠제휴 준비에 들어갈 필요가 있다. 또한 궁극적인 목표
가 뉴스콘텐츠제휴사라면 서둘러 뉴스검색제휴를 통과해 놔야 뉴스콘텐
츠제휴사로 도약이 가능하다. 역산하면 신규 매체를 등록한 시점부터 최
소 2년 이상 경과해야 뉴스콘텐츠제휴사 도전이 가능해진다. 그러므로
최초에 신규 매체를 등록하거나 언론사 인허가 절차를 밟을 때 지체되지
않도록 하는 것이 나중에 도움이 된다.

매체가 뉴스콘텐츠제휴를 통해 네이버나 카카오에서 독자에게 제공되
기를 바란다면 매체 창간 등록이나 회사 설립 시점부터 최소 2년의 시간
이 필요하다는 생각을 갖고 경영 계획 등을 설립할 필요가 있다.

입점의 패스트트랙

> (마) 위 각 호의 요건을 충족하지 않더라도 스포츠경기 등 이용자의 관심이
> 큰 내용으로 포털사의 요청에 의하여 뉴스제휴평가위의 평가를 통과한 매
> 체 〈개정 2016.06. 01〉

네이버나 카카오가 먼저 나서서 특정 매체를 제휴하게 해달라는 요청을 제휴평가위원회에 할 수 있다. 이 경우 제휴평가위원 3분의 2 이상이 찬성하는 등 의결 요건이 있다. 다만 이 같은 특별 신청의 빈도가 높지 않아 일반 매체라면 특정 포털사와 특수 관계가 아닌 한 이런 절차를 통한 포털 입점은 기대하기는 어렵다.

서브 매체를 만들어라

> 제7조 (제휴 단위)
> '포털사'의 제휴영역 및 서비스를 기준으로 한 제휴단위는 다음 각 호와 같다.
> (가) 제휴 단위는 매체로 한다.
> (나) 포털과 제3조에 따른 제휴대상 사업자 간의 제휴는 일사일매체(一社一媒
> 體)와 일사다매체(一社多媒體) 모두 가능하다.

네이버, 카카오와의 제휴는 법인 기준이 아니라 매체 기준이다. 즉 한 언론사에서 여러 개 매체를 각각 제휴를 맺을 수 있다는 의미다. 이것은 언론사에게 큰 기회가 될 수도 있지만 거꾸로 독이 될 수 있다. 제휴평가 규정은 네이버, 카카오와 제휴를 맺은 언론사라고 해도 제휴 계약을 체결

한 매체 이외의 기사를 전송하면 벌점을 부과한다. 자신이 속한 언론사가 네이버, 카카오와 뉴스콘텐츠제휴사로 계약을 맺었다고 해도, 새로운 매체를 창간한 뒤 거기에 실린 기사를 네이버, 카카오에 전송하면 벌점 부과 대상이 된다.

이 조항은 무섭다. 왜냐하면 한 번에 대량 벌점을 받을 수 있기 때문이다. 예를 들어 A라는 언론사가 B라는 매체를 네이버, 카카오와 뉴스콘텐츠제휴를 맺고 포털에 기사를 공급하고 있다고 치자. A사는 네이버 채널을 통해 자사 기사들을 네이버 이용객들에게 계속 노출할 것이고 카카오에서도 수시로 주요 기사에 A사 콘텐츠가 노출될 것이다. 그런데 A 언론사의 성과가 좋아 조직을 확대하기로 하고 경제 부문만 디지털에서 별도 매체로 독립시켜 운영하기로 했다면 A언론사 입장에서는 기존에 B 매체를 함께 만들던 경제 부문이 새로운 매체 C를 만드는 조직으로 독립했다고 해서 C에 실린 기사를 B 매체의 네이버 채널에 올리는 게 잘못이라는 생각을 하지 못할 가능성이 크다. 얼마 전까지 같은 조직이었던 기자들이 C에 쓴 기사를 B에도 출고했다는 이유로 벌점을 받을 수 있다는 사실을 모르기 십상이다.

이런 경우 C 매체는 네이버, 카카오의 뉴스검색제휴부터 다시 도전해야 한다. 별도 매체로 등록했기 때문이다. 만약 같은 A 언론사 소속이라는 이유로 C 매체에 올린 기사를 그대로 B에 내보내면 모든 기사가 '제3자 전송 위반'이 적용되어 벌점이 부과될 수 있다. 이 경우 C 매체용으로 생산한 기사, 즉 포털을 통해 내보낸 C 매체의 모든 기사가 '제3자 전송 위반'에 해당되기 때문에 엄청난 벌점을 받을 수 있다. 그렇게 되면 장기간 노출 중단 조치를 받게 되고 포털에서 기사가 완전히 사라질 우려가 있다. 벌점 6점 이상이면 재평가 대상이 된다. 따라서 일사다매체 규정은 언론사가 새로운 매체를 창간해 다양한 포트폴리오를 구성할 수 있도록 하는 장점이 있는 반면, 새로 창간된 매체는 뉴스검색제휴부터 새로 시작해야 하는 부담을 안게 된다.

다매체 전략은 분명히 유리한 측면이 있다. 만약 콘텐츠 제휴사가 아니라 검색제휴라면 새로운 매체가 하나 더 있을 경우 더 많은 기사를 생산해 네이버, 카카오에 전송할 수 있다. 매체별로 차별화한 공략도 가능하다. 콘텐츠 제휴사의 경우에도 장기적인 관점에서 보면 새로운 매체를 창간하는 것이 더 이익이 될 가능성이 크다.

네이버 채널의 경우 한 매체 당 한 개의 채널을 운영하게 되지만 만약 콘텐츠 제휴사가 경제 부문이나 탐사 부문, 정치 부문 등을 독립시켜 별도의 매체로 만든 다음 뉴스검색제휴부터 뉴스스탠드제휴, 뉴스콘텐츠제휴까지 차례로 통과한다면 여러 개 채널을 가질 수 있기 때문에 한결 폭넓은 콘텐츠로 독자와 만날 수 있다.

정리하면, 다매체 전략은 포털에서 한정적 공간을 배정받을 수밖에 없는 언론사 입장에서 매체를 여러 개 만들어 더 많은 공간을 점유하는 기회로 활용될 수 있다. 특히 모바일 화면은 협소하기 때문에 콘텐츠가 많은 회사라면 네이버에서 하나의 모바일 채널을 통해서만 좋은 콘텐츠를 전부 내보내기엔 답답한 생각이 들 수 있다. 이때 추가로 매체를 창간해 공간을 확보한다면 운영 면에서 운신의 폭이 커질 수 있다.

그러나 다매체 전략은 치밀하게 분리하는 작업을 진행하지 않으면 의외의 치명타를 맞을 수 있다. 제3자 전송에 저촉되지 않도록 철저하게 점검하고 사전에 네이버나 카카오 사무국과 협의하는 것이 안전하다.

뉴스 제휴가 돈이 된다

(다) 제휴승계

   (ㄱ) '제휴매체'로서 유관법령에 따라 사업자의 지위를 승계 받은 자는 제
       휴 계약 당시 제휴내용이나 매체의 성격에 현저한 변동이 있지 않는 한
       '제휴매체'로서의 지위를 승계할 수 있다.

   (ㄴ) '포털사'는 (다)호 (ㄱ)목의 경우로써 사업자의 카테고리(뉴스콘텐츠영
       역) 변경이나 확장이 있을 경우 재심사를 신청할 수 있다.

포털과 제휴를 맺은 언론사가 해당 매체를 다른 회사의 팔거나 어떤
회사가 특정 매체를 인수할 경우 제휴매체로서의 권한 역시 승계된다.
이 조항은 소유주가 바뀌고 M&A가 일어나는 우리나라 언론계 상황을 생
각할 때 당연한 조치다. 그러나 이로 인해 매체를 만들어 네이버, 카카오
와 뉴스 제휴매체의 지위를 확보한 이후에 언론사를 파는 형태의 비즈니
스가 생겨나고 있다. 검색제휴는 얼마, 콘텐츠 제휴사는 얼마라는 얘기가
언론계 주변에서 자주 논의된다. 처음부터 매체를 다른 회사에 팔 목적
으로 창간하는 경우 네이버, 카카오 뉴스 제휴를 통과할 때까지는 적극적
으로 기사를 공급하며 퀄리티를 유지하겠지만 제휴평가를 통과한 다음에
는 매체를 매각할 방안에만 골몰할 가능성이 있다. 이렇게 되면 제휴평
가 전에 보여줬던 해당 언론사의 질적 수준과 통과 이후 질적 수준의 차
이가 생길 우려가 있다. 제휴평가규정에는 제휴를 맺은 이후에도 정량지
표 등을 채우게 돼 있지만 정성지표를 일상적으로 평가하는 것은 아니기
때문에 숫자만 맞추면 달리 제재할 방법이 없다. 특히 검색제휴 통과 이
후 추가로 뉴스콘텐츠제휴사의 위상을 확보해 매체의 값을 올린 뒤 매각

하려 할 경우 평소에 무리해서 벌점을 받을 이유가 없기 때문에 소극적으로 운영하면서 정량지표만 맞추는 형태의 운영이 우려된다.

이런 형태의 비즈니스가 생겨나는 이유는 누가 뭐래도 포털 뉴스의 운영방침 때문이다. 포털에 입점하고 나면 검색에 노출되고 많은 독자를 만날 수 있다는 점 때문에 신생 언론사들이 계속 생겨나고 있다. 네이버와 카카오가 언제까지 제휴사를 늘려갈지도 불투명하지만 네이버나 카카오가 뉴스 정책을 바꿔 수많은 검색제휴 언론사가 어느 날 갑자기 생존의 기로에 서게 되는 날이 오는 것은 아닐지 염려스럽다.

새로운 사업자의 제휴매체 승계와 관련해 인수한 매체의 뉴스콘텐츠 카테고리가 과거와 같은지를 점검해 영역을 바꿨거나 확장했을 경우에 포털사가 제휴평가위원회에 재심사를 신청할 수 있도록 관련 규정은 명시했다. 특정 사업자가 어떤 매체를 인수한 뒤에 성격이 다른 매체로 운영하는 것을 차단하기 위한 조항이다.

매체소개서는 입점 시험의 답안지

제8조 (제휴신청)

뉴스 제휴 신청은 현행과 같이 '포털사'의 안내페이지를 통해 접수를 받으며, 구비서류는 아래와 같다. 제휴 신청 및 평가 과정은 〈별표 2〉에 따른다.

(가) 구비서류: 신문사업자, 정기간행물사업자, 방송사업자, 인터넷신문사업자, 뉴스통신사업자, 인터넷뉴스서비스사업자 관계법령에 따른 등록증이나 허가증과 〈별표 3〉의 매체소개서

(나) 매체소개서에 기술한 내용은 제휴 정성평가에 중요 참고자료로 활용되며 매체소개서는 제공되는 양식에 맞춰 작성한다.

〈별표 2〉 제휴평가 절차 〈일부개정 2018. 03. 01, 2021. 02. 23〉

분류	내용
온라인 신청	- 각 '포털사' 별도의 제휴 신청 페이지 오픈 〈개정 2016. 11. 09〉 * 구비서류: 신문사업자, 정기간행물사업자, 방송사업자, 인터넷신문사업자, 뉴스통신사업자, 인터넷뉴스서비스사업자 등록증이나 허가증 / 매체소개서 (양식에 맞춰 작성)
제휴평가	- 평가 기간: 뉴스제휴 심사는 제휴접수 마감일로부터 최소 4주, 최장 10주 - 평가 방법: 소속 위원 30명 가운데 최소 9인 이상이 참여하는 평가팀을 구성해 평가를 실시
제휴 여부 결정	- 안내: 평가 후 제휴 여부에 대해 각 '포털사' 개별 안내
'제휴매체' 등록 진행	- 등록: 계약 및 기사 전송 관련 기술적 작업 - '포털사' 계약 기준 및 기술 정책에 따름

뉴스 제휴 신청은 포털사가 제공한 디지털 페이지를 통해서 이루어진다. 제휴평가 기간은 접수 마감일부터 최소 4주, 최장 10주라고 규정에 나와 있다. 그리고 평가는 최소 9명의 위원이 진행한다고 규정했다.

이 규정의 의미는, 평가위원 30명이 3개조로 나누어 평가를 진행한다는 개념으로 봐도 무방하다. 평가위원 정원 30명 가운데 간혹 중간에 사퇴하거나 해외 출장 등으로 결원이 발생하는 경우가 있다. 이럴 때 대비해서 9명으로 심사를 진행할 수 있도록 했다. 이렇게 할 수밖에 없는 이유는 제휴를 신청하는 언론사가 상당히 많기 때문이다. 대략 한 번 심사에 500개 안팎의 언론사가 신청한다고 보면 된다. 그렇다면 평가위원 1개 조 당 150~200개 언론사의 서류를 검토하고 뉴스 페이지에 들어가서 평가를 진행해야 한다. 굉장히 많은 숫자다. 평가 기간이 4~10주라고 되어 있지만 실제로 4주에 끝나는 경우는 보지 못했다. 10주라고 해도 일주일에 15개 정도의 언론사를 평가해야 한다. 매체소개서를 읽고 모바일 페이지에 들어가서 메인 페이지와 서브 페이지, 아티클 페이지를 전부 살

〈별표 3〉 매체소개서 〈개정 2021. 02. 23〉

분류	내용
매체 특성	· 추구하는 가치, 발간 목적, 수상 실적, 사회적 공헌 활동
연혁	· 연도순으로 기술
취재 현황 및 조직 도	· 취재 인력 및 현황 · 조직도
저널리즘 품질	· 보도의 공정성 / 정확성 / 객관성 / 전문성 등 기술. 기사 출처와 취재원의 공개여부, 기자 실명제(사진, 이메일 등), 보도 분야(분야별 기사 % 비중 포함), 기획/단독 기사, 기타 관련된 내용
윤리적 실천의지	· 기사 윤리 / 광고윤리의 실천과 관련된 조직이나 활동 등 기술
기타	· (제재를 받은 경우가 있는 경우) 그 이후의 개선사항·향후 발전방향

펴보고 PC 버전에 들어가서 같은 작업을 진행한다면 상당한 시간이 소요된다. 평가위원마다 평가 스타일에 차이가 있다. 어떤 위원들은 평가 기간 초반에 집중적으로 진행해서 일찍 제출하는가 하면, 계획을 세워 꾸준하게 진행하는 스타일도 있다. 위원들과 얘기해보면 가장 많은 유형은 평가 기간 초반에는 별로 진행하지 못하다가 마감일에 맞춰 후반에 집중적으로 하는 방식이다. 평가위원 가운데 언론사 기자나 기자 출신들이 상당수 있는데, 항상 마감에 맞춰 기사를 쓰는 습관이 들어서 평가 막바지 기간이 닥쳐야 일할 맛이 난다는 농담을 주고받곤 한다. 기자 출신이 아니라 해도 밀린 방학 숙제 하듯 휴일을 반납하며 진행하는 경우가 많다고들 한다.

평가는 대개 매체소개서와 디지털 뉴스 페이지를 보면서 정성 항목을 점검하는 방식으로 진행한다. 평가위원들에게 특별한 지침이나 평가 요령이 공유되지는 않는다. 포털 사무국에서도 평가 방식에 대한 가이드라인을 제공하지는 않았다. 평가위원들은 매년 일부가 교체되기 때문에 전임자가 했던 방식이 인수인계되는 것도 쉽지 않은 환경이다.

의외로 의견이 갈리는 부분이 매체소개서에 대한 비중이다. 어떤 위원들은 매체소개서에 담긴 내용을 꼼꼼히 읽는다고 대답하는 반면 어떤 위원들은 매체소개서는 어차피 각 언론사들이 자신에게 유리한 얘기 위주로 적어놓기 때문에 평가 자료로 변별력이 없다는 주장을 한다. 매체소개서를 아예 읽지 않는다는 위원도 있다. 나의 경우엔 매체소개서를 꽤 자세히 읽는 편이었다. 매체소개서를 중시하는 위원이 적지 않기 때문에 절대로 경시해선 안 된다.

최근까지 매체소개서는 특별한 양식이 없었다. 매체별로 편의에 따라 매체 측에서 자체적으로 양식을 만들어 작성했다. 어떤 언론사는 한글이나 워드 파일로 작성하고 어떤 곳에선 파워포인트 문서로 두껍게 제출하기도 했다. 그러다 보니 매체별로 편차가 너무 컸다. 이 때문에 매체소개서 양식을 항목별로 지정한 것으로 판단된다.

매체소개서는 매체 특성, 연혁, 취재 현황과 조직도, 저널리즘 품질, 윤리적 실천 의지, 기타 등의 항목으로 구성된다. 어떤 매체소개서가 바람직한지에 대한 정답은 없다. 다만 평가에 많이 참여해본 입장에서 얘기하자면, 정성평가 항목으로 규정돼 득점에 도움이 되는 내용 위주로 기술하는 것이 바람직하다. 어떤 매체는 연혁을 길게 넣으면서 회사 내부에서만 관심이 있을 내용을 많이 적는다. 매체가 추구하는 가치 등을 장황하게 설명하는 경우도 많다. 조직도를 상세하게 풀어서 많은 분량을 차지하도록 작성하는 매체소개서도 많이 봤다.

그러나 이런 항목들이 평가에 얼마나 도움이 될지는 곰곰이 생각해볼 필요가 있다. 어느 언론사나 조직도는 비슷하고 취재부서, 광고부서, 마케팅부서, 경영 파트 등으로 구성된다. 취재부서의 경우는 정치부, 경제부, 사회부, 문화부, 국제부, 디지털 관련 부서, 편집부 등이 포함된다. 여기에서 특별한 차별점이 없다면 굳이 이것을 길게 기술해서 다른 장점을 부각할 기회를 놓치는 것은 바람직하지 않다는 생각이다.

추구하는 가치 등은 이를 뒷받침할 만한 객관적인 자료가 없다면 공허하게 느껴질 때가 많았다. 확실한 강점이 될 수 있는 수상 실적이나 사회공헌 활동 등을 적는 것이 보다 유리하다. 저널리즘 품질과 윤리적 실천의지는 곧바로 정성평가에 점수로 적용되는 항목이다. 따라서 거기에 나와 있는 모든 항목들은 매체소개서에서 반영되어 있는 편이 바람직하다. 특히 윤리적 실천 의지와 관련해 요즘 네이버와 카카오에서는 광고 관련 사항에 대해서 예민한 반응을 보이기 때문에 광고 윤리와 관련한 노력을 상세히 기술하는 방식이 유리하다고 본다.

평가 항목 중 이용자 요소에 해당하는 부분도 가급적 매체 소개서에 잘 기재해서 득점에 반영되도록 하는 것이 바람직하다.

기타 항목 중 제재를 받은 전력이 있는 경우와 개선사항은 재평가 대상에 오른 매체나 이미 검색제휴 이상의 위상을 확보한 매체가 콘텐츠 제휴를 신청할 때 관심이 쏠리는 항목이다.

제휴평가위원들은 늘 언론사의 바람직하지 않은 보도행태에 대한 제재와 처벌을 논의하기 때문에 신청 매체가 벌점이 누적되어 있다면 어떤 항목으로 벌점을 받았는지 얼마나 벌점을 받았는지를 유심히 보게 된다. 또한 벌점이 상당 부분 쌓여 있다면 부정적인 선입견을 갖게 될 가능성이 크다. 따라서 이 부분에 대한 성의 있는 기술이 필요하다.

예를 들어 음란성 웹툰 광고로 벌점을 받은 이력이 있다면 제재 이후 철저하게 음란성 웹툰 광고를 차단해 추가 위반을 막으려 노력한 과정을 보여줄 필요가 있다.

평가 주기를 고려하라

제9조 (제휴 신청 주기 및 평가 주기)

① '뉴스제휴평가위'는 뉴스 제휴 심사를 매 년 이(2)회 실시한다. 단, 부득이
   한 경우 전원회의 출석위원 수의 2/3 찬성으로 심사횟수를 조정할 수 있
   다. 〈개정 2018. 03. 01, 일부개정 2020. 08. 14〉

② 뉴스 제휴 심사에서 탈락한 매체는 연이어 심사를 신청할 수 없다. 〈개정
   2018. 03. 01〉

③ '제휴매체'의 재평가('제휴매체'와의 계약 유지의 적절성 등에 관한 '뉴스
   제휴평가위'의 평가를 의미하며, 이하 동일) 주기는 삼(3)개월이며, 구체적
   인 재평가 대상 및 방법 등은 제11조에 따른다. 〈개정 2017. 02. 17,
   2018. 03. 01, 2019. 03. 01, 2021. 02. 23〉

뉴스제휴평가는 기본적으로 상반기와 하반기 두 차례에 걸쳐 실시한
다. 따라서 과거 뉴스제휴평가와 관련한 기사를 찾아보면 근래의 신청주
기를 대략 파악할 수 있다. 이 시기를 한 번 놓치면 6개월을 기다려야 하
기 때문에 미리 대비하는 것이 좋다.

뉴스제휴평가를 신청하려면 평가 기준에 적시된 정량평가 항목과 정
성평가 항목에 미리 대비하면서 뉴스를 보도해야 한다. 평가 신청 시기
가 됐는데도 몇 달 전부터 자체 기사 비율이 충분하지 않거나 정량평가가
요구하는 기준에 맞추지 못한다면 아예 신청을 다음번으로 미루는 게 낫
다. 평가에서 한 번 탈락하면 다음 회차 신청에 제약이 따르기 때문이다.

뉴스콘텐츠제휴사 신청 시에만 탈락자 일부에 대한 구제 조항을 마련
했다. 기본적으로 한 번 입점 평가에서 탈락하면 다음 번 심사에는 신청

할 수 없다. 따라서 미흡하게 준비한 상태에서 신청하는 것보다는 6개월을 늦추더라도 철저하게 준비한 뒤 신청하는 편이 바람직하다. 관련 부처에 신규 매체를 등록하는 시기는 빠를수록 유리하지만 평가 직전 기간에 준비가 부족할 때는 네이버, 카카오 뉴스 제휴 신청은 6개월 늦추는 게 낫다.

제휴평가 기간에 맞춰 홈페이지나 모바일 페이지를 개편하려는 언론사는 페이지 개편에 상당한 기간이 걸리는 점을 감안해 일찌감치 준비하는 것이 바람직하다. 신청 기간에 임박해 새로운 페이지를 오픈하면 초기 에러 등을 제대로 잡지 못해 낭패를 볼 수 있다. 따라서 홈페이지 개편이나 모바일 앱 개편을 비롯한 시스템 정비는 신청 시점보다 최소한 한 달 전에는 완료해야 안정적으로 심사를 받을 수 있다.

벌점이 6점에 이르면 재평가를 받게 된다. 일반적인 뉴스제휴평가는 1년에 두 번 진행하지만, 재평가는 3개월 단위로 1년에 4번 시행한다. 얼마 전까지는 재평가 역시 1년에 두 번 실시했지만, 벌점을 많이 부과 받아 재평가 대상에 오른 매체가 길게는 6개월까지 아무 제약 없이 보도 활동을 하는 것이 바람직하지 않다는 공감대가 형성되면서 규정이 바뀌었다. 또 일부 매체의 경우 재평가 대상이 되면서부터 아예 탈락을 예상하고 포털에서 퇴출되기 전에 최대한 수익을 올리기 위해 과도하게 부정행위를 저지르는 사례도 발생한 탓이다.

재평가 대상이 되어 네이버, 카카오에서 퇴출될 위기에 놓였다면 재평가까지 시간이 얼마 없다는 사실을 인식하고 고칠 부분을 미리 서둘러 보완하는 조치가 필요하다.

'자체 기사' 판단은 엄격하게

④ 아래 각호에 해당하는 경우 계약해지일, 제휴 영역 변경일, 제휴 신청 무
효 처리 처분일로부터 일(1)년간 제휴 신청할 수 없다. 〈개정 2018. 03.
01, 2019. 10. 21〉

(가) 제16조 제1항 (라)호 및 제16조 제4항 (가)호, (나)호에 따라 계약이 해
지된 경우

(나) 제11조 제3항 및 제16조 제4항 (다)호 따라 제휴 영역이 변경되거나
계약이 해지된 경우

(다) 제10조 6항에 따라 당해 회차 제휴 신청이 무효 처리된 경우

제휴 신청에 탈락할 경우 다다음 회차에 제휴 신청은 할 수 있도록 되
어 있지만, 부정행위를 이유로 계약이 해지되거나 제재 조치를 당할 경우
엔 1년 동안 제휴 신청을 할 수 없도록 규정했다. 일종의 부정행위에 대
한 징벌적 조치의 일환이다.

재평가를 통해 포털과의 뉴스 제휴 계약이 해지되거나 제휴 수준이 떨
어지게 되면 향후 1년간 제휴 신청을 할 수 없다. 특히 신규 신청 매체가
주의해야 할 대목은 허위사실을 신청서에 게재해 탈락하는 일이다. 몇
년 전까지만 해도 일단 심사를 통과하고 나면 정량평가나 정성평가를 사
후에 검증하는 절차가 없었다. 그러나 필자가 제1소위원장을 맡아 입점
규정을 전면적으로 개정하면서 사후 검증 절차를 마련했다.

가장 핵심적인 이슈는 자체 기사 비율이다. 수백 개에 이르는 신청 매체
들이 각각 수천 개 이상의 기사를 제출하면 이 가운데 자체 기사가 얼마나
되는지 골라내기가 사실상 불가능하다. 자체 기사 여부는 알고리즘이나

AI로 찾아내기도 어렵다. 정량평가에 있어 핵심 항목인 자체 기사 비율의 검증이 어렵다 보니 입점 심사를 통과한 매체의 기사 수준이 상당히 미흡한 현상이 나타나고는 했다. 이런 상황을 더 이상 방치하는 것은 곤란하다는 합의에 이르렀다. 이에 일단 정량평가를 1차적으로 통과하고 정성평가까지 기준을 맞춰 신규 제휴의 합격점에 도달한 매체를 대상으로 검증 작업을 벌이기로 했다. 이를 위해 평가위원들의 채점이 마무리 된 후 최종 결과 발표까지 시일이 다소 걸리더라도 정성평가에서 높은 점수를 받은 언론사들을 대상으로 정량평가, 특히 자체 기사 비율을 검증하는 방식을 채택했다. 이런 변화로 심사 기간이 다소 길어졌지만, 자체 기사 비율이 미흡하거나 자체 기사 비율을 과장해서 제출한 언론사를 걸러낼 수 있게 됐다.

이런 방식을 실제로 운영해본 결과 심사를 통과한 매체 중 상당수가 최종 관문에서 탈락하는 상황이 벌어졌다. 자체 기사를 어떻게 판단하느냐는 어려운 문제다.

일정 요건을 갖춘 기사를 자체 기사로 인정한다는 포지티브 방식과 특정 형식의 기사는 자체 기사에서 제외한다는 네거티브 방식을 적용한다. 세부 규정을 마련해도 역시 주관적 판단에 영향을 받기 때문에 엄격하게 적용하지 않는 편이다. 그럼에도 불구하고 객관적으로 판단할 때 규정에서 제시한 자체 기사 기준에 훨씬 못 미치는 기사들을 자체 기사에 포함시켜 제출한 언론사들은 제휴 관문을 통과하지 못하도록 했다. 더 나아가 이런 행위는 일종의 부정행위로 간주하고 1년간 제휴 신청을 하지 못하는 불이익을 감수하도록 한 것이다. 과거에 검증이 없던 제휴평가 경험을 토대로 자체 기사 비율을 속여 제휴 심사를 통과하려는 매체들은 이제는 마지막 검증과정에서 걸러질 가능성이 크다. 해당 회차의 탈락은 물론이고 이후에도 추가적인 불이익을 당할 각오를 해야 한다.

콘텐츠 제휴 탈락자에게 주는 힌트

⑤ 제2항에도 불구하고 '뉴스콘텐츠제휴' 심사에서 탈락한 매체 중 제10조 4항에 따라 산출된 최종 평가 점수가 탈락한 매체 기준 순위 상위 10%에 해당하고, 칠십오(75)점 이상인 경우에는 다음 회차 '뉴스콘텐츠제휴' 심사에 신청할 수 있다. 이 경우 해당 매체명은 공개하지 않으며, '뉴스제휴평가위'가 '포털사'를 통해 해당 매체에 개별 안내한다. 〈개정 2019. 04. 12〉

한 번 제휴평가에서 탈락하면 다음 번 평가는 신청할 수 없도록 제한을 둔 조치는 실제로 평가를 해보면 당위성에 공감하게 된다. 신청 언론사가 너무 많아 제한된 시간 내에 면밀히 살펴보기 어려운 데다, 통과 수준에 한참 못 미치는 매체가 별다른 노력이나 개선 없이 매번 반복해서 신청하는 사례도 적지 않다. 불가피하게 신청 제한 조치를 시행했지만 그럼에도 불구하고 너무 가혹하다는 언론사들의 불만이 나왔다. 특별히 부정행위를 한 것이 아닌데도 차기 제휴평가에 신청할 수 없도록 제한을 두는 것은 지나치다는 주장이 제기된다.

그러나 이런 조치를 취해도 제휴평가위원들은 매번 심사 때마다 200개 안팎의 매체를 채점해야 한다. 평가위원들의 충실한 채점을 담보하려면 제휴 신청주기를 조절할 수밖에 없다는 데에 의견이 모아져 신청 제한이 생겼다.

다만 콘텐츠 제휴의 경우 상대적으로 신청 매체 수가 검색제휴 신청에 비해 적은 데다가 콘텐츠 제휴를 통과하는 비율이 극히 낮기 때문에 간발의 차로 떨어진 매체에게 6개월의 제한 조치를 부과하는 것은 가혹하다는 의견이 표출되었다. 그래서 찾아낸 타협안이 콘텐츠 제휴 신청자의

〈별표 4〉 제휴 형태별 신청 및 평가주기 〈일부개정 2018. 03. 01, 2020. 08. 14〉

	네이버			카카오	
제휴 영역	뉴스 검색 제휴	뉴스 스탠드 제휴	뉴스 콘텐츠 제휴	뉴스 검색 제휴	뉴스 콘텐츠 제휴
서비스	뉴스 검색	뉴스 스탠드	네이버 뉴스	뉴스 검색	다음 뉴스
신청 및 평가 주기	6개월			6개월	

경우 아깝게 탈락한 일부는 6개월의 공백 기간을 두지 않고 다음 번 심사에 바로 참여할 수 있도록 구제방안을 마련했다.

여기엔 입점 평가 방식의 근본적인 한계도 영향을 미쳤다. 앞에서 설명했듯이 신청 매체마다 서로 다른 평가위원이 채점을 할 수 있다. 실제로 사후 채점을 검증해보면 평가위원별로 점수를 주는 편차가 상당함을 알 수 있다. 어떤 평가위원은 모두에게 합격점이나 합격에 가까운 점수를 주는 후한 채점을 하는 반면, 다른 평가위원은 대부분을 탈락시키는 엄격한 심사를 한다. 매체 입장에서 생각하면 어떤 평가위원에게 할당되느냐에 따라 제휴 통과 여부가 달라질 수 있다. 따라서 통과 확률이 극히 낮고 제휴평가에서 고득점을 받기 위해 많은 노력을 쏟아온 콘텐츠 제휴 신청 매체에는 구제책이 필요하다는 주장이 나왔다.

이에 콘텐츠 제휴 심사에서 탈락한 매체들의 구제 기준을 정했다. 탈락한 매체들 중 상위 10%에 해당하고 평가위원들이 매긴 점수 평균이 75점을 넘는 경우다. 이 두 가지 조건을 충족하는 매체는 바로 다음 회차에 다시 뉴스콘텐츠제휴 신청을 할 수 있다.

콘텐츠 제휴 심사 탈락자의 최대 10%가 연이어 다음 회차에 신청을 할 수 있게 된 것이다. 통상 콘텐츠 제휴 신청 매체 수는 100개 내외이기 때문에 수혜자는 10곳 정도로 보면 된다. 탈락자 중 상위 10% 수준이면 대개 평균 75점은 넘는다.

참고로 제휴에 신청했다가 탈락한 매체들은 자신의 위치가 어느 정도인지 늘 매우 궁금해 한다. 콘텐츠 제휴 신청 언론사들은 신청한 매체가 탈락했어도 연속으로 신청할 수 있도록 구제 대상이 됐다면 탈락자 중 상위 10%에 해당한다는 사실을 알 수 있다. 합격 점수에 근접했고 평가위원 구성이 달라질 수 있으므로 차기 신청에 총력을 쏟으면 좋은 결과를 얻을 가능성이 커진 셈이다.

카테고리의 족쇄

⑥ '제휴매체'는 최초 제휴 계약 체결일부터 일(1)년이 되는 날부터 카테고리 변경을 신청할 수 있으며, 뉴스 제휴 심사에 준하여 실시한다. 〈개정 2018. 03. 01, 2019. 03. 01〉

⑦ 제휴 형태별 신청 및 평가주기는 〈별표 4〉와 같다.

카테고리 변경은 네이버나 카카오와 제휴를 맺은 언론사가 계약 당시의 매체 성격에서 변화를 추구하고자 할 때 긴요한 항목이다. 가령 연예 매체로 제휴했는데 이후 종합지로 성격을 바꾼다거나, 지역 언론으로 계약했는데 경제 매체로 변신한다든지 하는 경우다.

제휴평가위원회 초기에는 검색이든 콘텐츠 제휴든 한 번 계약을 체결하고 나면 이후에 카테고리를 바꾸는 것은 비교적 폭넓게 받아들였다. 일반적인 제휴평가와 달리 점수 위주의 정량평가와 정성평가를 하지 않고 카테고리 변경 신청에 대한 위원의 찬성 여부만 물어 다수결로 변경 허용 여부를 결정했다. 채점 방식보다 통과 비율이 높았다.

그러다 보니 이를 악용하는 사례가 많아진다는 지적이 나왔다. 상대적으로 통과가 쉬운 영역으로 네이버와 카카오에 입점한 다음에 카테고리 변경을 통해 원래부터 노린 성격의 매체로 바꾸는 일이 빈번하게 벌어졌다. 카테고리 변경이 제휴 신청의 우회로가 된 셈이다. 이런 문제점에 대한 지적이 잇따르자 제평위는 카테고리 변경의 경우도 일반 제휴 심사처럼 정량평가와 정성평가를 진행해 허용 여부를 판단하기로 했다. 이후 카테고리 변경 신청의 통과율이 낮아진 느낌을 받았다. 이제는 한 번 제휴를 통과한 뒤 카테고리 변경을 신청하면 또 한 번 제휴 심사를 통과해야 해 두 번의 제휴 심사를 받는 셈이며 우회의 실익이 별로 없다.

운명은 10분 내에 결정된다

제10조 (평가 방법)

① '뉴스제휴평가위'는 소속 위원 30명 가운데 최소 9인 이상이 참여하는 평가 팀을 구성해 제휴 신청 매체에 대한 평가를 실시한다. 최종 제휴 여부는 15개 단체 추천 제휴평가위원 1명씩이 참여하는 위원회에서 평가작업 결과를 바탕으로 결정한다. 〈개정 2017 08. 11〉

② 평가항목은 크게 정량평가와 정성평가로 나누고 정량평가에 20% 정성평가에 80% 배점이 되도록 한다. 정량평가의 평가기준 및 배점은 〈별표 5〉에 따르고, 정성평가의 평가기준 및 배점은 〈별표 6〉에 따른다. 〈개정 2016. 11. 09, 일부개정 2019. 03. 01〉

평가는 뉴스제휴평가위원 정원 30명 가운데 최소 9명 이상이 한 매체를 심사하도록 되어 있다. 평가위원이 30명이기 때문에 세 팀으로 나누어 평가를 진행하는 셈이다. 한번 평가에 신청하는 매체가 500개 안팎에 이르기 때문에 세 팀으로 나눠서 진행해도 위원 한 명이 200개 가까운 매체를 평가하게 된다.

여기서 매체별로 운이 엇갈린다고 볼 수도 있다. 실제로 평가를 진행해 보면 같은 매체에 대해 꽤 큰 편차가 발생한다. 어떤 위원은 훌륭하다고 점수를 준 매체를 다른 위원은 낮은 점수로 매기는 경우가 허다하다. 위원에 따라 전반적으로 점수를 후하게 주는 경우도 있고 눈높이가 매우 높아 낮은 점수로 일관하는 사람도 있다.

과거 탈락한 매체도 다음 회차에 연이어 신청이 가능했을 때 이전 회차에서 낮은 점수로 탈락한 매체가 다음 회차에서는 넉넉하게 통과하는 일도 생겼다. 6개월 사이에 해당 매체의 경쟁력이 급격히 올라갔을 수도 있지만 평가위원 구성이 바뀐 데 따른 결과일 가능성도 배제할 수 없다. 따라서 한 번 탈락했다고 낙담하기보다는 다음 번 신청 때는 평가위원이 달라진다는 가능성에 희망을 걸고 충실하게 준비하면 된다.

평가가 시작되면 네이버, 카카오 사무국에서는 매체별로 폴더를 만들어 매체소개서와 언론사 PC와 모바일 웹 주소, 기사 리스트 등 각종 관련 서류를 제공한다. 아울러 매체들의 점수를 입력할 수 있는 평가표를 엑셀 파일로 제공한다.

평가위원들은 자신이 매긴 점수를 평가 항목별로 엑셀 파일에 입력하고 이 파일을 네이버, 카카오 사무국에 제출하기 때문에 평가 기간 중 엑셀 파일을 자료로 가장 많이 활용한다.

매체소개서를 제외하면 엑셀 파일 하나만 놓고서도 평가가 가능할 정도다. 그만큼 많은 정보를 엑셀 파일에 담아 위원들에게 제공한다. 항목이 많아 표가 횡으로 길어지는 바람에 엑셀의 열 숨기기 기능을 사용하며 채점을 해야 했다. 매체 이름과 설립연도, 매체 종류, 카테고리뿐 아니라 기자 수와 기사 수도 적혀 있다. 기자 1인당 얼마나 많은 기사를 생산하는지를 단번에 알 수 있다. 전체기사 중 자체 기사 비율이 얼마나 되는지도 이 파일을 통해 제공한다.

엑셀 파일의 맨 왼쪽 셀에는 차례로 매체명이 적힌다. 횡으로 매체/ 모바일, PC 웹의 URL/ 평가 항목 별 점수 입력란 등이 제공된다. 그리고 위원들이 각 칸에 점수를 입력하면 엑셀 수식으로 합산한 총점이 나오게 된다. 여기서 부문별 과락점수를 확인할 수 있다. 위원들은 엑셀표에 제공된 링크를 통해 신청 매체의 모바일과 PC 홈페이지를 들어가 볼 수 있다. 많은 항목을 담다 보니 엑셀 표가 무척 넓어서 여기에 담긴 정보를 일일이 확인하기가 상당히 번거롭다.

이 표에 점수를 입력하면서 자신이 생각한 합격, 불합격 여부에 맞춰 항목별 점수를 입력하고 조정하는 방식으로 진행하는 위원들이 많다. 채점하는 매체 수가 200개이고 각 매체 당 10분씩 소요된다고 하면 총 2,000분이 소요된다.

이를 시간으로 환산하면 33시간이 넘는다. 매일 1시간을 할애해 평가를 진행한다고 해도 한 달 이상 걸리는 작업이다. 주말을 활용해 토요일과 일요일에 꼬박 2시간씩 평가를 진행하면 8주가 걸린다. 사정이 이렇다 보니 막판에 몰려 집중적으로 평가를 진행하는 위원이 생기는 건 자연스러운 현상이다. 이런 경우 충분한 시간을 할애해 매체소개서를 읽고 PC 홈페이지와 모바일 앱을 점검하면서 세밀하게 평가하기가 어렵다.

따라서 평가위원이 10분 이내에 매체에 대한 모든 판단을 하게 된다는 전제하에 신청 서류를 준비하는 것이 유리하다. 매체소개서의 경우 평가위원에 따라 읽기도 하고 잘 안 읽기도 한다. 매체소개서를 읽는 평가위원들에게는 거기에 담긴 내용들이 상당한 영향을 줄 수 있기 때문에 평가항목 특히 정성평가 항목의 내용들을 잘 기술하는 것이 통과의 기본적인 요건이다.

매체별 점수를 입력한 뒤 맨 오른쪽 칸에 해당 매체에 대한 평가위원의 간단한 코멘트를 적게 되어 있다. 뉴스제휴평가를 진행하고 나면 통과한 매체보다는 탈락한 매체가 압도적으로 많은데 탈락한 매체 입장에서는 자신에게 부족한 점이 무엇인지를 파악해 다음 번 평가 때 이를 보완하고자 하는 마음이 크다. 하지만 뉴스제휴평가위원회에서 이에 대해 정보를 제공하는 것이 부족하다는 게 대체적인 평이어서 신청 매체 입장에서는 불만 요인이 된다. 네이버, 카카오 사무국에서 이에 관한 내용을 작성해주면 좋겠지만 매체에 대한 평가는 네이버, 카카오에서 하는 것이 아니라 외부의 평가위원들이 전담하기 때문에 네이버, 카카오 사무국 직원들이 위원들 마음속을 들여다보지 않는 한 어떤 요소 때문에 해당 점수를 줬는지를 파악하기는 불가능하다.

이 같은 고질적인 문제점을 해결하기 위하여 평가위원들에게 해당 매체에 대한 주관적인 코멘트를 달도록 요청하는 것이다. 탈락자의 불만을 많이 접하는 네이버, 카카오 사무국에서는 평가위원들에게 코멘트를 충실히 작성해달라고 요청하지만 '전반적으로 수준이 떨어지는 매체' 같이 모호한 설명을 다는 경우가 종종 있다고 한다. 평가위원 코멘트라고 매체에 전달하기에 민망한 내용이 적지 않다는 것이다.

각 평가위원이 여기에 얼마나 충실히 대응하는지는 개인별로 차이가 날 수밖에 없다. 그럼에도 분명히 이 칸에 성의 있게 적는 위원들이 있고 그런 위원의 의견은 다음 번 신청을 준비할 때 중요한 참고 사항이 될 수 있다. 네이버, 카카오 사무국에서는 위원들의 코멘트를 압축적으로 신청 매체에 전달하는 것으로 안다.

제휴 신청의 묘수

③ 뉴스 제휴를 하기 위해서는 아래에서 정한 최소 점수 이상을 얻어야 한다. 〈개정 2017 08. 11〉

(가) '뉴스검색제휴': 100점 만점에 60점 이상

(나) '뉴스스탠드제휴': 100점 만점에 70점 이상

(다) '뉴스콘텐츠제휴': 100점 만점에 80점 이상

④ 최종 평가점수는 위원들의 평가점수 중 최고점수와 최저점수를 제외한 평가점수를 합산, 산술평균한다. 동일한 최고점수와 최저점수가 복수로 있는 경우 하나만 제외한다.

이런 과정을 거쳐 위원들이 평가한 점수를 엑셀 파일에 담아 네이버, 카카오 사무국으로 전달한다. 다음 단계로 각 위원들이 채점한 결과를 합산해 평균값을 낸다. 이때 최고점과 최저점은 한 명씩 제외한다. 특정 위원이 과도하게 높은 점수를 주거나 지나치게 낮은 점수를 줄 경우에 해당 점수는 제외된다.

대부분 위원들은 매체의 운명을 좌지우지하는 평가 결과에 대해서 심적 부담을 갖는다. 이런 부담감 때문인지 특별한 하자나 탁월한 장점이 없는 한 커트라인에서 크게 벗어나지 않는 점수를 주는 경향이 있다. 그런데 만약 특정 위원이 지나치게 높은 점수를 주거나 지나치게 낮은 점수

를 주면 다른 위원들의 평가가 무력화할 수 있다. 가령 뉴스콘텐츠제휴 심사에서 10명의 위원 중 9명이 평균 82점으로 합격점수를 부여했는데 단 한명의 위원이 60점을 준다면 평균 79.8점으로 탈락한다는 계산이 나온다. 대조적으로 뉴스검색제휴를 신청한 특정 언론사에 대해 10명의 위원 중 9명이 평균 58점으로 탈락시켜야 한다고 판단했는데 나머지 1명이 80점을 주면 60.2점으로 합격하게 된다. 위원 단 한 명의 판단이 나머지 9명의 결정을 무력화하는 꼴이다. 실제 채점을 해보면 같은 언론사에 대해 상당히 큰 점수 차가 나는 경우를 볼 수 있다. 평가위원의 성향이나 관점에 따라 이 같은 일은 언제든 벌어질 가능성이 있다. 이런 리스크를 줄이기 위해 최고점과 최저점을 하나씩 배제하는 것이다. 이런 방식에 따라 양 극단을 제외한 7명 또는 8명의 위원이 부여한 점수를 평균해 합격 및 탈락을 가르게 된다.

가장 낮은 단계인 뉴스검색제휴 합격점은 60점이다. 처음엔 70점이었으나 너무 합격자 수가 적다는 지적이 나오면서 점수를 10점씩 낮췄다. 그 결과 합격하는 매체 수가 늘어나는 경향을 보였다. 대부분 정량평가 20점은 확보하기 때문에 정성평가 80점 중 절반인 40점을 받으면 합격이 가능하다. 그럼에도 합격 매체 비율이 10% 안팎으로 나타나는 현상을 볼 때 결코 만만하게 볼 점수는 아니다.

그렇다고 미리 위축될 필요는 없다. 실제로 채점을 해보면 200개 매체 중 절반 이상은 도저히 합격점을 주기 곤란한 상태로 운영되는 현상을 보인다. 주요 기관장이나 정치인, 기업인의 동정성 기사로 홈페이지를 채우거나 온통 보도자료 기사로 운영하는 매체가 적지 않다. 이렇게 하면 정성평가 80점 중 40점을 받기가 쉽지 않다. 저널리즘 품질요소 평가에서 과락을 받기 십상이다. 즉 표면적으로 나타나는 경쟁률보다 실질적인 경쟁률은 훨씬 낮을 수 있다는 자신감을 가져도 된다.

가장 높은 단계인 뉴스콘텐츠제휴는 80점 이상이어야 합격한다. 지금까지 콘텐츠 제휴를 통과한 매체가 손가락에 꼽을 정도인 점에서 알 수 있듯이 80점을 확보하기는 굉장히 어렵다. 특히 뉴스콘텐츠제휴를 신청한 매체는 이미 뉴스검색제휴사나 뉴스스탠드제휴사로 6개월 이상 운영했다는 의미가 된다. 뉴스검색제휴사나 뉴스스탠드제휴사로서 경영을 해나가려면 광고를 게재해야 하고 광고를 늘려가다 보면 허점이 많이 생긴다. 특히 특정 영역을 광고업체에게 위임하는 이른바 네트워크 광고의 경우 거기에 실리는 광고의 질을 담보하기 어렵다. 보기에 민망한 저질 광고로 채워지는 경우도 허다하다. 해당 광고 영역에 저속한 광고가 배치돼 있을 경우 상당한 감점이 예상된다. 이런 식으로 여기저기서 점수를 깎다보면 80점에 이르기가 쉽지 않다.

상당히 우수한 콘텐츠로 운영하고 있음에도 80점에 못 미쳤다면 실망하지 말고 계속 도전해보는 것이 바람직하다. 앞에서 설명했듯이 평가위원 전체가 심사하는 것이 아니라 그중 약 3분의 1이 해당 매체를 심사한 것이기 때문에 다음번에는 평가하는 위원이 달라질 가능성이 크다. 새로 채점하게 되는 위원은 지원 매체의 가치를 높게 평가할 가능성이 얼마든지 있으니 계속 도전해보는 것이 좋다. 뉴스콘텐츠제휴 신청사의 경우 탈락자 가운데 상위 10%에 포함되고 위원들이 매긴 평균 점수가 75점 이상이면 다음 회차에 쉬지 않고 연이어 신청할 자격이 주어진다. 만약 이런 구제 대상으로 통보받았다면, 지원 언론사 가운데 상위권에 속하고 평균 점수도 75점 이상으로 나타난 셈이니 다음 회차에 최선을 다해보길 권한다. 뉴스콘텐츠제휴 이외의 뉴스검색제휴나 뉴스스탠드제휴에는 탈락사가 연이어 신청할 수 있도록 구제하는 조항이 없다.

뉴스스탠드제휴 합격점은 70점이다. 체감 합격 난이도는 뉴스콘텐츠제휴보다는 한결 수월하다. 뉴스검색제휴 합격점인 60점과 70점의 차이와 뉴스콘텐츠제휴 합격점인 80점과 70점의 차이는 같은 10점 간격이지만 체감상 완전히 다르다. 상대적으로 볼 때 70점과 80점의 차이는 어마어마하지만, 60점과 70점의 차이는 훨씬 작다.

뉴스스탠드제휴는 네이버에만 해당한다. 카카오에는 이런 서비스가 없어 관련이 없다. 이 때문에 언론사 입장에서는 뉴스스탠드제휴의 필요성이 떨어진다는 판단을 할 수 있다. 뉴스스탠드제휴는 아예 신청을 하지 않는 언론사도 있다. 그러나 향후 뉴스콘텐츠제휴를 추진할 계획이라면 뉴스검색제휴사의 지위보다는 뉴스스탠드제휴사로서 지원할 때 평가위원들이 받는 인상이 나을 수 있다. 또한 실제로 디지털 뉴스를 운영하다 보면 뉴스스탠드를 통해서 들어오는 트래픽도 적지 않다. 실질적인 효과를 무시할 수준은 아니라고 판단한다. 만약 언론사가 포털의 인링크 소비보다 아웃링크를 통해 자체 사이트로 들어오는 트래픽의 가치를 높게 평가하는 정책을 지향한다면 뉴스스탠드의 가치는 더 올라갈 수 있다.

뉴스검색제휴사는 뉴스스탠드제휴를 신청할 때 뉴스콘텐츠제휴와 동시에 신청이 가능하다. 채점을 하다 보면 어떤 언론사들은 뉴스콘텐츠제휴와 뉴스스탠드제휴를 동시에 신청하고 일부 언론사는 뉴스스탠드제휴만 신청한다. 뉴스스탠드제휴만 신청하는 언론사의 경우 두 가지 제휴를 동시에 신청할 수 있다는 사실을 몰라서일 수도 있지만, 차근차근 단계를 밟아서 뉴스콘텐츠제휴까지 올라가겠다는 계획에 그런 결정을 한 경우도 적지 않을 것으로 짐작한다.

물론 그런 전략의 취지가 나쁘다고 할 수는 없다. 그러나 통과 가능성 측면에서 보면 뉴스콘텐츠제휴와 동시에 신청하는 방안이 나쁘지 않다고 생각한다. 평가위원들은 정성평가 항목을 하나씩 점수를 결정한 다음 합산하는 경우도 있지만, 매체소개서와 홈페이지, 모바일 앱 등의 운영 상황을 전반적으로 살펴보고 마음속으로 합격 또는 불합격을 결정한 다음에 상정한 총점을 항목별로 배분하는 경우도 있다. 이럴 경우 일부 위원이라도 해당 매체를 뉴스콘텐츠제휴 신청사로 간주한다면 해당 위원의 마음속에 그어지는 경계선은 80점이 될 가능성이 크다. 따라서 합격점에 못 미친다고 판단해 낮은 점수를 준다고 해도 70점대를 부여할 가능성이 있다. 평가에서 보다 유리한 위치에 서는 셈이다.

이와 달리 뉴스스탠드제휴만 신청하면 위원들 마음속의 경계선이 70점으로 형성될 가능성이 커진다. 이렇게 되면 위원들 판단에 따라 70점대나 60점대의 점수가 나올 것이다. 물론 뉴스스탠드제휴 통과에 자신이 있고 뉴스 페이지의 원활한 운영을 위해 일단 뉴스스탠드제휴사 위상만을 확보하고자 한다면 뉴스스탠드제휴만 신청하는 방식도 충분히 타당한 선택이 된다.

과락 함정이 도사린다

⑤ 정성평가의 상위 평가항목인 저널리즘 요소, 윤리적 요소 (수용자 요소는 제외) 중 1개 항목 이상 영역에서 평가위원의 과반수로부터 최저 점수 이하를 받게 되면 해당 매체는 총점과 상관없이 제휴 대상에서 제외된다. 항목별 최저 점수는 저널리즘 품질요소 16점, 윤리적 요소 12점으로 한다. 〈개정 2016. 11. 09, 일부개정 2019. 03. 01〉

평가를 진행해보면 평가위원들의 평균점수가 합격점을 넘어섰는데도 탈락하는 매체가 상당수라는 사실을 알게 된다. 바로 이 항목 때문이다. 이른바 과락제도다. 특히 검색제휴의 경우 이런 현상이 두드러졌다.

필자가 제1소위원장으로 규정 개정을 추진하면서 과락 대상 항목에서 이용자 요소 부문을 제외시켰다. 과거 평가에서 이 항목 때문에 무더기로 탈락한다는 사실을 발견했기 때문이다. 이런 현상이 발생하는 이유는 위에서 설명한 위원들의 평가 관행의 영향이 크다.

뉴스검색제휴 신청 언론사를 평가하면 위원들은 합격점을 주더라도 커트라인인 60점보다 약간 높게 부여하는 경향이 있다. 80점이나 90점으로 과도하게 높은 점수를 주는 예는 드물다. 앞서 설명했듯이 위원들은 일단 매체소개서와 PC, 모바일 운영 상황을 살펴본 뒤 마음속으로 합격과 불합격의 판단을 하고 여기에 맞게 자신의 채점표상의 항목 점수를 조정한다. 그런데 뉴스검색제휴 신청사의 경우 광고나 선정성 등에 있어 감점을 하기가 쉽지 않다. 광고를 아예 싣지 않거나 선정적인 기사를 하나도 게재하지 않는 신청 매체도 많다. 이럴 경우 만점을 줘야 하는지 갈등하게 된다. 결국엔 적절한 점수를 부여하게 되는데, 이렇게 하다 보면 윤리적 요소를 아무리 깎는다 해도 높은 점수가 나올 수밖에 없는 상황이 벌어진다. 그렇게 되면 다른 곳에서 점수를 낮춰 최종 점수를 조정해야 한다. 이때 집중적으로 깎는 항목이 이용자 요소 같은 평가위원의 주관이 많이 개입되는 부분이다.

평가위원들은 같은 매체를 할당 받은 나머지 8 내지 9명의 위원과 의견을 교환하면서 점수를 부여하는 것이 아니다. 평가위원들은 각각 완전히 독립적으로 채점한다. 심지어 나와 같은 매체를 할당 받은 위원이 누구인지조차 모른다. 과락은 해당 매체를 채점한 10명 안팎의 위원 중 과반수가 과락 기준 점수 이하를 부여했을 때 적용한다. 특정 매체를 채점하는 위원들이 누군지도 모르는 상황에서 내가 과락 점수를 주었을 때 이 것이 얼마나 영향을 미칠지 짐작하기 어렵다. 아마도 평가위원들이 평가 과정에서 가장 간과하기 쉬운 부분이 과락 조항이다. 그러다 보니 특정 항목에 평가위원들의 낮은 점수가 몰려 전체적으로는 매우 높은 평균점 수를 받고도 제휴평가에서 탈락하는 사례가 속출했다.

뉴스검색제휴 신청사가 더 위험한 이유는 과락 기준 점수가 제휴 유형 과 무관하게 일정한 탓이다. 저널리즘 품질 요소는 40점 만점에 16점, 즉 100점 만점에 40점에 해당하는 지점이 과락 기준 점수다. 윤리적 요소는 30점 만점에 12점이 과락 기준 점수다. 역시 100점 만점에 40점에 해당 한다. 이용자 요소는 과락을 적용하지 않는 쪽으로 규정을 바꿨다.

그런데 평가위원들이 채점을 할 때 뉴스콘텐츠제휴사보다 뉴스검색제 휴사에게 평균적으로 훨씬 낮은 점수를 부여하는 경향이 뚜렷하다. 따라 서 이를 항목별로 나눠 점수를 보면 뉴스콘텐츠제휴사의 경우는 특정 항 목이 과락에 해당할 가능성이 매우 낮지만, 뉴스검색제휴사는 자칫하면 과락에 해당할 수 있다. 만약 특정 매체가 제휴 통과를 위해 광고를 모두 없애고 선정적인 기사를 완전히 사라지게 할 경우 평가위원들이 윤리적 항목에서는 감점이 쉽지 않기 때문에 저널리즘 품질 요소를 집중적으로 따질 가능성이 있다. 만약 저널리즘 품질에서도 우수한 성적을 받는다면 당연히 쉽게 통과하겠지만, 윤리적 항목에 비해 저널리즘 품질 요소가 상 대적으로 부실할 경우 해당 분야에서 집중적으로 감점을 받아 과락에 해 당할 가능성이 커진다. 넉넉한 합격점을 받고도 과락 대상이 될 수 있는 것이다. 만약 평가위원 10명이 수시로 소통하면서 특정 매체에 대한 의 견을 교환한다면 우수한 매체가 탈락하는 일은 없겠지만 모두가 철저히 독립적으로 차단된 상태에서 평가를 진행하다 보니 뜻하지 않게 양호한 매체가 과락 대상이 되는 현상이 발생할 수 있다. 제휴매체를 신청하는 매체들은, 특히 뉴스검색제휴를 신청하는 매체들은 각 평가 항목별로 균형 있게 경쟁력을 갖췄는지를 생각하면서 뉴스제휴평가에 대비할 필요가 있다.

반칙은 금물

⑥ 뉴스 제휴를 위해 제출된 자료에 허위사실이 발견될 경우 당해 회차에서 해당 매체의 신청은 무효 처리한다. 〈일부개정 2021. 02. 23〉

⑦ 제6조 (마)호에 의해 '포털사'가 제휴를 요청한 매체의 경우 수시 평가할 수 있다. 이 경우 평가를 통과하기 위해서는 전체 평가위원 2/3 이상의 찬성을 얻어야 한다. 〈개정 2016. 06. 01〉

뉴스 제휴를 신청하는 언론사들이 결코 가볍게 넘기지 말아야 할 조항이 허위사실 확인 조항이다. 제휴평가위원회 출범 후 몇 년간 허위사실 확인 과정은 사실상 선언적 조항에 가까웠다. 실무적으로 이를 확인하기가 쉽지 않은 탓이다. 특히 문제가 되는 부분은 자체 기사 비율이다. 제휴를 신청하는 수백 개 매체의 방대한 기사를 전부 확인하는 작업은 낭비이기 때문에 평가위원들의 평가 결과가 합격점을 넘어선 매체를 대상으로 정밀 검증하는 방식을 추진했다. 만약 신청 매체가 자체 기사 비율이나 기사 수, 기자 수 등을 허위로 적어서 제출했다면 평가위원 개개인 단위는 통과할 수도 있겠지만 정밀 검증에서 적발될 가능성이 커졌다. 허위사실이 발견될 경우 합격할 수 없을 뿐더러 향후 일정 기간 제휴 신청자체를 하지 못하기 때문에 상당히 큰 불이익을 받게 된다. 차라리 평가에서 탈락을 했다면 추가적인 제한 조치는 피할 수 있었겠지만 고득점을 한 뒤 정밀검사에서 허위사실을 기재한 내용이 적발되면 큰 불이익을 받을 수 있다. 무엇보다 이제는 허위사실이 적발될 가능성이 과거보다 한결 커졌다.

모든 매체가 똑같은 뉴스 제휴 신청 과정을 통해서 네이버, 카카오의 뉴스 제휴사가 되는 것은 아니다. 네이버나 카카오에서 제휴를 원하는 매체가 있을 경우엔 관련 조항에 따라 다른 트랙으로 수시 평가도 가능하다. 정기 평가는 1년에 두 차례로 정해져 있기 때문에 신속하게 포털과 제휴를 원한다면, 또 그럴 만한 충분한 가치가 있다고 자신한다면 포털 사무국에 의뢰해 별도의 절차를 거치는 것이 가능하다. 다만 이 경우 전체 평가위원 3분의 2의 찬성을 받아야 하기 때문에 누가 봐도 설득력 있는 이유를 제시해야 한다. 정기 평가마다 수백 개의 매체가 뉴스 제휴의 문을 두드리는 것에 비교하면 이런 특별조항을 통해 신청하는 매체는 극히 드물다고 할 수 있다.

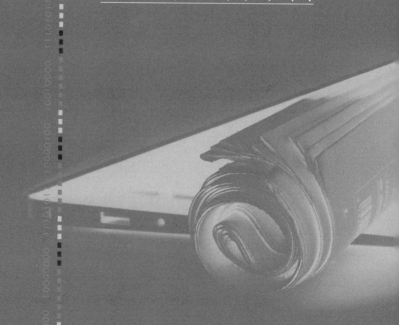

3장
디지털 퍼스트의 주역 되기

1. 인턴만 모르는 비밀

오랫동안 언론인의 출발점은 수습기자였다. 경찰서 골방에서 쪽잠을 자면서 하루 20시간 입에 단내가 나도록 돌아다니는 수습기자 이전의 삶은 선배들에게 관심 대상이 아니었다. 대학에서 언론사 스터디 반에 있었든 사법시험을 준비했든 공채 시험을 통과하는 데 유불리가 없었다. 어떤 채용위원들은 언론사 시험을 준비한 인재보다 다른 길을 가고자 했던 지원자를 오히려 선호했다. 언론사 스터디를 해온 사람들은 다 비슷비슷하지만 다른 공부를 해온 사람은 언론사에 새로운 활력을 불어넣을 수 있다는 논리를 설파했다. 이런 분위기가 지배할 때는 채용 시험 문제를 출제할 때도 언론사 준비생에게 전혀 도움이 되지 않도록 하기 위해 기상천외한 작문 주제를 던지곤 했다.

필자는 이제 언론인의 출발점은 인턴이라고 생각한다. 언론이 처한 환경은 모든 측면에서 불리해졌다. 기자에 대한 열망이 없다면 굳이 언론사에 근무할 이유가 많이 사라졌다. 필자가 입사하던 1990년대만 해도 기자들끼리 함께 고생하는 동료들이라는 인식이 있어 설사 소속 언론사의 논조가 상반돼도 현장 기자들끼리는 신뢰하고 격려하며 지냈다. 같은 회사 선배는 무서웠지만 다른 언론사 선배는 인자했다. 요즘은 그런 분위기가 많이 변했다. 언론사 논조의 간극만큼이나 기자 사이도 서먹해진 경우가 많다고 한다. 기자의 문제를 지적하는 것으로 업을 삼는 기자들도 많아졌다. 요즘 가장 트래픽이 잘 나오고 짭짤한 콘텐츠 중 하나가 기자를 비방하는 기사라고 느껴질 정도다. 동료 기자에게조차 위로 받지 못하는 시절에 언론인으로 버티려면 기자에 대한 열망이 있어야 한다.

이를 확인하는 가장 쉬운 방법이 인턴 경력 살피기다. 언론사나 유관단체에서 인턴을 한 사람이 기자를 지원했다면 열정적으로 기자 업무를 오래 수행할 가능성이 크다고 판단한다. 고참 기자들도 생각이 전부 다르겠지만 필자가 채용 위원으로 시험 문제를 출제할 때는 오랫동안 언론사 스터디를 한 사람이거나 평소 뉴스에 관심이 많은 사람이라야 쓸 수 있는 내용을 골랐다.

몇 년 전 광화문을 걷는데 갑자기 한 청년이 다가와 "강 선배, 안녕하세요"라고 인사했다. 미안하게도 잘 기억이 안 났다. 그는 "제가 선배가 부장하실 때 인턴을 했던 ○○○입니다. 반가워서 인사드립니다"라고 말했다. 그때서야 생각이 났다. 그는 지상파 방송사 기자로 근무한다고 했다. 얼마 전엔 모 방송사 앵커가 우리 부서에서 인턴을 하던 때가 생각난다며 인턴 이후 처음으로 연락을 해오기도 했다. 비슷한 일을 종종 겪는다. 필자는 인턴과 특히 많이 일해본 편이다. 지금까지 수백 명 정도는 되는 것 같다.

중앙일보와 JTBC 인턴은 상당수가 기자나 PD가 된 듯하다. 중앙그룹은 물론이고 방송사, 신문사, 통신사에 두루 진출했다. 언론사 인턴 시절의 경험은 이를 거치지 않은 사람과 확실히 차별화된다. 언론사 채용에서 실무 비중이 커지면서 언론사 인턴 경력은 가장 경쟁력 있는 자기소개서 항목이 됐다.

언론사 인턴 채용을 해보면 엄청난 스펙으로 무장한 사람이 많다. 그래도 제일 눈에 띄는 것은 다른 언론사 인턴 경력이다. 거기서 했던 일들을 유심히 보게 된다. 인턴 기자의 역량이 때로는 정규 인력을 능가하는 성과물을 이뤄내기도 한다.

언론사 경험이 없는 상태에서 인턴에 지원할 때 요즘 가장 눈길이 가는 부분은 디지털 역량이다. 대부분 언론사들이 디지털 혁신 때문에 스트레스를 받는다. 인턴 지원자가 유튜브나 SNS에 능숙하고 관련 수업이나 활동 경험 등이 있다면 대단한 장점이다. 요즘 언론사에서 아르바이트로 포털 실시간 검색어 대응 기사 작성을 했던 지원자들도 종종 보인다. 이 역시 큰 강점이다. 실시간 검색어 기사 작성 자체는 매우 고단하고 보람을 느끼기 힘든 활동이지만 일을 하는 과정에서 네이버, 카카오 뉴스의 특성과 트래픽에 대한 감(感)을 익히기 때문에 다른 디지털 업무에서도 한 발짝 앞선 역량을 보일 수 있다.

개발자, 기획자, 디자이너 같은 디지털 부문의 인턴을 뽑는 언론사가 있다면 이 역시 좋은 기회라고 생각한다. 특히 기자와 협업을 하는 경우는 확실한 레퍼런스가 남는다. 필자는 디지털 인턴도 많이 선발해 협업을 진행해봤다. 실무 경험은 부족해도 모두 아이디어가 뛰어나고 진취적인 자세가 돋보였다. 디지털 인턴들과 많은 콘텐츠를 만들었다. 디지털 인턴에게 언론사가 좋은 이유는 인턴 기간 중 만드는 콘텐츠가 실제로 서비스된다는 사실이다. 디지털 인턴 채용에 들어가 포트폴리오를 보면 근사하기는 한데 본인이 직접 기여한 것인지 등을 확인하기 어렵다. 그렇다고 현장에서 실기 시험을 보기도 어렵다. 언론사에서 인턴을 하면 콘텐츠 자체가 실제로 서비스되고 거기에 인턴 기자의 이름이 새겨진다.

면접에서 논란의 여지가 없어진다.

그래서인지 중앙일보에서 인턴을 했던 디지털 인력 중 상당수가 네이버, 카카오를 비롯한 인기 IT업체나 대기업에서 일하고 있다. 신문사의 근무 강도가 세다는 인식도 도움이 되리라고 생각한다.

다만 인턴 과정에서 주의할 점이 있다. 언론사에서 인턴을 하면 나중에 채용 시험에 응시할 때 레퍼런스 체크가 들어오는 경우가 종종 있다. 대개는 최종 면접 등을 앞두고 물어온다. 언론사 기자들끼리는 서로 잘 아니까 수습기자 최종 면접자 가운데 중앙일보 인턴 경력자가 있으면 친한 중앙일보 기자에게 연락해 해당 지원자가 인턴 시절에 어땠느냐고 묻는 식이다. 반대로 이쪽에서 저쪽으로 물어봐야 할 상황도 생길 수 있기 때문에 대부분 비교적 솔직하게 말해준다. 업무에 열중하지 않았거나 근태에 문제가 있었거나 다른 인턴과 갈등이 있었던 경우에는 "글쎄 특별히 드릴 말씀이 없네요. 생각이 잘 안 나요" 하는 식으로 얼버무린다. 성실한 모습으로 잘했을 때는 "우리 쪽에서 일할 때 다들 좋아했어요. 참 괜찮은 친구라고들 생각했어요"라는 식으로 말한다. 정말로 탁월한 인턴이었다면 "꼭 뽑으세요. 정말 우리도 뽑고 싶은 친구예요"라고들 한다. 대개 레퍼런스 체크는 평소에 신뢰가 있는 사람에게 하게 되니 거짓으로 답하는 경우는 드물다. 필자의 경우 레퍼런스 체크를 요청했을 때 상대방이 엉터리로 답한 경우가 있었다. 다시는 그에게 레퍼런스 체크를 하지 않았다.

따라서 언론사 인턴을 한다면 훗날 취업을 할 때 지금 일하는 부서에 평판조회를 하리라는 생각으로 임하기를 권한다. 만약 사정이 생겨 충실하게 일하지 못했다면 해당 경력은 아예 적지 않는 게 유리할 수도 있다. 레퍼런스 체크에서 부정적인 의견이 나오면 뽑기가 쉽지 않다.

인턴은 언론인의 시작이다. 나중에 채용을 거쳐 수습기자가 되면 인턴 때 갈고 닦은 실력으로 언론사에 기여하면 된다. 특히 요즘 언론계 화두인 디지털 혁신에 큰 역할을 하면 좋다. 디지털 혁신은 언론사의 미래를 위한 작업인 동시에 수습기자 본인의 앞날을 밝게 하는 작업이다. 디지털과 모바일에 관한 한 우리 언론사에서 나를 따라올 사람이 없다는 자신감으로 많은 아이디어를 내고 혁신적 시도에 적극 참가하길 권한다.

물론 기자로서 본질적인 역량을 갖춰나가는 일에도 노력을 기울여야한다. 다음 얘기를 곱씹어보자.

'의미 부여자(sense maker)로서, 새로운 기자의 첫 번째 임무는 오히려 어떠한 정보가 믿을 수 있는가를 확인하고 그리고는 그 정보를 다시 정리해 시민들이 그들을 효과적으로 얻을 수 있도록 해주는 일이다'(빌 코바치, 톰 로젠스틸, 2009).

2. 퍼스트 펭귄이 되자

———

디지털 퍼스트가 추진되면 기자들은 혼란에 빠진다. 혁신을 추진하기 위한 여러 형태의 시도가 진행되는데 여기에 적극 참여하자니 튀는 것 같고 하던 일만 계속 하는 것도 왠지 뒤처지는 느낌이 든다. '침묵의 나선 이론'과 연관된 많은 논문들이 지적하듯이 소수는 목소리가 작아지게 마련이며 그러다 보면 새로운 시도에 참여하기 어렵다.

그러나 디지털 혁신을 주도하는 사람들은 현장 기자들의 참여가 절실하다. 언론사에서 기자가 참여하지 않는 혁신은 지속가능성이 떨어지기 십상이다. 새로운 시도에 도전하겠다고 나서는 기자만큼 반가운 존재는 없다. 혁신적인 콘텐츠 제작에 필요한 협업의 기반을 적극 제공한다. 개발자, 디자이너, 기획자와 영상 인력 등 회사 안팎의 우수 인력들과 함께 일하며 디지털 감각을 익힐 기회를 부여 받는다. 신문사의 경우 이런 전문 인력의 수는 한정돼 있다. 따라서 퍼스트 펭귄이 돼야 좋은 기회를 포착할 수 있다. 혁신적 콘텐츠가 큰 성과가 날 수도 있고 기대에 못 미치는 성적표를 받을 때도 있다. 분명한 것은 여기에 참여한 인력들은 큰 배움을 얻는다는 것이다.

JTBC 개국 직후 한동안 중앙일보 기자들이 JTBC에 파견 가는 것을 꺼려했다. 출입처 기자단에 등록이 안 돼 취재에 어려움이 크고 이미 위상이 확립된 중앙일보와 달리 신생 방송사 JTBC는 취재 과정에서 많은 장벽에 부닥쳐야 했다. 그러니 신문기자들이 괜히 방송 보도국에 와서 고생할 이유가 없는 것이었다. 그때 친한 후배들에게 "JTBC 파견 근무의 문이 항상 활짝 열려 있을 것 같겠지만 조금 지나면 쉽지 않을 것이다. 기회가 있을 때 보도국에 가서 영상을 배우라"고 권하곤 했다. 그때 방송을 다녀온 기자들은 영상 제작 능력이 많이 향상됐다. 그렇게 JTBC로 파견 갔다가 방송이 좋다고 정착한 기자들도 많다. 이제는 신문에서 방송으로 파견 가는 문이 무척 좁아졌다. 반대의 경우도 마찬가지다.

디지털 혁신 참여도 비슷한 길을 걸으리라 생각한다. 처음엔 원하기만 하면 기회가 주어지지만 시간이 갈수록 제한된 전문 인력과 협업의 기회를 갖기가 어려워지게 된다.

디지털 트래픽의 특성을 파악하는 노력도 큰 도움이 된다. 모바일이 대세가 되면서 제목 한 줄, 섬네일 하나로 콘텐츠의 승부가 갈린다. 섬네일을 고를 때 작은 크기로도 눈을 잡아채는 사진이나 이미지를 고르는 노력이 중요하다.

디지털 미디어로 성공을 거둔 버즈피드는 〈죽기 전에 가봐야 할 10곳〉같은 제목의 리스티클로 큰 재미를 봤다. 모바일 콘텐츠는 제목 한 줄이 가장 중요하다. 독자의 눈을 낚아채는 이른바 '낚시성 제목'을 관찰하면 디지털에서 눈길을 끄는 제목의 감을 익히는 데 도움이 된다. 자주 쓰이는 표현들을 일부 나열해본다.

'최후', '하다하다', '직접 해봤더니', '가봤더니', '충격', '실체', '여태 몰랐다니', '어느 정도길래', '알고 보니', '결국', '진짜 이유', '역대급', '이건 몰랐다', '난리 난', '대박 친', '화제라는', '숨겨진 핫플', '인생 맛집', '벤츠 제치고 1위 등극한', '2위는 BTS, 1위는?,' '나만 알고픈', '돌발상황', '00 맞나는 소리 나오는', '살펴보니', '귀띔해준', '…도 반한', '찐', '요즘 대세라는'. 낚시성이라는 비난을 듣는 표현들이지만 이런 어휘들의 흡인력을 관찰하면 디지털 감성의 흐름을 파악하게 된다.

한 발짝 앞서 출발하면 계속 유리한 입지에 선다. 필자가 디지털에디터를 할 때 디지털부서로 영입했던 기자들 중 상당수가 현재 중앙일보 디지털 혁신의 첨병 역할을 하고 있다. 필자가 국장 때 디지털 혁신 업무를 부여했던 젊은 팀장들은 그 이후로도 디지털과 관련한 중요한 임무를 맡고 있다.

조직 차원에서도 일찍 시작해야 유리하다는 것이 디지털 전략가의 얘기다. "타이밍이 관건이다. 일찍 시작하는 것은 고전적으로 모방 불가능한 전략적 이점이다. 수준 높은 여러 뉴스 기관이 고급스럽고 똑똑한 디지털 전략을 지금 가지고 있지만, 시작하기에는 너무 늦었다. 기회의 창은 닫혔다. 그들은 그들이 필연적으로 차지해야 했을 경쟁지를 새로운 선수들에게 양도해야 한다"(킹, 2015).

3. 디지털 퍼스트의 성패는 부장 어깨에

　신문사가 디지털 퍼스트 혁신을 추진하면서 가장 중요한 사람은 부장과 부국장이다. 뉴스룸은 철저히 부장 중심으로 돌아가는 조직이다. 부장은 현장을 취재하는 기자들과 늘 소통하면서 지시를 하고 건의를 받는다. 인사와 평가를 비롯한 기자 생활 전반에 부장이 미치는 영향이 가장 크다. 따라서 디지털 혁신이 성공하느냐 실패하느냐는 부장 손에 달렸다고 해도 과언이 아니다.

　필자가 국장을 하는 동안 가장 노력을 쏟은 부분이 팀장(부장)과 디렉터(부국장)의 디지털 퍼스트 마인드 강화다. 디렉터와 매일 오전, 오후에 하는 편집회의에서 디지털 계획만 발제하도록 했다. 네이버의 가장 중요한 위치인 모바일 채널에 올릴 기사와, 주요 기사에 실어 자체 사이트로 유입할 아웃링크 기사를 발제하도록 했다. 디렉터나 부장이 고른 기사는 디지털 뉴스 페이지에서 반드시 주요한 위치에 1시간 이상 유지하도록 했다. 그리고 매일 아침 성적표를 공유했다. 어떤 디렉터가 내놓은 무슨 기사가 어느 정도의 성과를 보였는지 등을 1년 내내 얘기했다. 네이버와 카카오의 인링크와 아웃링크 기사의 개념과 흐름을 체화할 수 있도록 매일 회의에서 인링크, 아웃링크 기사를 발제하도록 했다.

디렉터와 팀장이 디지털에 적극 나선 부서는 기자들도 디지털 전환이 빨랐다. 새로운 시도 역시 활발하게 진행됐다. 중앙일보가 디지털 퍼스트 전환을 이룬 데에는 부장과 부국장의 역할이 절대적이었다고 생각한다.

혹자는 부장은 나이가 많아 디지털 역량이 떨어지는 게 아니냐는 의문을 제기한다. 그렇게 생각하지 않는다. 아이폰이 등장한 지 15년이 채 안 됐다. 부장들은 스마트폰이 출시될 때부터 써온 사람들이다. 신문 지면을 제작하는 데는 이미 도사다. 취재원 네트워크도 가장 강력하며 최근까지 기사를 직접 썼고 현재 후배기자들의 기사를 데스킹한다. 지면 중심의 일을 해오며 살아왔기 때문에 디지털을 별로 시도하지 않았을 뿐 막상 디지털로 달려가자고 하면 매우 빠른 속도로 적응한다. 결국 뉴스룸 디지털 퍼스트 전환의 성공 여부는 부장 손에 달렸다고 봐도 무방하다.

우리 신문사의 디지털 혁신이 잘 돼 가는지를 판단하려면 부장들을 보면 된다. 부장들이 디지털 중심으로 일하면 혁신이 잘 진행되는 것이며 지면 중심의 업무를 한다면 디지털보다는 지면 위주의 제작을 하고 있다고 판단하면 된다. 어떤 길을 택할지는 언론사의 판단이다.

아울러 디지털 혁신이 힘 있게 추진될지를 가늠하는 또 하나의 잣대가 있다. 디지털이 경쟁력 있게 진척되려면 다른 직종끼리 협업이 활발해야 한다. 반면 같은 직종끼리는 선의의 경쟁이 이뤄져야 한다. 기자들이 영상, 디지털 전문 인력과 의기투합해 새로운 시도를 수시로 하고 있다면 좋은 결과물들을 보게 된다. 뉴스룸에서 사회부와 경제부가 더 좋은 카드뉴스를 만들기 위해 경쟁한다면 바람직한 현상이다.

그러나 같은 직종끼리는 끈끈하고 다른 직종과는 대립하고 있다면 디지털 혁신 속도를 우려해야 한다. 가령 기자들이 모여 영상 인력을 비판하고 디지털 인력이 모여 기자를 비판하는 식이다. 이렇게 같은 직종끼리 의기투합해 다른 직종을 비난하는 상황이라면 디지털 혁신의 속도는 더더질 것이다. 이런 상태를 해소하는 것이 디지털 퍼스트의 속도를 내기 위한 필수 과제다.

디지털 퍼스트 혁신에 시동을 건 언론사라면 끝까지 한번 달려가 보자. 혁신의 종착점은 디지털 구독 유료화라는 사실은 선진 언론이 공통적으로 강조하는 내용이다. 결코 쉽지 않은 길이지만 신념을 갖고 매진하면 디지털 혁신의 성과를 거둘 수 있다는 것이 앞서 달려간 사람들의 얘기다. 〈쥬만지〉에서 게임이 시작될 때 나오는 다음 문구는 혁신의 길에 들어선 언론사에도 유효하다.

"도전자여 명심하라 끝까지 하지 않으려면 아예 시작하지 말아라."

마치며

처음 쓰는 책인 동시에 마지막 책이 될 수 있기에 그동안 신세 진 분들께 다소 장황한 인사를 드리고 싶다.

취재기자로서 성장하는 동안, 간부가 되어 무거운 짐을 지게 됐을 때도 격려와 질책으로 이끌어주신 선배들께 감사드린다. 시경캡이라는 핑계로, 방송사 개국이라는 이유로, 디지털 혁신을 빌미로 초인적인 노력을 요구했음에도 묵묵히 그 이상을 해준 후배들에게 늘 미안하고 감사하다. 중앙일보와 JTBC의 선후배를 만난 건 내 인생 최고의 혜택이다. 작은 눈에 웃음을 담고 "하, 요 녀석, 요거" 하면서 손가락질했을 이헌익 선배와 "주안아, 책 내용 좋더라. 그런데 이 부분은 조금 고치는 게 낫지 않을까"라고 충고해줄 이효준 선배가 그립다. 탁월한 개발 역량과 데이터 분석력으로 혁신보고서의 기둥 역할을 한 이수환 차장에게 이 책에 대한 평가를 듣고 싶다.

현장 기자 때부터 논설위원인 현재까지 귀한 지식을 아낌없이 나눠주는 취재원들과 친구들에게 감사를 전한다. 제휴평가위에서 활동하는 기회를 준 한국신문협회 분들과 3년 내내 논쟁을 하면서도 인간적 신뢰를 쌓아온 네이버, 카카오 직원들과 제휴평가위원들께 감사드린다. 보잘것없는 내용을 책으로 쓸 수 있도록 해주신 한국언론진흥재단 관계자들께 감사드린다. 졸고를 근사한 책으로 만들어주신 한울 김종수 대표님과 윤순현 차장님께 감사드린다.

치매만 아니었다면 누구보다 꼼꼼히 책을 읽고 조언해주셨을 아버지와 가끔 지면에 실리는 칼럼을 열심히 오려 모으시는 어머니께 감사드린다. 늘 따뜻하게 격려해주는 누나와 고민거리가 있을 때 명쾌한 조언을 해주는 형에게 감사하다. 책을 쓰는 동안 내용적으로 긴요한 도움을 받을 만큼 훌쩍 커버린 아들과 디지털 관련한 노하우를 상세하게 알려준 딸에게 고맙다.

'두뇌 명석하고 매사에 적극성을 가지고 임하며 급우들의 선망의 대상이 되고 있습니다.'

얼마 전 처가에서 가져온 아내의 옛 물건 상자에서 발견한 국민학교 성적표에 적힌 문구다.

'선망의 대상'을 집에 모셔다 놓고선 매일 술에 야근에 밖으로 떠돈 죄는 용서받기 어렵다. 그럼에도 한결같이 곁에서 응원해주는 아내에게 어떻게 은혜를 갚아야 할지 모르겠다.

이 감사의 글은 네이버가 2019년 한글날 손글씨 공모전에서 당선작으로 선정해 폰트로 탄생시킨 아내의 손글씨체를 쓰고 있다. 국민학교 성적표를 보니 손글씨도 유전이라는 생각이 든다. 근사한 필체와 함께 많은 훌륭한 미덕을 딸에게 물려주신 장모님과 책을 출간하는 과정에서 여러 노하우를 전수해 주신 장인어른께 감사드린다.

2021년 11월

네이버 · 카카오 뉴스 제휴 및 제재 심사 규정 (2021년 11월 기준)

본 규정은 뉴스제휴평가위원회(이하 '뉴스제휴평가위')가 주식회사 네이버 (이하 '네이버'라 한다)와 주식회사 카카오(이하 '카카오'라 하며, '네이버'와 '카카오' 양사를 지칭할 때는 '포털사'라 한다)로부터 위임 받은 양사의 뉴스 제휴 및 제재 심사를 위한 평가활동 지침으로, 인터넷 생태계가 저널리즘의 가치를 바탕으로 건전하게 육성 발전할 수 있도록 이바지하는 것을 목표로 한다.

제1조 (목적)

본 규정은 '포털사'의 뉴스 제휴에 대해 아래 각 호의 제반사항을 명확히 함으로써 뉴스 제휴 및 제재 평가의 절차적 정당성, 공정성 및 신뢰성 제고에 기여함을 목적으로 한다.

(가) '포털사'의 뉴스 제휴매체가 되기 위한 요건 및 평가 등 제반 사항. 대상 및 평가 절차, 평가 방식, 평가 요소 등이 포함된다.

(나) '포털사' 제휴매체들의 부정행위를 제재하기 위한 제반 사항. 부정행위 유형과 그에 따른 조치, 부정행위를 적발하기 위한 모니터링 방식 등이 포함된다.

제2조 (운영원칙)

① '뉴스제휴평가위'는 인터넷뉴스서비스 제공과 관련, 언론의 신뢰성을 제

고하고 건전한 공론의 장을 형성하기 위해 노력하여야 한다.

② '뉴스제휴평가위'는 언론의 자유와 국민의 알 권리를 보호하기 위해 노력하여야 한다.

③ '뉴스제휴평가위'는 뉴스제휴 및 제재 심사 과정에서 객관성, 공정성 및 정 치적 중립성을 유지하기 위해 노력하여야 한다.

제3조 (용어의 정의)

① '제휴매체'는 '뉴스검색제휴'나 '뉴스콘텐츠제휴', '뉴스스탠드제휴'를 하고 있는 언론매체를 말한다.

② '뉴스검색제휴'란 기사콘텐츠에 대해 별도의 금전적 대가 없이 아웃링크 (out-link) 방식으로 '포털사'에 제공하는 것을 의미한다.

③ '뉴스콘텐츠제휴'란 기사콘텐츠에 대해 별도의 금전적 대가에 기반하여 인링크(in-link) 방식으로 '포털사'에 제공하는 것을 의미한다.

④ '뉴스스탠드제휴'란 서비스 내 집행되는 광고수익의 금전적 제공을 기반으로 언론사 웹사이트 첫 페이지 상단과 동일한 범위 내에서 구성한 언론사의 뉴스정보를 아웃링크(out-link) 방식으로 '네이버'에 제공하는 것을 의미 한다.

⑤ '제1소위'란 뉴스 제휴 심사를 담당하는 소위를 의미한다.

⑥ '제2소위'란 뉴스 제재 심사를 담당하는 소위를 의미한다.

⑦ '누적벌점'이란 '제휴매체'가 매년 3월 1일 00시부터 십이(12)개월 동안 (이하 '누적벌점 계산기간') 부정행위로 인해 받은 벌점의 총합을 의미한다. 〈개정 2018. 03. 01, 일부개정 2021. 02. 23〉

제4조 (제휴 영역)

'포털사'의 뉴스 제휴는 다음 각 호와 같이 구분한다.

(가) '뉴스검색제휴'

(나) '뉴스콘텐츠제휴'

(다) '뉴스스탠드제휴'

제5조 (제휴 대상)

① 제휴 대상은 신문사업자, 정기간행물사업자, 방송사업자, 인터넷신문사업자, 뉴스통신사업자, 인터넷뉴스서비스사업자로 한다.

② '뉴스제휴평가위'는 제1항에 따른 신문사업자, 정기간행물사업자, 방송사업자, 인터넷신문사업자, 뉴스통신사업자, 인터넷뉴스서비스사업자로서 지역매체에 해당하는 경우 하위 세칙으로 별도의 심사 및 관리 기준을 둘 수 있다. 〈개정 2021. 04. 23〉

③ 제2항에 따른 지역매체의 범위, 제휴 영역, 심사방법, 심사 이후 관리에 관한 사항은 「지역매체 특별 심사 및 관리 세칙」으로 정한다. 〈개정 2021. 04. 23〉

제6조 (제휴 요건)

'포털사'의 '제휴매체'가 되려면 다음 각 호의 요건을 충족해야 한다.

(가) 신문사업자, 정기간행물사업자, 방송사업자, 인터넷신문사업자, 뉴스통신사업자, 인터넷뉴스서비스사업자로 인·허가를 받은 후 일(1)년이 지난 매체 혹 은 등록한 이후 일(1)년이 지난 매체

(나) 〈별표 1〉에서 규정한 '전체 기사 생산량과 자체 기사 생산 비율'을 유지할 수 있는 매체

(다) 전송 안전성 등 기술적 안정성을 확보한 매체

(라) '뉴스콘텐츠제휴' 및 '뉴스스탠드제휴'의 경우 '포털사'에 '뉴스검색제휴'
'제휴매체'로 등록된 후 육(6)개월이 지난 매체

(마) 위 각 호의 요건을 충족하지 않더라도 스포츠경기 등 이용자의 관심이
큰 내용으로 '포털사'의 요청에 의하여 '뉴스제휴평가위'의 평가를 통과한
매체 〈개정 2016. 06. 01〉

제7조 (제휴 단위)

'포털사'의 제휴영역 및 서비스를 기준으로 한 제휴단위는 다음 각 호와 같다.

(가) 제휴 단위는 매체로 한다.

(나) 포털과 제3조에 따른 제휴대상 사업자 간의 제휴는 일사일매체(一社一媒
體)와 일사다매체(一社多媒體) 모두 가능하다.

(다) 제휴승계

　(ㄱ) '제휴매체'로서 유관법령에 따라 사업자의 지위를 승계 받은 자는 제
　　휴 계약 당시 제휴내용이나 매체의 성격에 현저한 변동이 있지 않는 한
　　'제휴매체'로서의 지위를 승계할 수 있다.

　(ㄴ) '포털사'는 (다)호 (ㄱ)목의 경우로써 사업자의 카테고리(뉴스콘텐츠영
　　역) 변경이나 확장이 있을 경우 재심사를 신청할 수 있다.

제8조 (제휴신청)

뉴스 제휴 신청은 현행과 같이 '포털사'의 안내페이지를 통해 접수를 받으며,
구비서류는 아래와 같다. 제휴 신청 및 평가 과정은 〈별표 2〉에 따른다.

(가) 구비서류: 신문사업자, 정기간행물사업자, 방송사업자, 인터넷신문사업
자, 뉴스통신사업자, 인터넷뉴스서비스사업자 관계법령에 따른 등록증이
나 허가 증과 〈별표 3〉의 매체소개서

(나) 매체소개서에 기술한 내용은 제휴 정성평가에 중요 참고자료로 활용되며 매체소개서는 제공되는 양식에 맞춰 작성한다.

제9조 (제휴 신청 주기 및 평가 주기)

① '뉴스제휴평가위'는 뉴스 제휴 심사를 매년 이(2)회 실시한다. 단, 부득이한 경우 전원회의 출석위원 수의 2/3 찬성으로 심사횟수를 조정할 수 있다. 〈개정 2018. 03. 01, 일부개정 2020. 08. 14〉

② 뉴스 제휴 심사에서 탈락한 매체는 연이어 심사를 신청할 수 없다. 〈개정 2018. 03. 01〉

③ '제휴매체'의 재평가('제휴매체'와의 계약 유지의 적절성 등에 관한 '뉴스제휴평가위'의 평가를 의미하며, 이하 동일) 주기는 삼(3)개월이며, 구체적인 재평가 대상 및 방법 등은 제11조에 따른다. 〈개정 2017. 02. 17, 2018. 03. 01, 2019. 03. 01, 2021. 02. 23〉

④ 아래 각호에 해당하는 경우 계약해지일, 제휴 영역 변경일, 제휴 신청 무효 처리 처분일로부터 일(1)년 간 제휴 신청할 수 없다. 〈개정 2018. 03. 01, 2019. 10. 21〉

(가) 제16조 제1항 (라)호 및 제16조 제4항 (가)호, (나)호에 따라 계약이 해지된 경우

(나) 제11조 제3항 및 제16조 제4항 (다)호 따라 제휴 영역이 변경되거나 계약이 해지된 경우

(다) 제10조 6항에 따라 당해 회차 제휴 신청이 무효 처리된 경우

⑤ 제2항에도 불구하고 '뉴스콘텐츠제휴' 심사에서 탈락한 매체 중 제10조 4항에 따라 산출된 최종 평가 점수가 탈락한 매체 기준 순위 상위 10%에 해당하고, 칠십오(75)점 이상인 경우에는 다음 회차 '뉴스콘텐츠제휴' 심

사에 신청할 수 있다. 이 경우 해당 매체명은 공개하지 않으며, '뉴스제휴평가위'가 '포털사'를 통해 해당 매체에 개별 안내한다. 〈개정 2019. 04. 12〉

⑥ '제휴매체'는 최초 제휴 계약 체결일부터 일(1)년이 되는 날부터 카테고리 변경을 신청할 수 있으며, 뉴스 제휴 심사에 준하여 실시한다. 〈개정 2018. 03. 01, 2019. 03. 01〉

⑦ 제휴 형태별 신청 및 평가주기는 〈별표 4〉와 같다.

제10조 (평가 방법)

① '뉴스제휴평가위'는 소속 위원 30명 가운데 최소 9인 이상이 참여하는 평가 팀을 구성해 제휴 신청 매체에 대한 평가를 실시한다. 최종 제휴 여부는 15개 단체 추천 제휴평가위원 1명씩이 참여하는 위원회에서 평가작업 결과를 바탕으로 결정한다. 〈개정 2017 08. 11〉

② 평가항목은 크게 정량평가와 정성평가로 나누고 정량평가에 20% 정성평가에 80% 배점이 되도록 한다. 정량평가의 평가기준 및 배점은 〈별표 5〉에 따르고, 정성평가의 평가기준 및 배점은 〈별표 6〉에 따른다. 〈개정 2016. 11. 09, 일부개정 2019. 03. 01〉

③ 뉴스 제휴를 하기 위해서는 아래에서 정한 최소 점수 이상을 얻어야 한다. 〈개정 2017 08. 11〉

　(가) '뉴스검색제휴': 100점 만점에 60점 이상

　(나) '뉴스스탠드제휴': 100점 만점에 70점 이상

　(다) '뉴스콘텐츠제휴': 100점 만점에 80점 이상

④ 최종 평가점수는 위원들의 평가점수 중 최고점수와 최저점수를 제외한 평가점수를 합산, 산술평균한다. 동일한 최고점수와 최저점수가 복수로 있

는 경우 하나만 제외한다.

⑤ 정성평가의 상위 평가항목인 저널리즘 요소, 윤리적 요소 (수용자 요소는 제외) 중 1개 항목 이상 영역에서 평가위원의 과반수로부터 최저 점수 이하를 받게 되면 해당 매체는 총점과 상관없이 제휴 대상에서 제외된다. 항목별 최저 점수는 저널리즘 품질요소 16점, 윤리적 요소 12점으로 한다. 〈개정 2016. 11. 09, 일부개정 2019. 03. 01〉

⑥ 뉴스 제휴를 위해 제출된 자료에 허위사실이 발견될 경우 당해 회차에서 해당 매체의 신청은 무효 처리한다. 〈일부개정 2021. 02. 23〉

⑦ 제6조 (마)호에 의해 '포털사'가 제휴를 요청한 매체의 경우 수시 평가할 수 있다. 이 경우 평가를 통과하기 위해서는 전체 평가위원 2/3 이상의 찬성을 얻어야 한다. 〈개정 2016. 06. 01〉

제11조 (재평가 대상 및 방법)

① 재평가는 제8조 및 제10조에 따른 절차와 방법으로 진행한다. 〈개정 2018. 03. 01〉

② 재평가 대상은 다음과 같다. 〈개정 2018. 03. 01, 일부개정 2021. 02. 23〉

(가) '누적벌점'이 육(6)점 이상인 경우

(나) 재평가를 통과한 '제휴매체'가 '누적벌점 계산기간' 내에 추가 벌점을 부여받은 경우로서 본 규정 〈별표 8〉 5. 벌점과 제재에서 재평가 대상으로 정한 경우

(다) 매년 3월 1일을 기준으로 직전 2기의 '누적벌점 계산기간' 동안 부여받은 벌점('누적벌점 계산기간' 말일에 삭제된 벌점 포함)의 합계가 8점 이상인 경우

(라) 다음 각 목의 요건을 모두 충족하는 경우

(ㄱ) '제휴매체'와 '포털사' 간 최초 제휴 계약 당시의 제휴 기준과 현재 의 제휴 기준 사이에 변경이 있거나, 또는 제휴 내용이나 매체의 성격에 변경(제호·상호·법인명·도메인 변경, 매체양도, 영업양도, 지배구조 변동, 기타 이에 준하는 사유 발생)이 있고, '제1소위'가 재평가 대상 '제휴매체'로 의결한 경우 〈개정 2021. 02. 23〉

(ㄴ) 전호의 '제휴매체'의 재평가 진행에 관하여 전원회의에서 찬성 의결한 경우 〈개정 2017. 02. 17, 일부개정 2021. 02. 23〉

③ '제휴매체'의 재평가 결과에 따른 점수가 제10조 제3항에 의할 때 기존 제휴 영역을 유지할 수 없는 경우, '포털사'는 제10조 제3항에 부합하도록 '제휴매체'의 제휴 영역을 변경하여야 한다. 단, 재평가 점수가 60점 미만인 경우에는 제16조 제4항 (다)호에 따른다. 〈개정 2017. 08. 11, 2018. 03. 01〉

④ '포털사'는 재평가를 시행하려는 경우 재평가 대상 '제휴매체'에 재평가 사유를 사전에 고지해야 하며, 해당 '제휴매체'는 '뉴스제휴평가위'에 재평가에 대한 소명자료(재평가 사유에 대한 소명자료, 향후 운영 계획 등 '제휴매체'에 유리한 내용을 포함할 수 있음)를 제출할 수 있다. 〈개정 2017 08. 11〉

제12조 ('제휴매체' 제공 콘텐츠 모니터링)

① '뉴스제휴평가위'는 제15조에 명시된 부정행위를 규명하기 위한 직접 모니터링 및 이용자 신고를 기초로 한 간접 모니터링을 실시한다.

② 직접 모니터링은 모니터링 기준에 의해 설계된 알고리즘 또는 모니터링 요원이 모니터링하는 방식으로 수행한다.

③ 간접 모니터링은 이용자들이 신고하는 사항에 대한 사실관계를 확인하는 등의 방식으로 수행한다.

④ '뉴스제휴평가위'는 직접 모니터링 및 간접 모니터링 외에 필요하다고 판단되는 방식의 모니터링을 수행할 수 있다. 또 평가위원은 위반 의심 사례를 인지한 경우 '포털사'에 사실 여부 확인을 요청할 수 있으며, '포털사'는 그 결과를 정기/수시 보고에 포함시켜야 한다.

제13조 (모니터링의 위탁)

'뉴스제휴평가위'는 모니터링의 전부 또는 일부를 '포털사'에 위탁할 수 있다. 위탁 받은 '포털사'는 '제휴매체'들의 송고기사를 상시적으로 모니터하는 시스템을 구축하고, 월 일(1)회 모니터링 보고서를 '뉴스제휴평가위'에 제출하여야 한다.

제14조 (모니터링결과에 따른 평가)

① '뉴스제휴평가위'는 제13조 모니터링 결과에 따른 제재 조치를 위하여 정기 평가와 수시평가를 실시한다.

② 정기평가는 매월 일(1)회 실시한다.

③ 수시평가는 '뉴스제휴평가위' 위원장 또는 위원 3인 이상의 요청이 있는 경우, 요청일로부터 영업일 기준 칠(7)일 이내에 실시한다.

제15조 (부정행위 등)

① 다음 각 호의 행위를 저널리즘 가치를 훼손하거나 검색품질을 떨어 뜨려 이용자에게 불편을 초래하는 조치대상 행위(이하 '부정행위')로 본다. 부정행위에 대한 유형과 평가기준은 〈별표 7〉에서 정한 바에 따른다.

(가) 중복·반복 기사 전송

(나) 추천 검색어 또는 특정 키워드 남용

(다) 관련뉴스·실시간 주요뉴스 영역 남용

(라) 기사로 위장한 광고 전송 〈개정 2016. 11. 09, 2017. 11. 03〉

(마) 선정적 기사 및 광고

(바) 동일 URL 기사 전면 수정

(사) '제휴매체' 기사 이외 기사 전송 〈개정 2020. 02. 14〉

(아) 뉴스 저작권 침해 기사 전송

(자) 등록된 카테고리 외 기사 전송

(차) 포털 전송 기사를 매개로 하는 부당한 이익 추구

② 다음 각 호의 경우를 보안미비 또는 장애 발생 등 사유로 인해 기사 제공
이 원활하지 않은 경우(이하 '접속불량')으로 본다.

(가) 악성코드가 탐지: '제휴매체' 페이지로 이동 시 브라우저 또는 디바이
스에 설치된 백신 프로그램 등에 의해 악성코드가 탐지 되는 경우를 말
한다.

(나) 데드 링크: 악성 코드 등으로 인해 페이지가 열리지 않는 경우를 말한다.

(다) 기타 접속 불량: ActiveX 등 이용자 동의, 유료정보, 성인인증 등 로그
인이 필요한 콘텐츠가 열리는 경우를 말한다.

제16조 ('제휴매체' 관련 조치의 권고)

① 모니터링결과에 따라 제휴평가위가 네이버, 카카오에 권고할 수 있는 조
치의 종류 및 사유는 다음 각 호와 같다. 상세규정은 〈별표 8〉에서 정한
바에 따른다.

(가) 시정요청

(ㄱ) 부정행위가 발생한 경우

(ㄴ) '접속불량'이 발생한 경우

(ㄷ) 위 경우 〈별표 8〉에서 정한 벌점을 부여한다.

(나) 경고처분

(ㄱ) '제휴매체'의 '누적벌점'이 이(2)점 이상에 이른 경우 〈개정 2018. 03. 01〉

(다) '포털사' 내 모든 서비스 노출 중단

(ㄱ) 본 규정 〈별표 8〉 5. 벌점과 제재에 따라 '제휴매체'의 '누적벌점'이 사(4)의 배수에 이른 경우 〈개정 2018. 03. 01〉

(라) 계약해지 〈개정 2018. 03. 01〉

(ㄱ) '접속불량' 중 악성코드가 탐지되어 '포털사'로부터 시정 요청을 받은 이후에도 별도의 조치 없이 해당 상태가 48시간 이상 지속되는 경우

(ㄴ) '접속불량' 중 데드링크 상태가 발생하여 '포털사'로부터 시정 요청을 받은 이후에도 별도의 조치 없이 데드링크 상태가 삼(3)일 이상 지속되는 경우

② '뉴스제휴평가위'는 권고할 조치의 종류를 정함에 있어 부정행위 등이 이용자나 언론 전체의 신뢰성에 미치는 영향, 전체 기사 중 부정행위의 비율, '제휴매체'의 개선 노력 등을 종합적으로 고려하여야 한다.

③ '뉴스제휴평가위'는 제1항의 규정에도 불구하고, '제휴매체'의 부정행위가 단기간에 과다하게 발생하거나 인터넷 언론의 객관성, 공정성이 심각하게 침해되어 제1항의 단계적 조치를 취하기 적절하지 않은 상황이라고 판단되는 경우, 각 조치의 단계를 거치지 않고 즉시 계약의 해지를 포함하여 별도의 제재 조치를 권고할 수 있다. 단, 이 경우 '제2소위' 위원 1/3 이상이 발의하고, 발의된 사안을 결정하는 회의에서 출석위원 2/3 이상 찬성

을 받아야 한다. 〈개정 2016. 11. 09〉

④ '뉴스제휴평가위'는 아래 각 호에 해당하는 경우 '포털사'에 계약해지 조치
를 권고할 수 있고, '포털사'는 특별한 사정이 없는 한 해당 권고를 따라야
한다.

　(가) '제휴매체'가 '포털사'에 전송한 월간 기사 송고량이 〈별표 1〉 전체 기
　　　사 생산량과 자체 기사 비율에 명기한 기사 생산량에 미치지 못한 달이
　　　연간 이(2)회를 초과하여 '포털사'가 '뉴스제휴평가위'에 관련 근거를 제
　　　출한 경우

　(나) '포털사'가 '제휴매체'와 '포털사'간 제휴를 위하여 필요한 서류(동의서
　　　또는 계약서 등)를 요청하였으나 '포털사'가 제시한 기한 내에 제출하지
　　　않아 '포털사'가 '뉴스제휴평가위'에 관련 근거를 제출한 경우

　(다) '제휴매체'가 제9조 제3항 및 제11조에 따른 재평가를 통과하지 못하
　　　였거나 제출한 자료에 허위사실이 발견될 경우 〈개정 2017. 02. 17,
　　　2018. 03. 01, 2021. 02. 23〉

⑤ '뉴스제휴평가위'는 제2항의 기준에도 불구하고 참작할 만한 사유가 있는
경우에는 감면을 권고할 수 있다. 단, 이 경우 '제2소위' 위원 1/3 이상이
발의하고, 발의된 사안을 결정하는 회의에서 출석위원 2/3 이상 찬성을
받아야 한다. 〈개정 2016. 11. 09〉

제17조 (의견청취)

'뉴스제휴평가위'는 필요한 경우 제16조의 조치를 취하기 전에 조치 대상 '제
휴매체'의 의견을 청취할 수 있다.

제18조 (제재 심의 의결 절차)

본 규정에 의한 '뉴스제휴평가위'의 회의는 '네이버-카카오 '뉴스제휴평가위' 위원 회의 규정'에서 정한 바에 따른다. 단, '제휴매체'에 제16조 제1항 (나) 내지 (라)호의 조치를 할 경우에는 '제2소위' 위원 15명 중 출석위원 2/3 이상 찬성할 경우로 정한다. 〈개정 2018. 03. 01〉

제19조 ('포털사'에 대한 권고 등)

① '포털사'는 본 규정에 의거한 '뉴스제휴평가위'의 결정을 성실하고 신속하게 이행해야 한다. 양사는 기술적 이유 등으로 평가위 결정을 충분히 이행하지 못할 경우 그 사유를 구체적으로 위원회에 보고해야 한다.

② '포털사'는 '뉴스제휴평가위'가 정상적인 업무 수행을 위해 요청한 자료를 수시로 제출해야 한다.

③ '포털사'는 평가업무의 실효성을 위해 이용자가 불만사항을 신고할 수 있는 사이버신고센터를 운영하고, 평가 업무와 관련된 내용을 평가위에 제출해야 한다. 평가위는 필요 시 별도 사이버신고센터를 운영할 수 있다.

제20조 (경고 처분 대외 공표)

'뉴스평가위원회'는 '제휴매체'의 자정 노력을 위하여 제16조 제1항에 따라 경고처분 이상 조치된 건에 대한 부정행위 및 처분 내용을 적절한 방법(서비스 공지사 항 등)을 통해 정기적으로 공개한다. 〈개정 2016. 11. 09〉

부칙

제1조 (시행일) 본 규정은 2016년 03월 01일 00시부터 시행한다.

제2조 (재평가 대상 및 방법에 관한 경과조치) 제11조 제2항 (다)호의 벌점은 2021년 03월 01일 이후의 부정행위로 인하여 부과된 것부터 산정한다.

(개정일)

- 2016년 06월 01일 일부개정

- 2016년 11월 09일 일부개정 - 2017년 02월 17일 일부개정 - 2017년 08
  월 11일 일부개정 - 2017년 11월 03일 일부개정 - 2018년 03월 01일 일
  부개정 - 2019년 03월 01일 일부개정 - 2019년 04월 12일 일부개정 -
  2019년 10월 21일 일부개정 - 2020년 02월 14일 일부개정 - 2020년 08
  월 14일 일부개정 - 2021년 02월 23일 일부개정 - 2021년 04월 23일 일
  부개정 - 2021년 05월 14일 세칙추가

※ 별표 목록

〈별표 1〉 전체 기사 생산량과 자체 기사 생산 비율

〈별표 2〉 제휴평가 절차

〈별표 3〉 매체소개서

〈별첨 4〉 제휴 형태별 평가 주기

〈별표 5〉 정량평가

〈별표 6〉 정성평가

〈별표 7〉 부정행위의 유형

〈별표 8〉 제재기준

〈별표 9〉 선정성 판단 정책

〈별표 1〉 전체 기사 생산량과 자체 기사 생산 비율

〈일부개정 2018. 03. 01, 2020. 02. 14〉

분류	기사 생산량	자체 기사 생산 비율
일간지	매월 200건 이상	30% 이상
주간지	매월 50건 이상	40% 이상
월간지	매월 20건 이상	50% 이상
인터넷신문	매월 100건 이상	30% 이상
전문지	매월 20건 이상	50% 이상
방송사	매월 200건 이상	30% 이상

- 자동생성기사(로봇기사 등)는 전체 기사 및 자체 기사 생산량에 포함되지 않는다.

〈별표 2〉 제휴평가 절차 〈일부개정 2018. 03. 01, 2021. 02. 23〉

분류	내용
온라인 신청	- 각 '포털사' 별도의 제휴 신청 페이지 오픈 〈개정 2016. 11. 09〉 * 구비서류: 신문사업자, 정기간행물사업자, 방송사업자, 인터넷신문사업자, 뉴스통신사업자, 인터넷뉴스서비스사업자 등록증이나 허가증 / 매체소개서 (양식에 맞춰 작성)
제휴평가	- 평가 기간: 뉴스제휴 심사는 제휴접수 마감일로부터 최소 4주, 최장 10주 - 평가 방법: 소속 위원 30명 가운데 최소 9인 이상이 참여하는 평가팀을 구성해 평가를 실시
제휴 여부 결정	- 안내: 평가 후 제휴 여부에 대해 각 '포털' 개별 안내
'제휴매체' 등록 진행	- 등록: 계약 및 기사 전송 관련 기술적 작업 - '포털사' 계약 기준 및 기술 정책에 따름

〈별표 3〉 매체소개서 〈개정 2021. 02. 23〉

분류	내용
매체 특성	· 추구하는 가치, 발간 목적, 수상 실적, 사회적 공헌 활동
연혁	· 연도순으로 기술
취재 현황 및 조직도	· 취재 인력 및 현황 · 조직도
저널리즘 품질	· 보도의 공정성 / 정확성 / 객관성 / 전문성 등 기술. 기사 출처와 취재원의 공개여부, 기자 실명제(사진, 이메일 등), 보도 분야(분야별 기사 % 비중 포함), 기획/단독 기사, 기타 관련된 내용
윤리적 실천의지	· 기사 윤리 / 광고윤리의 실천과 관련된 조직이나 활동 등 기술
기타	· (제재를 받은 경우가 있는 경우) 그 이후의 개선사항·향후 발전 방향

〈별표 4〉 제휴 형태별 신청 및 평가주기

〈일부개정 2018. 03. 01, 2020. 08. 14〉

	네이버			카카오	
제휴 영역	뉴스 검색 제휴	뉴스 스탠드 제휴	뉴스 콘텐츠 제휴	뉴스 검색 제휴	뉴스 콘텐츠 제휴
서비스	뉴스 검색	뉴스 스탠드	네이버 뉴스	뉴스 검색	다음 뉴스
신청 및 평가 주기	6개월			6개월	

- 본 규정 제9조 제1항에 따라 변경될 수 있음

〈별표 5〉 정량평가 〈개정 2019. 03. 01, 일부개정 2016. 11. 09, 2018. 03. 01〉

구분	점수	항목	내용
제휴 통과 기준	통과 시 기본점수 15점 부여	기사 생산량	· 매체 발행 주기별로 기사량 충족 요건 - 일간지 월 200건 이상 - 주간지 월 50건 이상 - 월간지 월 20건 이상 - 인터넷신문 월 100건 이상 - 전문지 월 20건 이상 - 방송사 월 200건 이상
		자체 기사량	〈자체 기사 비율〉 - 일간지 및 방송사, 인터넷신문 30% 이상 - 주간지 40% 이상 - 월간지 및 전문지 50% 이상 ※ 인터넷뉴스서비스사업자의 경우 본 매체의 기사도 자체 기사에 포함 〈자체 기사 세부 정의〉 · 자체 기사는 아래의 2가지로 정의한다 - 언론사가 직접 기획하고, 취재해 생산한 기사 · 다음 사항에 대하여 직접 분석 및 추가 취재·평가·비교·의견 등을 담아 재생산한 기사 - 정부 및 기관, 단체, 기업 등의 보도 자료 - 타매체 기사 - SNS나 인터넷 등에 공개된 미디어 콘텐츠 · 위 요건을 갖춰도 아래와 같은 경우에는 자체 기사로 인정하지 않는다. - 기사 작성자의 실명이나 필명(byline)이 적시되지 않은 무기명기사와 '뉴스팀', '편집팀' '온라인뉴스팀' 같은 형태로 기자를 특정하지 않은 기사 - TV 프로그램이 방영된 이후 단순히 그 내용을 전하는 기사 (단, 사실여부확인이나 파장 소개 등 추가 취재를 한 경우 또는 사전 TV프로그램 소개나 사후 비평은 자체 기사로 인정) - 단순한 인사·동정·부고 기사나 행사소개 기사 - 언론사의 자사 홍보기사 - 자체적으로 제작하지 않은 동영상이나 기자의 객관적 보도가 빠진 단순한 행사 소개 동영상 - 사진기사 가운데 동일 소재를, 동일 상황에서 연속적으로 촬영한 사진은 한 건으로만 인정 (단, 기사의 맥락상 꼭 필요하다고 인정되는 경우는 예외)
	통과 시 기본점수 5점 부여	윤리적 실천의지	1) 언론사가 자체적으로 언론윤리강령을 제정하고 자율적 규제 제도를 마련해 이를 공표하고 실천하는지, 또는 2) 신문윤리강령과 인터넷신문윤리강령 등 언론윤리 준수를 서약하고 이를 공표하고 실천하는지〈개정 2019. 10. 21〉

〈별표 6〉 정성평가 〈개정 2019. 03. 01, 일부개정 2016. 11. 09〉

구분	점수	항목	내용
저널리즘 품질요소	40점	사회적 가치성 (10점)	· 사회적으로 중요한 문제와 이슈를 보도하는지 · 뉴스가치가 있는 기사를 시의적절하게 다루고 있 는지 · 설립 이후 보도 활동과 성과는 어떠한지(수상 실 적, 사회적 공헌 등)
		보도의 공정성 정확성 객관성 (15점)	· 기사가 사회의 다양한 이해관계와 주장을 공정하 게 다루고 있는지 - 악의적으로 편향성을 띠거나 부정적 표현을 사용 하지는 않는지 · 기사가 정확하고 객관적인 사실과 근거에 기반하 고 있는지 - 기사의 출처와 취재원을 투명하게 밝히고 있는지 - 기사에 나오는 사실과 자료에 대한 검증을 충실히 하는지 · 제목과 기사 내용이 일치하는지 · 오탈자 등 기사의 형식적 흠결 여부
		보도의 전문성 (10점)	· 기사의 전문성 - 독자적으로 취재, 생산하는 기획성 기사가 얼마나 되는지 - 기사의 내용이 충분히 깊이가 있는지 · 보도분야의 전문성 - 매체가 다루는 분야에 대한 뉴스 내용의 전문성이 충분한지 - 해당 분야에서 다른 매체와 차별화되는 고유한 기 사를 제공하는지
		기사 생산 체계의 적절성 (5점)	· 전체기자 수 대비 전체 기사 생산량이 적절한지 · 기자 1인당 자체 기사 비율은 적절한지 · 보도분야 범위 대비 취재기자수가 적절한지
윤리적 요소	30점	기사윤리 (10점)	· 기사와 광고를 명확하게 구분하는 방식으로 편집, 배열하는지 · 기사 중간에 기사로 오인할 수 있는 광고 내용을 포함하는지 · 기사로 오인할 수 있는 광고를 포함하고 있지 않 은지 · 의료, 부동산, 주식, 식품 등에 관한 광고나 기사 를 게재할 때 유해가능성, 허위과장성에 대해 주

구분	점수	항목	내용
			의를 기울이는지 · 개인 또는 집단에 대한 차별, 혐오, 비방 비하 표현 이 있는지
		광고윤리 (10점)	· 가독성을 저해하는 광고요소가 있는지 · 신뢰성이 훼손된 링크(이용자의 의도와 달리 상업 페이지로 이동 시키는 사례 등)가 있는지 · 광고주와 합의하지 않은 광고 등 비정상적인 광고 가 존재하는지
		선정성 (10점)	· 선정적이고 자극적인 내용을 과도하게 보도하거 나 강조하는지 · 잔혹하거나 음란한 내용 혹은 이미지를 보도하거 나 광고하는지 · 범죄와 재난 보도 과정에서 관련된 피해자 및 당 사자의 감정이나 피해 가능성을 배려하는지 · 청소년에게 유해할 수 있는 내용을 보도하거나 광 고하는지 · 범죄 수법이나 자살 방법 등에 대해 지나치게 자 세하게 묘사하지는 않는지
이용자 요소	10점		〈형식적 요소〉 · 텍스트 이외에 인포그래픽, 동영상 등 다양한 형식을 활용하여 기사의 입체적인 이해를 도울 수 있도록 혁신에 노력하는지 〈기 술적 요소〉 · 모바일, 소셜미디어 등 새로운 매체 환경에 맞는 접근성과 편의 성을 제공하는지 · 기사를 열람할 때 물리적인 불편함이 없고 가독성이 높은지 〈사 회적 요소〉 · 건전한 시민사회 성장에 기여하는지 · 기타 높이 평가할만한 요소가 있는지

〈별표 7〉 부정행위의 유형

1. 중복·반복 기사 전송

① 동일 기사 중복·반복 전송: 원천기사의 일부만 변경해 반복적으로 전송하는 것을 의미하며 아래와 같은 형태를 포함한다.

    (ㄱ) 동일한 기사에 제목만 바꾼 경우

    (ㄴ) 동일한 기사에 문구를 일부 추가하거나 문장 순서만 바꾼 경우

    (ㄷ) 동일한 기사에 방송 캡처화면 등 사진이나 이미지 일부만 바꾼 경우

② 카테고리 중복 전송: 사실상 동일한 기사를 각 포털의 서로 다른 포털 내 뉴스 카테고리로 전송하는 것을 의미한다.

2. 추천 검색어 또는 특정 키워드 남용 〈개정 2019. 03. 01〉

① 트래픽 유입을 목적으로 추천 검색어나 자극적 단어를 제목 또는 본문에 삽입하여 남용하는 것을 의미하며 통상 아래와 같은 형태를 포함한다.

    (ㄱ) 배경과 같은 색깔을 써서 보이지 않게 삽입한 경우

    (ㄴ) 추천 검색어를 기사 제목 또는 본문에 연속, 반복적으로 과도하게 포함하는 경우

    (ㄷ) 추천 검색어 관련하여 유사한 기사를 반복해서 전송하는 경우

    (ㄹ) 추천 검색어가 제목 또는 본문에 포함되었으나 전체 기사 내용과 밀접한 연관이 없는 경우

    (ㅁ) 추천 검색어 관련 기사를 과도하게 나눠 전송하는 경우

3. 관련뉴스·실시간뉴스 영역 남용

① '포털사'가 '뉴스콘텐츠제휴' '제휴매체'의 기사나 기사하단에 제공하는 관련 뉴스 또는 실시간뉴스 영역을 남용하는 것을 의미하며 통상 아래와 같은 형태를 포함한다. 〈개정 2016. 06. 01〉

    (ㄱ) 해당 영역에 기사로 위장된 광고를 노출한 경우〈일부개정 2017. 11.

03〉

　(ㄴ) 해당 영역에 기사와 무관한 추천검색어 또는 선정적 단어가 포함된
　　 기사 를 노출한 경우

4. 기사로 위장한 광고 전송 〈일부개정 2016. 11. 09, 2017. 11. 03, 2019.
　 03. 01, 2020. 02. 14〉

① 기사로 위장한 광고 전송: 기사로 위장한 광고는 외견상 기사 형식을 띠고
　 있으나, 특정 상품이나 서비스의 구매를 유도하는 이미지, 가격, 판매처
　 등의 관련 정보 전달을 주목적으로 하는 콘텐츠로 아래 각호에 하나 이상
　 해당하는 것을 말한다.

　(ㄱ) 업체의 판매정보(전화번호, 이메일주소, 계좌번호, 홈페이지 주소 등)
　　 가 구체적으로 명시된 경우

　(ㄴ) 식품, 의약품, 의료서비스 등 국민의 건강과 밀접히 관련되는 상품 및
　　 서비스에 대하여 객관적 근거나 언론사의 비교, 평가, 분석 없이 해당
　　 업체가 제공하는 정보만을 일방적으로 전달하는 경우

　(ㄷ) 기사 본문 외 영역의 내용이 실제로는 광고이나 해당 기사의 일부인
　　 것처럼 오도하는 행위. 특히 상호명, 상품명 등을 게재하거나 이와 관
　　 련된 광고, 광고성 키워드·동영상·이미지 등 관련 정보를 기사로 위장
　　 해 노출하는 경우

② 신뢰성 훼손: 기사를 보기 위해 링크를 클릭하거나 웹브라우저의 뒤로가
　 기를 했을 때 그 결과가 이용자의 일반적 기대와 달리 나타나는 것을 의미
　 하며, 통상 다음과 같은 경우를 말한다.

　(ㄱ) 링크 클릭했을 때 미리보기 영역에서 보여진 내용과 다른 페이지로
　　 이동하는 경우

　(ㄴ) 기사 제목 또는 본문 안에 기사와 무관한 페이지로 이동하는 링크를

삽입하는 경우

(ㄷ) 이용자 동의 없이 웹브라우저 히스토리를 조작하여 다른 페이지로 이동하는 경우

(ㄹ) 기타 이용자에게 과도한 불편함을 주는 경우

③ 가독성 훼손 광고 전송: 기사를 보기 위해 링크를 클릭했을 때, '제휴매체' 페이지로 이동 후 광고가 기사의 본문을 가리는 경우를 의미하며, 통상 아래와 같은 경우를 포함한다.

(ㄱ) 광고가 기사의 본문을 모두 가리는 경우

(ㄴ) 기사의 본문을 가리는 광고의 제거가 복잡하거나 불가능한 경우

(ㄷ) 기사 스크롤 시 광고가 기사를 따라다니며 가독성을 현저히 저해하는 경우

(ㄹ) 과도한 팝업 또는 팝언더 광고

(ㅁ) 기타 광고가 기사의 본문 가독성을 현저히 저해하는 경우

5. 선정적 기사 및 광고 〈일부개정 2016. 11. 09, 2019. 03. 01〉

① 선정적 기사 및 광고라 함은 '포털사'의 청소년보호정책에 위반하는 문구와 이미지를 포함한 기사 및 광고를 말한다.

② 선정적 기사 및 광고는 아래의 각 사항을 포함한다.

(ㄱ) '포털사'에 노출된 '제휴매체' 기사 제목 또는 '제휴매체' 페이지의 기사 제목이 내용과 무관하게 선정적인 경우

(ㄴ) '포털사'에 노출된 기사의 '제휴매체' 첫 페이지에 선정적인 키워드, 동영상, 이미지 등이 게재된 경우

(ㄷ) '포털사'에 노출된 기사의 '제휴매체' 첫 페이지에 선정적 광고가 게재된 경우

③ '포털사'의 청소년보호정책에 위반하는 문고와 이미지는 〈별표 9〉에 따

른다.

6. 동일 URL 기사 전면 수정

① 이미 보낸 기사의 URL을 그대로 둔 상태에서 전혀 다른 내용의 제목 또는 본문의 기사로 수정해 이용자들에게 혼란을 주는 행위를 의미한다.

7. '제휴매체' 기사 이외 기사 전송 〈개정 2020. 02. 14〉

① '제휴매체'가 '포털사'에 '제휴매체'가 아닌 매체(신문사업자, 정기간행물사업자, 방송사업자, 인터넷신문사업자, 뉴스통신사업자, 인터넷뉴스서비스사업자로 제호가 등록된 매체)의 기사(이하 '미제휴 매체 기사'라 한다)를 전송하는 것을 말한다.

② '제휴매체'인 A가 '포털사'와 제휴하거나 제휴하지 않은 B 또는 A의 자매회사 등의 '미제휴 매체 기사'를 A의 기사인 것처럼 우회 송고하여 '포털사' 뉴스에 노출하는 것이 이에 해당한다.

③ 단, 지면 기고나 방송 보도로 인하여 불가피하게 '제휴매체'의 자매회사 등의 기사를 '제휴매체'에만 게재한 경우는 '제휴매체' 기사 이외 기사 전송에 해당하지 않는다.

8. 뉴스 저작권 침해 기사 전송

① 베껴 쓰기: 타 매체사에서 보도한 기사의 전체 또는 일부를 출처를 밝히지 않고 무단으로 발췌해 작성한 것을 의미한다.

② 이미지 저작권 침해: 타인이 소유한 이미지를 협의 없이 사용하는 것을 의미한다.

9. 등록된 카테고리 외 기사 전송 〈일부개정 2020. 02. 14, 2021. 02. 23〉

① '제휴매체'가 '포털사' 최초 제휴 시 협의된 카테고리 외의 기사를 전송하는 것을 말한다.

예) 경제 카테고리로 등록된 '제휴매체'가 연예 카테고리 기사를 사전 협의

없이 전송하는 경우 등

예2) 보도자료, 자동생성기사(로봇기사 등)를 지정된 카테고리 외로 전송하 는 경우 등. 단, 자동생성기사(로봇기사 등)임에도 사람의 관여도가 상당한 경우 하루 10건 이하를 전송할 수 있다.

10. 포털 전송 기사를 매개로 하는 부당한 이익추구

① '포털사'에 전송하는 기사를 이용하여 취재 및 보도 과정에서 금품(재산상의 이익)을 요구하는 행위를 의미한다.

(ㄱ) '포털사'에 노출되는 기사의 삭제 또는 수정을 조건으로 금품을 요구하는 경우

(ㄴ) 금품요구에 응하지 않는 경우 '포털사'에 기사를 전송하겠다는 내용의 협박(위해의 고지)

② '포털사'와 제휴된 이후 이러한 사실을 빌미로 협찬비나 광고비 등의 명목으로 금품을 요구하는 경우

③ 제2항에 따른 부정행위 입증의 증거자료는 해당 이해당사자 간의 음성 또는 영상 녹음, 이메일, 문자 또는 SNS메시지, 사진 등을 말한다.

〈별표 8〉 제재기준

1. 중복·반복 기사 전송 벌점 (1일 기사 송고량 기준) 〈일부개정 2020. 02. 14, 2021. 02. 23〉

중복·반복 기사 전송 비율	벌점	비고
1% 이상 10% 미만	1점	1일(24시간) 기준
10% 이상 20% 미만	2점	1일(24시간) 기준
20% 이상 30% 미만	3점	1일(24시간) 기준
30% 이상 40% 미만	4점	1일(24시간) 기준
40% 이상	5점	1일(24시간) 기준

- 자동생성기사(로봇기사 등)는 1일 기사 송고량에 포함되지 않는다.

2. 추천 검색어 또는 특정 키워드 남용 벌점 (1일 기사 송고량 기준) 〈일부개정 2020. 02. 14, 2021. 02. 23〉

추천 검색어 또는 특정 키워드 남용 기사 비율	벌점	비고
0.5% 이상 5% 미만	1점	1일(24시간) 기준
5% 이상 10% 미만	2점	1일(24시간) 기준
10% 이상 15% 미만	3점	1일(24시간) 기준
15% 이상 20% 미만	4점	1일(24시간) 기준
20% 이상	5점	1일(24시간) 기준

- 위반 건수 기사가 10회를 초과할 경우, 위 표에 따른 비율 벌점 부과 방식을 적용하지 않고 초과된 위반 기사 5건 누적시마다 벌점 1점을 부과한다.
- 자동생성기사(로봇기사 등)는 1일 기사 송고량에 포함되지 않는다.

3. '제휴매체' 기사 이외 기사 전송 벌점 (1일 기사 송고량 기준) 〈일부개정 2020. 02. 14, 2021. 02. 23〉

'제휴매체' 기사 이외 기사 전송 비율	벌점	비고
5% 이상 10% 미만	1점	1일(24시간) 기준
10% 이상 15% 미만	2점	1일(24시간) 기준
15% 이상 20% 미만	3점	1일(24시간) 기준
20% 이상 25% 미만	4점	1일(24시간) 기준
25% 이상	5점	1일(24시간) 기준

- 자동생성기사(로봇기사 등)는 1일 기사 송고량에 포함되지 않는다.

4. 타 부정행위별 벌점 〈일부개정 2017. 11. 03〉

부정행위 유형	벌점	비고
관련뉴스·실시간 주요뉴스영역 남용	1점	부정행위 유형에 관계 없이 각기 다른 부정행위 5건 누적 시 1점 부과
기사로 위장한 광고 전송		
선정적 기사 및 광고 전송		
동일 URL 기사 전면 수정		
뉴스 저작권 침해 기사 전송 (베껴 쓰기 등)		
등록된 카테고리 외 기사 전송		
포털 전송 기사를 매개로 하는 부당한 이익 추구	6점	건당 벌점제

5. 벌점과 제재 〈일부개정 2016. 11. 09, 2018. 03. 01, 2021. 02. 23〉

- 벌점 예고 및 확정 등의 과정은 아래와 같다.

· 사무국은 규정 제13조에 따라 모니터링을 실시해 부정행위를 확인한 경우 해당 매체에 벌점을 예고(통지)하고, 제17조에 따라 의견을 청취하여 이를

'제2소위'에 제출한다. · '제2소위'는 규정 제3조 제6항에 따라 제재 심사를 전담하고, 사무국이 제출한 자료를 심사해 부정행위 여부를 결정한다. · '뉴스제휴평가위'는 '제2소위' 심사결과에 따라 제16조에 의거 '포털사'에 필요한 조치를 권고한다. · 사무국은 '뉴스제휴평가위'의 결정을 해당 매체에 통보한다.

- '누적벌점'은 '누적벌점 계산기간'의 말일 24시를 기준으로 삭제되고, 영(0)점부터 다시금 누적된다. - '뉴스제휴평가위'는 본 규정 제12조에 명기된 모니터링결과를 바탕으로 제재를 위한 평가 작업을 매월 일(1)회 실시한다. - '노출중단'은 매체 분류(〈별표 1〉 매체 분류) 및 송고 주기, 송고량에 따라 조정할 수 있으며, 이 경우 '제2소위' 위원 15명 중 출석위원 2/3 이상 찬성할 경우로 정한다. - '제1소위'는 재평가 대상 매체로서 부정행위를 반복하거나 다수의 피해 신고가 접수된 경우 위원 15명 중 출석위원 2/3 이상 찬성을 거쳐 재평가 결과 의결 시까지 노출중단을 포털사에 권고할 수 있다.

누적벌점	제재	비고
2점 미만	시정 요청	
2점 이상	경고 처분	
4점 이상	'포털사' 내 모든 서비스 최소 24시간 노출 중단	
6점 이상	재평가	
8점 이상	'포털사' 내 모든 서비스 최소 48시간 노출 중단	
10점 이상	재평가	이후 추가 벌점 누적 시 2점 단위로 노출 중단(24시간씩 추가)과 재평가 반복

〈별표 9〉 선정성 판단 정책

1. 성 관련 콘텐츠 〈일부개정 2019. 03. 01〉

구분		상세 내용
노출	적극적 차단	- 성기 노출(바디페인팅, 타투 등이 포함된 경우에도 동 일함) - 사람과 유사하게 묘사된 인형의 성기, 음모, 항문, 유두를 노출한 경우 - 여성의 유두/유륜 노출된 경우 - 유두, 성기, 항문, 둔부 등 주요 부위의 노출이 없는(모자이크, 블러 처리 포함) 전신 전라
	사안별 검토	- 성기가 하의 위로 선명하게 드러나는 경우 - 옷 위로 유두의 모양(형태)이 비치거나 도드라진 경우 - 유두, 성기, 항문, 둔부 등 주요 부위의 노출은 없으나, 상의 혹은 하의를 탈의한 경우 - 둔부가 비쳐 보이거나 노출되는 경우 - 특정 신체 부분을 클로즈업(부각) 한 경우
성행위	적극적 차단	- 성기, 음모, 항문이 노출되지 않은 성행위 - 성기구를 이용한 행위 - 성기/둔부 등의 신체노출에 관계없이 성적 체벌 이미지 또는 체벌 관련한 행위(이를 암시하는 모자이크, 블러 처리된 콘텐츠 포함) - 옷이 벗겨진 상태에서 상대방의 가슴, 둔부, 성기에 입 또는 손 등을 이용하는 행위 - 성기 부분에 직접적인 접촉을 하는 행위 - 옷 속으로 가슴이나 성기를 만지는 행위.
	사안별 검토	- 유사성행위를 포함한 성행위를 암시하거나 연상되게 표현하는 콘텐츠

2. 폭력 관련 콘텐츠 〈일부개정 2019. 03. 01〉

구분		상세 내용
살해 상해	적극적 차단	- 인간, 동물, 인간·동물 등을 형상화한 캐릭터의 피와 출혈을 동반한 절단, 손괴 등 상해와 살해 - 인간, 동물, 인간·동물 등을 형상화한 캐릭터에게 행해지는 고문 등 내용 묘사
	사안별 검토	- 인간, 동물, 공상(실존 생명체인 인간, 동물 등을 형상화한) 캐릭터의 상해 - 지나친 폭력행위

3. 언어 관련 콘텐츠 〈일부개정 2016. 11. 09, 2019. 03. 01〉

현장을 전달하는 기사의 경우 저널리즘적 목적으로 현장어를 전달하는 경우가 있으므로 기사 맥락을 고려하여 판단한다.

구분		상세 내용
제목 및 내용	적극적 차단	- 성적행동의 구체적 사실적 표현 등 - 노골적인 성교 및 성기 묘사 등 - 신체 훼손 등 엽기적 표현

참고문헌

〈단행본〉

강상현 등. 2010. 『디지털 시대 미디어의 이해와 활용』. 한나래.

고삼석 등. 2014. 『스마트 미디어의 이해』. 미래인.

김대호. 2020. 『한국의 미디어 거버넌스』. 커뮤니케이션북스.

김상우. 2012. 『기자를 위한 실전 언론법』. 한울.

김선호·김옥태. 2015. 『모바일 뉴스 포맷과 디자인』. 한국언론진흥재단.

김선호,·박아란. 2017. 『4차 산업혁명과 뉴스 미디어 정책』. 한국언론진흥재단.

김영석 외. 2017. 『디지털 시대의 미디어와 사회』. 나남.

루시 킹. 2015. 『디지털 뉴스의 혁신』. 한운희 등 옮김. 한국언론진흥재단.

빌 코바치·톰 로젠스틸. 2009. 『저널리즘의 기본원칙』. 이재경 옮김. 한국언론진흥재단.

송의달. 2021. 『뉴욕타임스의 디지털 혁명』. 나남.

스콧 갤러웨이. 2018. 『플랫폼 제국의 미래』. 비즈니스북스.

이정헌 등. 2012. 『방송기자의 모든 것』. 페이퍼로드.

이정환·김수지 등. 2018. 『2018 해외 미디어 동향』. 한국언론진흥재단.

이정환·정철운·금준경·차현아 외. 2016. 『뉴스가 말하지 않는 것들』. 인물과사상사.

필립 패터슨 등. 2013. 『미디어 윤리의 이론과 실제』. 한울.

SBS. 2007. 『멀티미디어시대 TV뉴스 이렇게 쓰자』.

〈논문 등〉

설진아·최은경. 2018. 「GAFA의 플랫폼 전략과 네트워크 효과 유형 분석' 방송통신연구」. 104-140p.

최민재. 2012. ≪신문협회보≫. 5월 1일.

유경한. 2021. ≪신문과 방송≫. 5월.

한국신문윤리위원회. 2021. ≪신문윤리≫. 9월.

T-Plus. 2018. 「Alibaba의 진화와 발전」.

하주용. 2018. 「KCA 미디어 정책 세미나 미디어: 환경 변화에 따른 '방송' 개념의 확장 가능성」. KBS 공영미디어연구소.

〈법률〉

행정기본법 (2021. 3. 23. 제정)

〈판결문, 결정문〉

대법원 1988. 10. 11. 선고 85다카29 판결.

대법원 2012. 5. 10. 선고 2010다15660 판결.

대법원 2013. 2. 14. 선고 2010다10875 판결.

대법원 2018. 5. 11. 선고 2018도2844 판결.

대법원 2018. 10. 30. 선고 2014다61654 전원합의체 판결.

대법원 2019. 11. 21. 선고 2015두49474 판결.

헌법재판소 1991. 6. 3. 선고 90헌마56 결정.

헌법재판소 1996. 8. 29. 결정 94헌바15.

헌법재판소 2012. 8. 23. 선고 2009헌가27 결정.

헌법재판소 2016. 10. 27. 선고 2015헌마1206.

찾아보기

지은이

강주안

고려대 신문방송학과를 졸업했다. 기자로서 신문과 방송, 디지털 뉴스를 두루 담당했다. 중앙일보 문화부, 사회부, 정치부 기자를 거쳐 사회에디터로 일했고, JTBC 사회2부장으로 근무했다. 중앙일보 입사 전 삼성전자 소프트웨어 부문에서 멀티미디어 SW 기획 업무를 했다. 2015년 중앙일보의 디지털 혁신보고서를 대표 집필했다. 이후 중앙일보JTBC뉴스룸혁신추진단 부단장으로 중앙 그룹의 CMS 등 인프라 구축에 참여했다. 중앙일보 뉴스룸 국장으로 디지털 퍼스트 전환을 이뤘다. 네이버 카카오 뉴스제휴평가위원으로 3년간 일하며 언론사 제재 업무와 입점 규정 개정에 참여했다. 중앙일보 논설위원으로 일하고 있다.

한울아카데미 2337

디지털 퍼스트 저널리즘 시대 바르게 돌파하기
미디어 혁신과 네이버·카카오 뉴스 제휴 및 제재 심사 해부

ⓒ 강주안, 2021

지은이	강주안
펴낸이	김종수
펴낸곳	한울엠플러스(주)

초판1쇄 인쇄	2021년 11월 5일
초판1쇄 발행	2021년 11월 15일

주소	10881 경기도 파주시 광인사길 153 한울시소빌딩 3층
전화	031-955-0655
팩스	031-955-0656
홈페이지	www.hanulmplus.kr
등록번호	제406-2015-000143호

Printed in Korea.
ISBN 978-89-460-7337-1 03070

※ 책값은 겉표지에 표시되어 있습니다.